코로나 전쟁, 인간과 인간의 싸움

K-방역을 둘러싼 빛과 그림자

인간과 인간의 싸움

코로나 전쟁

안종주 지음

K-방역을 둘러싼 빛과 그림자

동아엠앤비

2020년 지구는 코로나 행성으로 변했다. 코로나19바이러스가 지구에 첫발을 내디딘 지 6개월 만에 1천만 명의 확진자가 나왔다. 사망자도 50만 명을 넘어섰다. 중국이 우한시에서 코로나19 환자가 발생했다고 세계보건기구(WHO)에 공식 보고한 것이 2019년 12월 30일이었다. 그리고 현재까지 희생자들은 계속 늘어나고 있다. 이처럼 코로나 유행의 끝이 언제가 될지 아무도 모른다. 그것이 정말 두렵다. 재앙 수준의 피해를 주고 있는 세계 대유행병, 팬데믹 코로나19에 대해 이야기를 한다는 것 자체가 엄청난 스트레스로 다가온다. 우리는 사람의 생명이 스러져간 것을 수치로만 말할 때보다 한 사람, 한 사람의 죽음에 대해 구체적인 모습으로 말할 때 더 큰 슬픔과 안타까움을 느끼게 된다.

이 글을 쓰고 있는 순간 광교산 기슭에는 어둠 속에 굵은 장맛비가 주룩주룩 창가를 때린다. 코로나19가 한국 사회뿐만 아니라 인류 사회에 드리우고 있는 그림자가 더욱 짙게 느껴지는 밤이다. 우리는 이 코로나19가 인류에게 주고 있는 경고를 냉철하게 있는 그대로의 모습으로 보아야 한다. 모든 힘을 다해 더는 이 신종 감염병에 무릎을 꿇지 않기 위해서다.

코로나 극복의 대장정이 아직 반환점을 돈 것인지조차 잘 모르는 상황에서 코로나19에 대한 이야기를 풀어놓는 것이 부적절해 보일 수도 있고 이른 감도 있다. 더 놀라운 일들이 앞으로 펼쳐질 수도 있고 더 많은 피해가 생길 수도 있기 때문이다. 그럼에도 코로나19에 관한 이야기를 하지 않을 수 없는 이유가 있다. 코로나19 대응 과정에서 우리는 아름다운 모습과 추한 모습을 동시에 보여주었다. 한국에서는 물론이고 전 세계 모든 국가에서 벌어진 일들이 그러했다. 따라서 틈날 때마다 언론인, 저술가, 학자, 전문가, 시민 등이 각자의 생각과 지식, 경험을 바탕으로 코로나19에 대해 말해야 한다. 사회 관계망 서비스를 통해서도 좋고, 강연이나 칼럼, 유튜브, 논문 등을 통해서도 코로나19의 모습과 이 감염병이 인간에게 끼치고 있는 영향 따위를 솔직하고 날카로운 필치와 언행으로 소통해야 한다. 모르는 것은 모르는 대로, 아는 것은 아는 대로 담담하면서도 열정적으로 말해야 한다.

인간은 실수하는 존재다. 따라서 정부든, 국가든, 전문가든, 방역당국이든, 시민이든 실수할 수 있다. 순간의 실수로 남에게 코로나19를 퍼트릴 수도 있고 자신이 코로나19에 걸릴 수도 있다. 잘못 안 지식을 바탕으로 엉터리 방역 전략을 구사해 많은 사람들을 위험에 빠트리는 국가도 있을 수 있다. 물론 이런 잘못을 하지 않는 것이 중요하다. 하지만 더욱 중요한 것은 우리가 언제 어떻게 무엇을 잘못했는지를 아는 것이다. 그리고 이를 바탕으로 더는 실수를 하지 않음으로써 사회가 혼란의 소용돌이에 빠지지 않도록 하는 것과 죽음의 행진을 멈추는 것이 중요하다.

나는 대학 때 미생물학을 전공했고 대학원 석·박사 과정에서 환경보건을 전공했지만 역학 원론, 감염병 역학, 만성병 역학 등 대학원에 개설된 역학 관련 과목을 모두 이수했다. 사실상 역학을 부전공으로 했다는 말이 나올 정도로 열심히 배운 까닭은 나에게 기자보다는 과학자의 길을 걷기를 조언해주신 대한민국 역학의 대모 김정순 교수(지금은 서울대 명예교수)의 가르침이 큰 역할을 했다. 그 뒤 계속 언론인으로 활동하면서 1980년대 후천성면역결핍증(에이즈)에서부터 2000년대 이후 사스, 신종인플루엔자, 메르스에 이르기까지 우리 사회에서 벌어진 각종 감염병 유행에 관해 칼럼과 기사를 쓰고 관련 책을 펴내기도 했다.

이 책을 쓰기 위해 감염병과 감염병의 역사에 관한 책들을 많이 읽었다. 보건대학원 시절 허정 교수한테서 배웠던 윌리엄 맥닐(William H. McNeil)의 책 『전염병의 세계사 *Plagues and Peoples*』도 다시 읽었다. 맥닐은 1975년 이 책을 처음 썼고 1998년 다시 새로 펴냈다. 대학원에 다닐 때인 1980년대에는 국내 번역서가 없어 1975년 판을 원서로 공부했지만 이번에는 1998년 판을 2005년 김우영이 옮긴 번역본을 읽었다. 우연의 일치인지, 선견지명인지는 몰라도 단국대 보건복지대학원에서 석사 과정의 간호사들을 대상으로 감염병학을 2020년 1학기 한 학기 동안 가르쳤다. 코로나19 때문에 대면 수업을 하지 못해 그들의 얼굴은 한 번도 보지 못하고 7월 초 사이버 화상

강의를 끝냈지만 수업 준비를 위해서 인류를 괴롭힌 감염병들의 정체와 당시 인류의 고통과 두려움이 고스란히 담긴 책들을 읽고 또 읽은 것이 이 책의 곳곳에 담겨 있다.

앞서 말한 맥닐이 쓴 책의 원서 제목은 'Plagues and Peoples'이다. 우리말로 직역하면 '전염병과 인간'이 된다. 하지만 국내 번역본은 앞서 소개한 『전염병의 세계사』와 허정 교수가 번역한 『전염병과 인류의 역사』 두 종류가 있다. 개인적으로는 '세계사'나 '인류의 역사'라는 표현보다는 '인간'이란 표현이 더 마음에 든다. 감염병 또는 감염병과 약간의 개념 차이가 있는 전염병은 결국 인간과 인간 사회에 엄청난 영향을 끼치기 때문이다. 이 책도 코로나19를 중심으로 감염병과 맞닥뜨린 인간이 어떤 행동을 보이는가에 초점이 맞추어져 있다.

감염병만 꼭 그러한 것은 아니지만 인간은 특히 두려움을 주는 존재를 만나거나 재앙적 사건 앞에서 내면에 감추어진 모습이 드러나고 그에 따라 온갖 군상이 나타난다. 때론 악마의 모습으로 포악한 폭력을 휘두르기도 하고 타인을 혐오하거나 자기만의 생존을 위한 이기적인 행동을 하기도 한다. 공포와 혼란의 틈새 속에 오직 돈을 벌려 하거나 타인의 고통을 통해 쾌감을 느끼는 비인간적 모습도 표출된다. 마스크를 사재기하는 사람, 코로나19 확진자가 다녀간 음식점 등을 상대로 공갈과 협박을 서슴지 않는 사람도 있다. 특종에 눈이 멀어 살아 있는 사람을 죽었다고 세상 사람들에게 알리거나 허위 사실을 진실인 것처럼 오보를 하고도 아무런 반성을 하지 않는 언론인도 있다. 집에 있으라는데 밖으로 나왔다고 사람들에게 총을 쏘아 죽이는 경찰의 나라도 있다. 방역이라는 이름으로 인권을 내팽개치는 사회도 있다. 오로지 자신의 정치적 유불리만 따져 대형 여객선에 수백 명의 코로나19 감염자를 오랫동안 사실상 감금한 채 내팽개치는 정치인도 있다. 코로나 확진자가 눈덩이처럼 불어나는데도 별것 아니라면서 검사를 많이 하지 말라며 다그치는 정치 지도자의 나라도 있다.

　물론 이런 부정적이고 일그러진 모습만 있는 것은 아니다. 목숨을 걸고 환자를 돌보는 의료진이 있고 자신이 감염병과의 전쟁 일선에 가지 않아도 됨에도 자원해 봉사하는 용기 있는 사람들도 많다.

　지난 40년 가까이 질병과 감염병과 역학에 대해 공부하고, 감염병 유행이 발생하면 국민에게 이를 알리는 언론인으로서 활동해 온 사람으로서 코로나19처럼 관심을 많이 쏟은 적은 후천성면역결핍증 이후로 없었다. 코로나19는 매우 특별한 존재다. 20세기 이후 특정 감염병으로 숨진 사람의 규모를 보면 스페인 독감, 결핵, 두창, 콜레라, 장티푸스, 홍콩 독감, 러시아 독감, 후천성면역결핍증 등 많은 감염병이 코로나19보다 더 크거나 비교 자체가 걸맞지 않을 정도로 피해가 엄청났다. 그런데도 우리는 이들 대유행 감염병보다 코로나19를 더 두려워하는 것 같다. 코로나19가 인간 사회에 끼치고 있는 영향도 이들 감염병보다 더 큰 것으로 보인다. 전 세계가 경제 침체의 소용돌이에 휘말렸고 일상이 마비되었으며 사실상 국가 간 여행이 거의 이루어지지 않을 정도가 되었다. 이렇게 공포의 도가니 속에 빠져든 데는 나름의 이유가 있다.

코로나19는 오래된 감염병인 독감, 결핵, 콜레라, 장티푸스, 후천성면역결핍증 등과는 다르다. 이들 감염병은 최근 미국과 유럽의 대부분의 국가에서 거의 문제가 되지 않았다. 후천성면역결핍증은 1980년대와 1990년대 미국과 서구에서 심각한 사회적 문제가 됐으나 지금은 바이러스를 억제할 수 있는 약제가 개발돼 적어도 선진국에서는 사망자 수가 급격히 줄어들고 있어 큰 문제로 부각되지 않고 있다. 물론 후천성면역결핍증은 사하라 사막 이남 지역의 아프리카 국가에서는 여전히 심각한 공중보건 현안이다. 하지만 코로나19의 위력은 이를 넘어서고 있다. 특히 코로나19는 심혈관 질환이나 당뇨 등 기저 질환이 있으면서 나이가 많은 사람에게 치명률이 20%가 넘는다. 코로나19 때문에 요양원 등에서 집단으로 죽어간 노인들이 많다는 사실이 우리를 슬프게 만든다. 코로나19는 노인들에게 사신(死神)이나 다를 바 없다. 노인들은 폭염, 미세 먼지 등 각종 자연 재난과 사회 재난 때 가장 큰 피해를 입는다. 감염병 창궐 때도 마찬가지다. 이탈리아, 스웨덴 등 같은 노인 천국이자 복지 선진국에서 많은 코로나19 사망자가 나온 것은 바로 이들 국가가 고령 사회 내지 초고령 사회에 접어들었기 때문이다.

70년 만에 우리는 새로운 전쟁을 치르고 있다. 인간끼리 벌이는 전쟁이 아니라 바이러스와 싸우는 전쟁이다. 코로나19가 창궐하고 있는 올해는 우리에게 특별한 해이다. 70년 전 한국 사회는 한국전쟁이라는 민족상잔의 회오리에 휩쓸렸다. 당시의 아픔과 고통을 절절히 느끼는 사람들은 이제 많지 않지만 남북 분단이 가져온 상처는 여전히 우리를 짓누르고 있다. 무방비 상태에서 전쟁을 맞닥뜨리면 얼마나 많은 생명이 희생되고, 얼마나 큰 고통을 겪는지를 한국전쟁은 여실히 보여주었다. 그런데 코로나19가 한국전쟁을 환생시켰다. 우리 정부는 코로나19가 전 세계를 휩쓸고 있는 와중에 한국전쟁 때 목숨 걸고 우리를 도운 유엔군 22개국 참전 용사에게 마스크와 손 소독제 등 방역 물품을 보내주었다. 참전 용사의 90% 이상을 차지하는 미국에 마스크 50만 장을, 아프리카 등 다른 21개국 참전 용사들에게 50만 장을, 그 나라의 코로나19 확진자 현황 등을 고려해 나누어 주었다. 우리가 전쟁이라는 위기 상황에서 다른 나라의 도움을 받아 살아났다면 코로나19와의 전쟁에서 비교적 일찍 안정을 찾은 국가로서 여전히 코로나 전쟁을 치르느라 힘든 나날을 보내고 있는 참전국의 노병들에게 방역 물품을 전달하는 것은 너무나도 당연한 일이다. 정상 국가라면, 품격이 있는 나라라면, 당연히 해야 할 일이다. 이런 일을 할 수 있었던 것은 모범적 방역으로 그래도 우리가 한숨을 돌릴 수 있는 정도가 되었기 때문이리라.

코로나19와의 전쟁을 완전히 끝낸 국가는 세계 어디에도 없다. 한 국가에서 한 달 내지 두 달 동안 단 한 명의 확진자가 새로 나오지 않는다 해도 그 나라에서 코로나 전쟁이 끝난 것은 아니다. 이 전쟁은 어느 특정 국가의 일이 결코 아니기 때문이다. 세계는 떼려야 뗄 수 없는 보이지 않는 끈으로 단단히 엮여 있다. 만약에 어느 한 국가가 코로나 때문에 국경을 1~2년 동안 완전 봉쇄한다면 그 나라에서 코로나 제로는 달성할 수 있다. 하지만 그 나라는 경제 악화로 무너져 내려 수많은 실업자, 자살자, 범죄자가 생길 것이 분명하다. 코로나 막으려다 나라 전체가 망가지는 것이다. 코로나19

와의 전쟁은 그것이 팬데믹이 된 이상 지구 전쟁이 되었다. 영화에서처럼 모든 국가가 하나가 되어 외계인 침공에 대항하듯이 똘똘 뭉쳐야만 세계 코로나 제로를 달성할 수 있다. 그래야 전쟁이 종식되고 평화가 온다. 하지만 현실은 그렇지 못하다. 하루빨리 함께 성찰하여 이 문제를 해결해야 한다.

코로나19에 대해서 다룰 내용은 많지만 지면은 한정돼 있다. 확진자와 사망자 그리고 코로나19 감염병과 바이러스에 대해서도 계속 새로운 내용이 나오고 있다. 따라서 이 책에서 언급되는 수치는 최종적인 것이 아니며 일부 내용도 나중에 이루어지는 과학적 성과에 따라 수정되거나 보완될 수 있다. 이런 미완의 상황에서도 책을 내는 까닭은 코로나19 종식에 조금이나마 도움을 주기 위해서다. 나는 먼저 코로나19바이러스의 기원 등을 두고 티격태격 싸우거나 온갖 음모론을 끄집어내는 인간의 모습에 대한 비판과 성찰을 1부에 담았다. 2부에서는 우리나라 방역당국이 열심히 일하고 있음에도 사소한 것으로 문제 삼거나 조급한 판단으로 방역 훼방꾼 노릇을 하는 군상들의 모습과 그들이 저지른 일들을 살펴보았다. 그리고 3부에서는 K-방역의 우수성과 관련한 뒷얘기와 상징적 인물들에 대해서 이야기했다. 아직 우리가 코로나19를 완전 통제하지 못하고 있는 상황에서 섣부른 자랑이나 자만은 금물이다. 하지만 자랑할 만한 것은 자부심을 가질 필요가 있다. 더 나은 방역을 위해, 방역뿐만 아니라 대한민국을 세계에 더욱 알릴 수 있는 창발적인 아이디어들이 문화, 보건의료, 스포츠, 정치, 경제, 과학기술 등 많은 분야에서 앞으로 계속 나오기를 바라는 마음에서 쓴 글들이다. 이 책이 그 디딤돌 역할을 해주었으면 한다. 코로나19 전쟁은 아직 끝나지 않았다. 감기나 단순 포진처럼 인간과 영원히 함께할지도 모른다. 사스처럼 더는 인간을 괴롭히지 않는 감염병이 되든, 스페인 독감처럼 2차 대유행을 걱정해야 하는 감염병이 되든 앞으로 감염병과 더불어 일상생활을 할 수밖에 없는 사람들에게 필수적인 감염병과 바이러스에 대한 지식, 그리고 코로나19가 우리에게 다시금 그 중요성을 일깨워준 환경과 생태계, 인권 문제 그리고 온 인류가 애타게 찾고 있는 희망의 백신과 치료제에 대한 이야기를 4부에서 다루었다.

끝으로 코로나19가 한국에 상륙한 뒤, 코로나19와 관련한 지식과 경험을 열정적으로 쏟아부어 방역당국에 도움을 주고 국민과 소통하느라 바쁨에도 짬을 내어 인터뷰와 자문을 해주신 박병주 서울대 의대 예방의학교실 교수(대한민국 의학한림원 부회장), 서울대 의대 이종구 교수(전 질병관리본부장), 기모란 국립암센터 국제암대학원 대학교 교수(대한예방의학회 코로나19 대책위원장), 이재갑 한림대 강남성심병원 감염내과 교수(대한의료관련감염관리학회 특임이사) 등을 비롯한 많은 분들과 자료 협조를 해주신 국민건강보험공단 관계자들에게 고마움을 전한다.

"첫술에 배부를 수 없다"는 속담을 이 책에 적용한다면, 지적 호기심이 왕성한 독자들은 이 책을 덮고 나서도 여전히 알고 싶은 것들이 많이 남아 있을 것이다. 하지만 "시작이 반이다"라는 속담을 떠올려준다면 어느 정도 이 책이 제 역할을 했다고 할 수 있다. 천리 길을 가려고 해도 한 걸음부터 시작해야 한다. "백지장도 맞들면 낫다"라는 말도 있지 않은가. 코로나19의 대혼란 속에 누군가가 희미한 등불이라도 비추어주면 돌부리에 걸려 넘어지지 않을 수 있다. 이 책이 그 마중물이 되었으면 한다. 그리고 코로나19로 희생되신 분들의 넋을 추모하고 그 가족들에게는 위로의 말씀을 전한다. 코로나19 때문에 입원 치료를 받으면서 불안과 고통에 힘들어했을 많은 환자들과 격리 생활로 스트레스를 받았을 수많은 사람들에게도 격려를 보낸다.

2020년 8월 용인 광교산 자락에서

안종주

차 례

제 1 부

코로나19,
세계적
대혼란

"2002년 가을 어느 날, 정신없이 바쁘게 돌아가는 중국 광저우의 시장에서 일어난 일이다. 우리 속에 갇힌 뱀, 족제비, 오리 등이 미식가들의 관심을 끌어보려고 꿈틀거리고 있었다. 그때 식용 박쥐에 붙어 살던 바이러스가 식용 고양이들 사이로 거처를 옮겼다(이 도시의 지도층 재력가들 사이에서는 몽구스와 비슷하게 생긴 사향고양이 요리로 한턱내는 것이 유행이다). 1천만 명의 사람들이 만들어내는 온갖 소음으로 시끌벅적한 가운데 병든 고양이 한 마리가 동물 가게 주인과 요리사들의 면전에 대고 재채기를 했다. 그런 다음 아무것도 모른 채 식당에서 일하는 사람들이 김이 모락모락 나는 국화꽃 향기가 그윽한 룽후펑(龍虎鳳, 뱀, 고양이, 닭을 넣어 만든 탕 요리)을 떠먹던 손님들에게 바이러스를 옮겼다. 그 뒤 이 바이러스는 중증급성호흡기증후군코로나바이러스(사스코로나바이러스)로 이름이 바뀌었다."

앤드루 니키포룩(Andrew Nikiforuk)은 자신의 책 『바이러스 대습격 *Pandemonium*』에서 2002년 처음 등장해 2003년까지 유행하면서 세계를 놀라게 한 사스의 진원지인 중국 광둥성에서 어떻게 사스코로나바이러스가 인간 숙주까지 침범하게 됐는가를 상상력을 보태 실감나게 전하고 있다. 과학자들은 사스 대유행 이후 사스코로나바이러스의 기원을 연구한 결과 식용 박쥐에서 시작해 사향고양이를 중간 숙주로 해 사람으로 전파됐을 가능성이 높다고 밝혔다. 앤드루 니키포룩은 이런 사실을 바탕으로 사스코로나바이러스가 인간 세상에 첫발을 내디딘 순간을 묘사했다.

코로나바이러스는 아데노바이러스, 리노바이러스 등과 함께 감기를 일으키는 원인이 되는 바이러스 중 하나로 잘 알려져 있다. 감기코로나바이러스는 사람에게 들어와 자신의 자손들을 불리기 위해 증식하는 과정에서 자신들의 숙주인 사람의 목숨까지 빼앗는 치명적 모습을 드러내진 않았다. 비교적 가벼운 증상을 일으키는 것으로 알려져 있어 그동안 치료제나 백신 개발이 제대로 이루어지지 않았다. 바이러스와 사람 가운데 누가 먼저 그런 전략을 택했는지는 알 수 없지만 기생체와 숙주는 서로 사실상의 공존을 선언했다. 이 때문에 코로나바이러스에 감염되었어도 코로나바이러스 때문에 감기에 걸렸는지를 조사하거나 추적하지는 않았다. 몇 명이 걸렸는지 얼마나 유행하고 있는지도 조사하지 않았다.

매년 유행 조짐이 나타날 때마다 환자 증가 수를 확인하고 체계적인 감시(surveillance)를 해왔던 인플루엔자의 경우와 비교한다면 코로나바이러스에 대한 대책은 거의 준비되지 않았다고 볼 수 있다. 인플루엔자는 아주 치명적인 증상을 나타내는 것은 아니지만 종종 합병증을 일으켜 사람의 목숨을 빼앗는 경우가 있기 때문에 백신과 치료제도 만들어냈다. 그리고 우리나라에서는 매년 노인층을 포함한 위험 계층에 대해 무료 백신 접종을 해왔다. 또 바이러스 검사를 통해 인플루엔자에 걸린 것이 확인되면 타미플루 등과 같은 치료제도 처방해왔다.

하지만 사스코로나바이러스는 달랐다. 감염된 사람 가운데 20%가량은 숨졌다. 대중이 관심을 가질 수밖에 없었다. 감염된 사람은 물론이고 감염되지 않은 사람에게조차 사스코로나바이러스는 공포의 대상이 되었다. 바이러스 학자들과 감염병 학자들이 이 바이러스에 관심을 기울인 것은 너무나 당연한 일이었다. 감염병 학자들은 앞으로 지구촌에서 감염병 대유행이 일어난다면 그것은 바이러스 감염병일 것이라고 이구동성으로 줄기차게 말해왔다. 과학자들과 과학저술가들도 인플루엔자와 같은 높은 감염력과 에볼라바이러스병이나 두창(痘瘡, smallpox)과 같은 무서운 독력(毒力, virulence)을 지닌 바이러스가 출현할 가능성이 있다고 경고했다. 『X 이벤트 X-Events』의 저자이자 수학자이며 복잡계 과학의 전문가인 존 L. 캐스티(John L. Casti)는 "사람들은 스페인 독감, 사스, 조류 독감 등의 발병을 심각하게 생각하지 않는다. 하지만 이런 질병들은 어딘가에 있고 조심하지 않으면 우리를 공격할 것이다. 테러리스트의 도움 없이도 자연은 충분히 인간 생활에 광범위한 생물학적 위협을 만들어낼 수 있다"고 지적했다.

그가 2012년에 주장한 이러한 예언적 분석과 예측은 코로나19 팬데믹과 맞닥뜨리고 있는 우리에게 전율을 안겨준다. 또한 그는 전염병 창궐을 디지털 암흑, 식량 위기, 전자 기기의 파괴, 세계화의 붕괴, 물리학적 재난, 핵폭발, 석유 소진, 정전과 가뭄, 로봇의

재앙, 금융의 몰락과 함께 11가지 X이벤트 중 하나로 꼽았다. 이렇게 『X이벤트』는 지구촌에서 수천만 명이 목숨을 잃는 대재앙이 벌어질지 모른다는 최악의 시나리오에 대한 예측을 담고 있다.

그가 말한 감염병 창궐이라는 X이벤트는 질병 X(disease X)와 맞닿아 있다. 세계보건기구는 2018년 특징을 파악하기 어려운 불가사의한 질병 X가 전염병을 일으켜 전 세계를 휩쓸 수 있다고 경고했다. 그렇다면 기침을 하거나 냄새를 맡지 못하는 등과 같은 가벼운 증상을 나타내거나 무증상인 사람들이 며칠 뒤 갑자기 호흡곤란으로 쓰러져 숨지는 코로나19야말로 질병 X라고 할 만하지 않은가?

네덜란드 에라스무스대학 의학센터의 바이러스학 책임자인 마리온 쿠프먼스(Marion Koopmans) 박사는 국제학술지 『세포 *Cell*』에 기고한 논문에서 "이 바이러스가 억제되든 그렇지 않든 이 사태는 질병 X 카테고리에 걸맞은 최초의 진정한 위기"라고 평가했다. 또한 중국 후단대 의과학교실의 장쉬보(張旭波) 등은 중국미생물학회 공식 저널인 『중국 바이러스학회지 *Virologica Sinica*』에 기고한 논문에서 코로나19가 세계보건기구가 정의한 질병 X에 해당하는 최초의 감염병이라고 평가했다. 이처럼 코로나19바이러스는 자신의 형제격인 사스코로나바이러스나 메르스코로나바이러스와도 완전히 다른 모습을 보이고 있다. 자신의 위력을 드러내지 않고 있다가 상대가 방심하는 사이 한 방에 적을 무너뜨리는 사람이 제일 무서운 법인데, 코로나19바이러스의 양상이 딱 그렇다.

2012년 코로나 가문(family)은 사스코로나바이러스에 이어 또 하나의 걸출한 바이러스를 선보였다. 우리가 2015년에 호되게 겪은 중동호흡기증후군(MERS, Middle East Respiratory Syndrome)코로나바이러스다. 이 바이러스의 정식 이름은 메르스코로나바이러스(MERS-CoV)다. 이 바이러스도 박쥐에서는 아무런 질병을 유발하지 않은 채 서로 공존하다가 어느 날 우연히 중동 지역에서 흔히 볼 수 있는 동물인 단봉낙타에 들어가 이곳에서 세를 크게 불린 뒤 낙타가 흘리는 침과 낙타 젖 등을 통해 가까이 있는 사람에게 소리 소문 없이 무단 침입한 것으로 과학자들은 보고 있다. 메르스는 주로 중동에서만 산발적으로 유행하다 보니 유럽이나 미국 등 감염병 연구의 선진국이라고 할 수 있는 나라의 전문가들이 각별한 관심을 보이지 않았다. 그러다 2015년 한국에서 갑자기 유행을 하자 잠시 관심이 쏠렸다.

2015년 5월 여러 중동 국가를 여행한 한 한국인이 메르스코로나바이러스에 감염돼 입국했다. 당시 그는 메르스에 대해 잘 몰랐다. 귀국 후 몸에 이상 증상이 생기자 단순한 감기나 다른 질병 때문인 것으로만 알고, 이 병원 저 병원을 전전하며 진료를 받았다. 그 사이 그의 몸에 있던 메르스코로나바이러스는 다른 사람들의 몸 안으로 들어가 코로나바이러스 가문의 가훈이자 최대 목표인 '세 불리기'를 했다. 메르스코로나바이러스는 중동을 넘어서 대한민국에 정착해 물 만난 물고기가 되어 활개를 치기 시작했다.

사스코로나바이러스가 탄생한 뒤 정확하게 17년이 지나 사스코로나바이러스의 진원 국가였던 중국의 우한시에서 2019년 12월 사스코로나바이러스의 형제라고 할 수 있는 신종코로나바이러스가 판도라의 상자를 탈출했다. 이 신종코로나바이러스 다시 말해, 코로나19바이러스는 감염병 병원체계의 명예의 전당 자리를 예약했다. 코로나19바이러스는 코로나바이러스 가문의 최고 비밀 병기가 됐다. 그리고 환자 수와 사망자 수 등 모든 면에서 사스코로나바이러스가 가진 종전 기록을 갈아치웠다. 불과 발생 한 달 만인 2020년 2월 초의 일이다.

신종코로나바이러스는 이번에도 박쥐에서 시작된 것으로 학계는 보고 있다. 박쥐는 많은 종류의 바이러스가 뒤섞여 공생하는 바이러스의 보고(寶庫), 즉 자연 저장고(reservoir) 구실을 하는 대표적 포유류이다. 중국 과학자들은 멸종 위기 보호 포유류로 비늘 덮인 개미핥기 종류인 천산갑(穿山甲)에서 신종코로나바이러스와 유전자 염기서열이 90% 이상 똑같은 코로나바이러스를 분리했다고 밝혔다. 이 때문에 아직 100% 확인된 것은 아니지만 박쥐에서 천산갑을 거쳐 신종코로나바이러스가 사람에게 전파됐을 가능성이 있는 것으로 보고 있다.

앤드루 니키포룩이 '발칙한' 상상력을 약간 가미해 사스코로나바이러스의 등장 순간을 흥미롭게 다루었듯이, 지금까지 알려진 코로나19바이러스에 관한 지식을 토대로 이 바이러스가 인간 세상에서 얼굴을 내민 순간을 포착해 생중계해보자.

"2019년 11월 우한시의 화난수산시장은 여느 때처럼 사람들로 북적였다. 사람들이 내는 시끌벅적한 소리를 들으며 우리 속에 갇힌 뱀, 족제비, 천산갑 등이 아무 영문도 모른 채 꿈틀거리고 있었다. 이 동물들은 의식이 비뚤어진 미식가들과 정력에 필이 꽂힌 사람들에 의해 식탁에 올려질 것을 전혀 알지 못하고 있었다. 마침 그날 시장을 방문한 중국인 가운데 천산갑을 찾는 무리가 있었다. 요리사는 익숙한 칼놀림으로 천산갑을 죽였다. 이때 이 귀엽고 온순한 동물의 몸에 붙어 살던 수만 마리의 바이러스들이 요리사의 코와 입 속으로 들어갔다. 그 일행은 맛있게 탕을 한 그릇씩 게 눈 감추듯 해치우고 집으로 갔다. 그러고 나서 나흘 뒤에 이 요리사는 열이 나기 시작했고 기침을 해댔다. 그 사이 그는 시장에 있는 동료들과 대화도 하고 식사를 함께하기도 했다. 그리고 며칠이 더 흘렀다. 시장 상인들 가운데 여러 명이 호흡 곤란을 느꼈다. 그들은 더 이상 일하기 어려워졌다. 그때서야 병원을 찾았다."

상인들 가운데는 운 나쁘게 숨진 사람도 있었다. 살아남은 사람들은 나중에 우한 시민들이 차례로 자신들과 비슷한 증상을 보였다는 것을 알게 됐다. 그리고 그로부터 한 달이 채 되지 않아 우한시 전체가 봉쇄됐다.

21세기 들어 가장 심각한 죽음의 그림자를 지구 전체에 드리운 코로나바이러스 가문은 언제 탄생했을까. 이를 정확하게 아는 과학자는 없다. 인간이 즉, 과학자가 이 바이러스를 처음 발견한 때는 1930년대이다. 사람에게서가 아니라 집에서 기르는 닭에서 처음 코로나바이러스를 분리해냈다. 1931년 미국의 노스다코타(North Dakota)주에서 병아리들이 떼를 지어 죽었다. 갓 태어난 병아리들은 숨을 헐떡거리다 얼마 후 죽었다. 치사율은 40~90%나 됐다. 양계에 비상이 걸렸다. 감염성 질환이 확실했다. 닭에 기관지염을 유발하는 종류였다. 그로부터 6년이 지난 뒤 두 과학자가 이 닭의 감염성 기관지염 바이러스를 분리 배양하는 데 성공했다. 이어 1940년대 두 종류의 동물코로나바이러스 즉, 생쥐간염바이러스와 생쥐전염성위장염바이러스가 분리됐다. 하지만 당시에는 이 세 종류의 바이러스가 서로 관련되어 있다는 사실, 즉 한 가문에 속하는 친척 바이러스라는 사실을 알지 못했다.

사람에게 감염병을 일으키는 코로나바이러스는 1960년대에 처음 발견되었다. 영국과 미국의 과학자들은 각각 다른 방법을 사용해 이 바이러스를 분리하는 데 성공했다. 1960년 영국 의학연구위원회의 감기연구단(Common Cold Unit) 책임자였던 데이비드 티럴(David Tyrrell) 등 3명의 과학자는 한 소년에게서 새로운 감기바이러스를 분리하는 데 성공했다. 이들은 기존 일반 감기바이러스인 리노바이러스, 아데노바이러스 등을 배양할 수 있는 표준 기법을 사용했으나 사람코로나바이러스를 배양할 수 없었다. 1965년 티럴 등은 새로운 배양법을 고안해 마침내 이 바이러스 배양에 성공했다. 이 바이러스를 본격적으로 연구할 수 있는 길을 튼 것이다. 이 바이러스를 실험 자원자들에게 주입한 결과 그들이 감기에 걸리는 것을 확인했다. 로베르트 코흐(Robert Heinrich Hermann Koch)가 제시한 감염병 병원체임을 입증하는 4원칙(Koch's postulate)이 코로나바이러스에 의한 감기에서도 완성되었다.

코흐의 4원칙을 살펴보면 첫째, 질환을 앓고 있는 모든 생물체에서 같은 종류의 미생물이 다량 검출되어야 한다. 둘째, 질환을 앓고 있는 모든 생물체에서 미생물을 순수 분리해야 하며, 순수 배양이 가능해야 한다. 셋째, 순수 배양한 미생물을 건강하고 감염이 가능한 생물체에게 접종했을 때 동일한 병이 발생해야 한다. 넷째, 배양된 미생물이 접종된 생물체로부터 다시 분리되어야 하며, 그 미생물이 처음 발견한 것과 동일한 것임을 증명해야 한다. 이 4원칙을 충족시킴으로써 코로나바이러스는 사람에게도 감염병을 일으키는 바이러스로 판명이 된 것이다.

이 바이러스의 형태학적 모습은 1967년 영국 런던의 성토마스 병원에서 일하던 스코틀랜드 출신 바이러스 학자이자 전자현미경 연구의 개척자인 준 알메이다(June Almeida)의 전자현미경 관찰로 처음 드러났다. 이 바이러스의 외관은 독특한 곤봉 형태의 스파이크 모양을 하고 있었다. 동물에서 여러 감염증을 일으키는 코로나바이러스도 모두 같은 모양을 하고 있었다. 티럴과 알메이다는 코로나바이러스의 전자현미경 사진을 논문으로 공개했다.

미국 질병통제예방센터(CDC)가 코로나바이러스의 모습을 3차원 컬러그래픽으로 그린 모형도이다.
출처: Centers for Disease Control and Prevention's Public Health Image Library (PHIL)

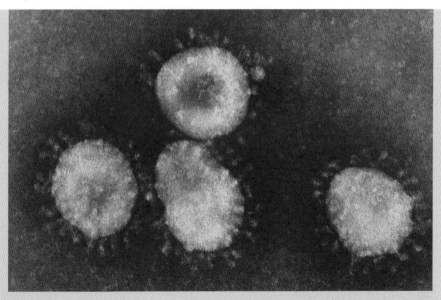

코로나바이러스를 전자현미경으로 찍은 실제 모습.
표면에 곤봉 모양의 왕관을 연상케 하는 돌기가 나 있다. 이 모양 때문에 코로나라는 이름이 붙여졌다.
출처: Centers for Disease Control and Prevention's Public Health Image Library (PHIL)

오늘날 코로나바이러스는 포유류와 조류에서 질병을 일으키는 RNA(리보핵산)바이러스로 잘 알려져 있다. 이 바이러스는 닭에서는 상부 호흡기 질환을 일으키는 반면, 소와 돼지에서는 설사를 일으킨다. 인간에게서는 가벼운 감기 증상을 일으키거나 사스, 메르스, 코로나19와 같이 중증 호흡기 질환을 일으킨다.

코로나바이러스는 주로 포유동물을 감염시키는 알파 및 베타 코로나바이러스와 주로 조류를 감염시키는 감마 및 델타 코로나바이러스로 나뉜다. 알파코로나바이러스에는 사람에게 감기를 일으키는 2종의 바이러스와 박쥐에서 발견되는 바이러스 등이 있고, 베타코로나바이러스에는 사스코로나바이러스, 메르스코로나바이러스, 코로나19바이러스와 2종의 사람감기바이러스, 쥣과코로나바이러스, 일부 박쥐바이러스 등이 있다. 감마코로나바이러스에는 조류코로나바이러스와 흰돌고래코로나바이러스가 있으며 델타코로나바이러스에는 돼지코로나바이러스와 맹금류코로나바이러스가 있다.

그렇다면 코로나 가문은 1930년대 이전에는 없었던 것일까. 아니면 오래전부터 있었는데 인간이 눈치 채지 못했던 것일까. 우리가 바이러스에 대해 알기 시작한 것은 그리 오래되지 않았다. 과학자들은 생물에 기생하는 이상한 녀석이 있다는 낌새를 1883년 담배모자이크병의 원인을 캐는 과정에서 알아차렸다. 과학자들은 처음에는 매우 작은 크기의 세균이 원인일 것으로 보았으나 1898년 마르티누스 베이에링크(Martinus Willem Beijerinck)가 담배모자이크병이 박테리아가 아닌 다른 것에 의한 것이라고 생각하고 '바이러스'

라는 이름을 붙였다. 바이러스 존재를 인간이 눈치 챈 것은 1백 년 남짓밖에 되지 않는다.

지구상에 처음 등장한 생명체는 35억 년의 역사를 지닌 세균이다. 그 뒤 얼마 지나지 않아 세균에 기생하는 바이러스가 등장했을 것이다. 이런 가설을 받아들인다면 지구에서 바이러스가 출현한 것은 대략 30억 년 정도 전일 것이다. 세균은 지구상에 스트로마톨라이트(stromatolite) 형태로 화석을 남겼지만 바이러스는 그 구조 특성상 화석으로 존재하기 어렵기 때문에 우리가 정확한 최초 출현 시기를 과학적으로 파악하지 못하고 있을 뿐이다. 바이러스는 크기가 너무 작다. DNA 또는 RNA 같은 유전 물질을 단백질 껍질로 감싸고 있는 구조를 하고 있다. 따라서 뼈나 잎맥 같은 단단한 부위가 있어야만 만들어지는 화석이 남아 있을 리가 없다. 세균이나 조류(藻類)와 같은 단세포 생물에 이어 다세포 생물이 생기고, 포유동물이 생기면서 이를 숙주로 하는 바이러스가 함께 등장했을 가능성이 높다. 그렇다면 코로나바이러스 가문도 1930년대 느닷없이 등장한 것이 아니라 그보다 훨씬 전에 태어났다고 보는 것이 합리적인 추론일 것이다. 현생 인류 즉, 호모 사피엔스(Homo sapience)의 역사는 10만 년밖에 되지 않았다고 보지만 원시 인류는 5백만 년 전에 등장했을 것이라고 본다. 코로나바이러스도 이처럼 오래전에 다른 모습으로 등장했고 그 뒤 진화에 진화를 거듭해 오늘날의 모습을 하고 있을 가능성이 높다.

코로나 가문의 기원에 대해서는 학자마다 의견이 갈린다. 어떤 학자는 알파·베타·감마·델타형 코로나바이러스의 공통 조상이 기원전 8천 년경에 존재했을 것으로 본다. 반면 어떤 학자는 공통 조상이 무려 5천 5백만 년 전으로 거슬러 올라갈 수 있다고 생각한다. 박쥐가 오랜 세월 진화할 때 그 몸속에 있던 코로나바이러스도 함께 진화해왔다는 것이다. 이른바 공진화(共進化, coevolution) 모델을 코로나바이러스와 박쥐에 적용해 설명하고 있다.

과학자들은 알파코로나바이러스 계열의 가장 최근의 공통 조상이 기원전 약 2천 4백 년에 나타났다고 보고 있다. 베타코로나바이러스 계열의 경우에는 기원전 3천 3백 년, 감마코로나바이러스 계열의 경우에는 기원전 2천 8백 년, 델타코로나바이러스 계열의 경우에는 기원전 약 3천 년으로 잡고 있다. 하늘을 나는 온혈 척추동물인 박쥐와 조류는 코로나바이러스 유전자 풀(pool)을 위한 아주 이상적인 천연 저수지 구실을 한다. 다시 말해 박쥐는 알파코로나바이러스와 베타코로나바이러스를 위한 저수지 구실을 하며 조류는 감마코로나바이러스와 델타코로나바이러스를 위한 저수지 역할을 한다. 바이러스의 숙주가 되어주는 엄청난 수와 북극과 남극을 제외한 전 지구에서 활동하는 박쥐와 조류 종은 코로나바이러스가 광범위하게 진화하고 또한 퍼져나갈 수 있도록 했다는 것이다.

사람에게 감염병을 일으키는 코로나바이러스가 박쥐에서 기원한다는 사실은 코로나19 팬데믹 시대를 살아가고 있는 현대인에게 이젠 거의 상식에 속한다. 하지만 이를 자세하게 아는 일반 시민은 그리 많지 않다. 손석희 앵커가 잘 사용했던 표현을 차용해 "이와 관련해 한 걸음 더 깊이 들어가보자."

과학자들의 연구 결과 사람에게 감기를 일으키는 사람코로나바이러스 NL63은 1190년에서 1449년 사이에 박쥐코로나바이러스(ARCoV.2)와 공통 조상을 공유했다. 사람에게서 감기를 일으키는 또 다른 코로나바이러스인 사람코로나바이러스 229E는 1686년에서 1800년 사이에 아프리카 가나에서 발견된 박쥐코로나바이러스(GhanaGrp1 Bt CoV)와 공통 조상을 공유한다고 과학자들은 학계에 보고했다. 더 최근에는, 남미 안데스산맥의 4천 미터 이상 고지대에서 사육되는 가축 라마의 일종인 알파카에서 발견되는 알파카코로나바이러스와 사람코로나바이러스 229E가 1960년 이전 즈음에 갈라졌다고 보고했다.

2015년 우리나라에 상륙한 메르스코로나바이러스는 박쥐에서 중간 숙주인 낙타를 통해 인간에게서 나타났다. 메르스코로나바이러스는 몇몇 박쥐코로나바이러스 종과 관련이 있지만 이미 몇 세기 전에 이들로부터 가지를 쳐 갈라져 나온 것으로 보인다. 가장 밀접하게 관련된 박쥐코로나바이러스와 사스코로나바이러스는 1986년에 다양해졌다. 과학자들은 사스코로나바이러스가 박쥐코로나바이러스로부터 진화해 나온 경로를 사스 관련 코로나바이러스가 박쥐에서 오랫동안 공진화했다는 것으로 설명하고 있다. 과학자들은 사스코로나바이러스의 조상이 처음에는 잎코박쥐를 감염시켰고 그 후 말굽박쥐로, 다시 사향고양이로 그리고 마지막으로 인간에게 접근하는 데 성공했다고 보고 있다.

천산갑이 유력 용의자로 떠오르고는 있지만 코로나19바이러스가 사람에게 오기 직전 정확하게 어디에서 있었는가를 밝히는 데는 시간이 더 필요할 것 같다. 전문가들은 동물에 있던 바이러스가 점프해 어느 날 사람에게 들어와 질병을 일으키는 경우는 매우 드문 사례라고 지적한다. 호주 퀸즐랜드대학의 바이러스 학자인 로이 홀(Roy Hall) 교수는 수년에 걸쳐 수집·보관된 혈액 샘플을 가지고 광범위하게 후향적(retrospective) 연구를 하면 코로나19바이러스와 유사하거나 관련이 있는 동물에 대한 단서를 찾아낼 수 있으며 더 많은 동물 실험을 통해 코로나19바이러스와 더 가까운 것을 찾을 수 있을 것이라고 밝혔다.

중국 우한시에서 한 마리 나비가 날갯짓으로 약간의 공기 떨림을 만들어내는 접풍(蝶風)을 일으켰을 때만 해도 그 바람이 폭풍이 되어 밀라노, 런던, 뉴욕, 모스크바, 상파울루를 차례로 강타해 초토화할 줄 아무도 몰랐다. 코로나19의 시작은 미미했다. 하지만 그것은 착각이었다. 순식간에 엄청난 '괴물'이 되었다. 마치 작은 몸집의 사람이 분노의 자극을 받아 상상하기 어려울 정도로 거대한 몸집이 되는 헐크와 같았다.

방심이 낳은 피해는 너무나 컸다. 미국 질병통제예방센터 등 세계 최강의 바이러스 사냥꾼들, 즉 '바이러스 버스터즈(virus busters)'들도 속수무책의 자괴감에 빠졌다. 그동안 두창, 소아마비, 사스, 메르스, 에볼라바이러스병, 후천성면역결핍증 등 인간을 괴롭혀온 수많은 바이러스 감염병들을 일으키는 병원체를 포획해 얌전하게 만드는 데 혁혁한 공을 세웠고 이들과 다양한 전투 경험을 지녔던 세계보건기구와 선진국의 전문가들조차 우왕좌왕했다. 코로나19는 21세기 들어 최악의 감염병 자리를 꿰찼다. 그의 질주 본능이 언제 멈출지 아무도 모른다. 정말 두려운 존재다.

2019년 12월 어느 날 중국 후베이성 우한시에서 괴질이 발생했다. 우한시 화난수산시장의 상인들은 원인 모를 중증 폐렴 증상으로 병원을 찾았다. 의사들은 항생제를 투여했지만 무용지물이었다. 우한시 보건당국과 의사들은 16년 전 광둥성에서 시작해 중국을 공포로 몰아넣었던 사스코로나바이러스가 다시 발생한(reemerging) 것이 아니냐는 의심을 했다. 이들은 밀려오는 환자들을 감당하지 못했다. 사람 간 전파가 일어난다면 큰일이었다. 역학조사를 해본 결과 사람 간 전파는 실제로 일어나고 있었다. 하지만 그들은 이것이 사실 그대로 알려지면 걷잡을 수 없는 공포로 인해 중국 사회에 큰 혼란이 올 것을 염려했다. 시민들에게 알리지 않고 어떻게 해서라도 피해 확산을 막아보려고 했다. 그래서 사람 간 전파는 없는 질병이라고 말하며 염려할 필요 없다고 했다. 거짓말이었다. 그 사이 사람 간 전파는 확산 일로를 걸었다. 나중에는 사람 간 전파는 있지만 전염력이 그리 높지 않다며 서둘러 대중의 불안을 차단하려 했다. 두 번째 거짓말이었다. 한 번 거짓말을 한 사람이 두 번째 거짓말을 하는 것은 그리 어려운 일이 아니다.

한국을 비롯해 다른 국가들도 처음에는 중국 특정 지역에서 발생한 풍토병이려니 했다. 세계 감염병의 감시자이자 조정자(코디네이터)의 임무를 가지고 감염병에 대응하는 방역 설계도를 그리며 기술 지도를 하는 세계보건기구 전문가들도 코로나19가 팬데믹, 그것도 최악의 세계적인 범유행 감염병이 될 것이라고는 전혀 예측하지 못했다. 사스 유행 때도 세계보건기구는 전 세계 확산을 비교적 잘 막아냈다. 사스는 중국, 홍콩, 대만 등 몇몇 국가를 제외하고는 별 인명 피해를 일으키지 않았기에 미국과 유럽 국가들은 확산을 막을 수 있는 선제적 노력을 하거나 강력한 방역 대책을 세워 차단을 할 생각을 하지 않았다. 이들 나라의 '바이러스 버스터즈'들도 호기심을 가지고 지켜보는 정도였다.

하지만 수면 아래에서는 신종코로나바이러스가 인간의 방심이란 자양분을 흠뻑 들이마시고 무럭무럭 자라나고 있었다. 중국은 괴질의 정체를 비교적 빨리 파악해냈다. 사스코로나바이러스를 일으켰던 코로나바이러스와 유사한 종류라는 것을 유전자 분석 기술로 알아냈다. 1981년 미국에서 괴질로 등장해 '게이병'이라는 이름을 거쳤던 에이즈는 후천성면역결핍증으로 드러났다. 이 감염병의 병원체가 바이러스라는 사실은 1983년에 알아냈다. 그리고 1984년에 인간면역결핍바이러스(HIV, Human immunodeficiency virus)란 이름이 붙었다. 새로운 바이러스 감염병이라는 사실을 알아차리는 데까지 걸린 기간은 2년이었다. 한데 코로나19는 보름도 걸리지 않았다.

중국 정부는 2019년 12월 30일, 중국 우한시에서 병의 원인이 알려지지 않은 폐렴 환자가 집단으로 발생하고 있다고 베이징에 있는 세계보건기구 중국 지부에 보고했다. 중국 우한시에서 후베이성을 거쳐 중앙 정부에 보고되기까지의 시간이 정확하게 얼마나 걸렸는지를 현재로선 알 수 없다. 하지만 정확한 '사실'은 존재한다. 하지만 중국은 자신들의 치부를 밝히기를 꺼리고 있다. 아마 우한시에서 후베이성을 거쳐 중앙 정부에까지 보고되고 이 사실을 국제사회 즉, 세계보건기구에 알릴 것인지 여부를 결정하는 데 적어도 일주일 이상이나 보름 정도 걸렸을 것이다.

집단 발병이 드러나기 전 산발적 유행 또는 유행을 알아차리기 어려운 일정 기간이 있다는 것을 고려한다면 감염병은 12월 말이 아니라 12월 초 또는 11월에 발생했을 가능성이 있다. 최초의 환자가 누구였느냐는 여전히 알려지지 않았다. 중국이 노력했음에도 모르는 것인지, 아니면 이를 알려고 노력하지 않은 것인지는 알 수 없다. 최초의 환자, 즉 제로 환자(Patient 0)를 찾는 일을 중국이 하지 않는다면, 이것은 세계 과학계와 세계보건기구가 앞으로 해야 할 과제가 될 것이다. 하지만 중국이 나 몰라라 하면 다른 누구도 하기 어렵다는 점에서 중국의 책임은 커질 수밖에 없다.

집단 발병을 공식 확인한 날로부터 일주일이 지난 2020년 1월 7일, 이들 환자한테서 새로운 코로나바이러스를 분리했다. 이는 우한시에서 유행하기 시작한 폐렴이 바이러스 감염병이라는 사실을 확인해주는 것이었다. 이 바이러스는 유전자 염기서열 등으로 미루어볼 때 사스코로나바이러스와 유사했다. 처음에는 2019년에 처음 발생한 새로운(neo) 유형의 코로나바이러스라는 뜻에서 2019-nCoV라고 불렸다. 그다음에는 사스코로나바이러스-2(SARS-CoV-2)라는 이름으로 바뀌었다. 이 바이러스가 일으킨 감염병도 처음에는 괴질이나 우한 폐렴으로 불리다가 2020년 2월 11일 세계보건기구가 COVID-19(코로나19)라는 공식 명칭을 부여했다.

감염병의 역사를 살펴보면 질병의 이름과 함께 바이러스 등 병원체의 이름이 바뀌는 사례가 종종 있다. 일반인들에게 가장 잘 알려진 것으로는 지금은 지구상에서 완전히 사라진 감염병인 천연두가 한국에서 두창으로 이름이 바뀐 것을 꼽을 수 있다. 나병

(癩病)은 한센병으로 이름이 달라졌고, 우리나라 이호왕 박사가 병원체를 처음 발견한 것으로 알려진, 유행성출혈열 또는 한국형출혈열 등으로 불렸던 출혈열 바이러스 감염병은 신증후군출혈열로 이름이 바뀌었다. 그리고 후천성면역결핍증을 일으키는 바이러스는 미국에서 1983년부터 인간T세포백혈병바이러스-Ⅲ(HTLV-Ⅲ, Human T-cell Leukemia Virus Ⅲ)로 불렸고, 프랑스에서는 임파종 연관 바이러스(LAV, Lymphadenopathy Associated Virus) 등으로 불렸다. 그러다 1984년 국제바이러스분류위원회의 결정에 따라 인간면역결핍바이러스로 통일해 부르고 있다.

코로나19바이러스는 중국의 거짓말과 은폐 때문에 빠른 시간에 전 세계로 확산되었다. 여기에 더해 우리나라의 설날에 해당하는 중국 최대 축제 기간인 음력설 춘절을 앞두고 발생하여 그 세를 더욱 크게 떨칠 수 있었다. 이것은 중국뿐 아니라 전 세계의 불행이었다. 중국은 사슴도 말이라 우길 수 있는 역사를 지닌 나라다. 한마디로 지록위마(指鹿爲馬)의 국가다. 2천 년 전 조상이 만든 고사성어가 지금도 여전히 유효하다. 2002년에 발생한 사스 유행 때에도 그 실상을 감추려고 애를 썼다는 것이 내부 고발로 들통이 난 바 있다.

중국의 이런 불투명한 처신은 코로나19 유행 사건에도 여전했다. 이를 단적으로 보여준 사례가 의사 리원량(李文亮) 사건이다. 그는 코로나19가 처음 발생했을 때 우한 중심병원 안과 의사였다. 그는 2019년 12월 30일, 신종코로나바이러스 감염병의 외부 공개를 주도한 의료진 중 한 명이었다. 리원량은 사스코로나바이러스에 대하여 높은 신뢰도로 양성 반응을 보이는 환자 보고서를 보았다. 그리고 그날 17시 43분, 의대 동기생의 위챗(Wechat) 그룹(우리의 카톡 단체방에 해당)에 "우한시 화난수산물도매시장에서 7건의 사스코로나바이러스 증상이 확인되었다"라고 올렸다. 당시는 아직 우한 폐렴의 원인 바이러스와 감염병의 정체가 드러나지 않아 사스코로나바이러스 환자라고 말한 것이다. 2020년 1월 3일, 우한 경찰은 진실을 말한 리원량을 소환하여 인터넷에 허위 사실을 올린 혐의에 대해 경고와 훈계를 했다. 리원량은 이런 핍박을 받은 뒤에도 코로나19 환자를 치료하는 최전선에서 온몸을 던져 활동했다. 하지만 그는 결국 코로나19에 걸려 2010년 2월 7일 서른네 살의 나이에 숨지고 말았다. 중국은 물론이고 전 세계에서 그에 대한 추모의 물결이 일었다. 그는 숨진 뒤 코로나19 사태와 관련해 세계 최초의 영웅이 되었다.

중국은 호미로 막을 것을 가래로도 막지 못했다. 그리고 다른 나라에서도 똑같은 일이 벌어지도록 만들었다. 이로 인해 중국은 우한 봉쇄 등 엄청난 후폭풍에 시달리며 후유증을 겪었고 지금도 겪고 있다. 문제는 그 피해가 중국에 그치지 않고 전 세계에로 퍼졌고 앞으로도 언제까지 이어질지 아무도 모른다는 사실이다.

위험이나 위기 상황에서 무엇보다 중요한 것은 올바른 소통이다. 외부 세계와 시민에게 있는 그대로의 사실을 알리는 투명성이 필요하다. 그것도 제때 그들이 잘 이해할 수 있는 언어로 알려야 한다. 중국은 이 점에서 엉망이었다. 나는 2020년 1월 8일에 인터넷 언론 프레시안에 "중국 우한 폐렴, 소통과 투명성이 중요하다"는 제목의 칼럼을 썼다. 당시는 바이러스 분리 소식이 알려지지 않았고 코로나19란 이름이 등장하기 훨씬 전인 데다 코로나19가 우한 폐렴으로 통용되던 때여서 제목에 '우한 폐렴'이 들어갔다. 내용은 다음과 같다.

"새해 벽두부터 중국과 홍콩을 비롯한 중화권 지역은 물론 한국 등 중국과 교류가 활발한 국가, 나아가 지구촌 감염병 관리 사령탑인 세계보건기구가 긴장하고 있다. 중국 후베이성 우한시에서 원인을 모르는 폐렴이 집단 발생한 사실이 알려진 것이다. 우한시 보건당국은 지난 달 30일 각급 의료 기관에 관련 내용을 담은 공문을 인터넷을 통해 통보했다. ······ 지난 2002년과 2003년에 걸쳐 중국 광둥성에서 시작해 홍콩을 허브로 해 전 세계로 퍼져나가 지구촌을 강타하며 세계인을 공포의 도가니로 몰아넣었던 중증급성호흡기증후군, 즉 사스를 아직도 많은 사람들이 기억하고 있다. 당시 중국 정부는 이번과 유사한 괴질 폐렴(나중에 사스로 명명)에 대해 제때 실태를 공개하지 않았다. 이런 역사적 경험이 있었기에 일반 시민들은 이번 사태를 더욱 심각하게 받아들이고 있다. ······ 하지만 중국은 수억 명이 이동하는 중국 최대 명절인 춘절 연휴를 보름여 앞두고 뜻하지 않게 괴질 폐렴이 집단 발생해 긴장의 끈을 놓을 수 없는 처지다. 만약 지금보다 환자가 더 계속해서 많이 나올 경우 춘절이라는 날개를 단 바이러스(?)가 '우한 폐렴'이 아니라 '중국 폐렴'으로 덩치를 '헐크'처럼 키울 수 있기 때문이다. 우리나라도 설 명절을 앞두고 있어 우한 폐렴이 국내에 상륙하지 않도록 총력을 기울여야 한다."

이 칼럼을 쓸 당시에 나는 중국 정부가 밝힌 감염자와 환자 수가 한 달 가까운 동안 백 명이 넘지 않는다는 사실을 토대로, '이 것을 그대로 믿는다면'이라는 가정 아래 이 새로운 감염병의 확산력이 감기나 인플루엔자처럼 강하지는 않을 가능성이 높다고 보았다. 그래서 우리나라에서 이 괴질 폐렴이 상륙할 가능성은 그리 높지 않으며 또 상륙한다 하더라도 지난번 메르스처럼 유행하지는 않을 것으로 보았다. 물론 이는 오판이었다. 입력 데이터가 잘못된 것이기에 출력 데이터 즉, 판단도 오류가 날 수밖에 없었다. 그동안 많은 국내 감염병 전문가들을 만나 이야기를 나눈 결과 이들 또한 거의 모두 당시 우한 폐렴(코로나19)이 그렇게 무서운 팬데믹으로 발전할 것으로 예상하지 못했다고 털어놓았다. 너도 속고 나도 속았다. 장삼이사도 속고 전문가도 속았다. 중국 인민이 속고 세계 모든 나라들이 속은 것이다. 중국의 습관성 고질병인 은폐에 뒤통수를 맞은 것이다. 그 결과 많은 나라들이 중국보다 몇 배, 몇십 배 더 큰 피해를 겪고 지금도 심각한 상황에 놓여 있다.

중국한테서 정확한 정보를 얻지 못한 미국 방역당국과 세계 보건기구 그리고 한국은 새로운 감염병의 등장에 대해 다소 느긋한 대응을 할 수밖에 없었다. 미국 질병통제예방센터도 1월 6일 우한 폐렴과 관련해 가장 낮은 단계의 경보 조치인 '주의(Watch)'를 발령했다. 이는 자국민이 우한시 방문을 취소할 필요는 없지만 현지에서 동물이나 의심 환자와 접촉하지 말라는 의미다.

중국이 신종 감염병의 실상을 감추고 춘절 때에도 강력한 이동 차단이나 제한 조치 즉, 콰란틴(quarantine, 검역 차단)을 하지 않은 것은 중국인들이 불만을 터트릴 것을 두려워했기 때문일 것이다. 춘절 축제를 즐기는 것은 지금 당장의 문제이고 감염병 창궐은 미래에 생길 수 있는 불확실한 가능성에 불과했기 때문이다. 지금에 와서 보면 이는 엄청난 도박이었다. 그리고 가진 돈을 모두 잃고 빚까지 진 형국이 되어버렸다.

중국의 실패는 불통과 불투명 바이러스에 감염된 정부 고위 지도층의 늑장 부실 대응 때문이다. 그리고 중국은 환자 발생 사실과 이미 사람 간 전파가 이루어지고 있는데도 이를 상당 기간 은폐한 대가를 혹독하게 치렀다. 인구 1,100만 명이나 되는 거대 도시 우한시가 봉쇄됐다. 이처럼 거대 도시 전체를 방역을 이유로 물리적 봉쇄를 한 경우는 근래 들어와서는 유례를 찾기 힘들다.

1970년대 이후 아프리카 일부 국가에서 몇 차례 치명적 에볼라바이러스병이 유행했을 때 자그마한 마을이 통째로 외부 세계와 차단된 적은 있었다. 검역 차단을 뜻하는 'quarantine'이라는 단어는 '40일'을 뜻하는 말로, 17세기 베네치아에서 변형돼 쓰이던 이탈리아어 'quaranta giorni'에서 유래했다. 이는 당시 흑사병 전염병이 대유행을 하는 동안 배의 승객과 승무원이 육지로 가기 전에 모든 선박이 격리되어야 하는 기간을 의미한다. 검역 차단은 사람뿐만 아니라 다양한 종류의 동물에도 해당하는 것이며, 국경 통제나 국가 내 통제에도 적용할 수 있다.

야생동물에서 사람에게 신종코로나바이러스가 전파된 것으로 추정되는 12월 초중순과 사람 간 전파가 있었던 것으로 보이는 12월 중순 내지 12월 말에 중국 정부가 우한시 봉쇄와 같은 강력한 대응을 했더라면, 그리고 방역의 으뜸 원칙인 투명성과 소통을 깊이 새겨 실천에 옮겼더라면, 지금과 같은 팬데믹 상황과 감염병 창궐은 막을 수 있었을 터였다. 1월 하순부터는 코로나19 감염자가 하루 수백 명 단위로 급증했다. 중국 국가위생건강위원회는 1월 27일 기준으로 전국 30개 성과 홍콩, 마카오, 대만 등 중화권 지역에서 2,744명의 코로나 폐렴 확진자가 나왔고 사망자는 80명에 달한다고 밝혔다. 중국 내 의심 환자는 5,794명으로 집계됐다. 환자가 더 늘어날 가능성이 높았다. 확진자 중 중증환자도 461명으로 크게 늘었다. 대유행의 시작이라고 부를 만한 상황이었다.

코로나19는 이때 이미 특정 지역에서만 유행하는 풍토병(endemic)의 단계를 넘어섰다. 국가 차원의 유행병(epidemic) 단계를 지났다. 여러 대륙에서 번지는 세계 대유행 단계, 즉 팬데믹 문턱에 이르렀다고 볼 수 있다. 내가 이와 같은 내용의 칼럼을 쓴 게 1월 27일이었다. 이즈음 국내는 물론이고 세계 여러 언론과 전문가들도 잇달아 코로나19를 팬데믹으로 선언해야 한다고 촉구했다. 국제 여론에 떠밀린 세계보건기구는 2020년 1월 30일이 되어서야 COVID-19, 즉 코로나19의 세계 범유행, 다시 말해 세계 공중 보건 비상 사태를 선언했다. 하지만 때는 이미 늦었다. 늦어도 한참 늦었다. 우한시 시민을 비롯해 많은 중국인들은 몸에 코로나19바이러스를 지닌 채, 업무차, 관광차 이 나라 저 나라로 흩어졌다. 우리는 지금 그 대가를 혹독하게 치르고 있다. 투명성이 방역에 얼마나 중요한가를 곱씹으면서 말이다.

두려움과 불안, 공포는 늘 감염병과 함께했다. 특히 갑자기 많은 사람들의 목숨을 앗아가는 감염병은 더욱 그렇다. 페스트와 두창이 그러했고 콜레라가 그러했다. 결핵, 홍역, 발진티푸스, 독감, 후천성면역결핍증도 공포의 감염병 대열에 합류시켜주지 않으면 정말 섭섭하게 생각할 감염병임에 분명하다. 21세기 들어와 새로운 가문을 형성한 코로나바이러스 군단에서도 사스코로나바이러스와 메르스코로나바이러스를 감염병 올림픽에 출전시켜 인간에게 두려움을 맛보게 해주었다.

그리고 마침내 2019년 온갖 새로운 기술과 공포의 무기를 지닌 사스코로나바이러스-2란 이름의 신인 선수가 무대에 올랐다. 감염병 올림픽에 처음 출전한 선수여서 아무도 그의 기량이나 특성을 알지 못했다. 앞서 먼저 출전했던 사스코로나바이러스와 메르스코로나바이러스의 실력을 알고 있는 호모 사피엔스 선수단은 과거 몇 차례 일합을 겨룬 적이 있어 그리 어려운 상대는 아닐 것이라고 여겼다. 하지만 동생은 앞서 출전했던 형님들과는 판이하게 달랐다. 경기장에 나온 인간은 당황하기 시작했다. 어쩔 줄 몰라 했다. 불안과 두려움이 조금씩 인간 선수단 사이에서 퍼지기 시작하더니 마침내 엄청난 공포의 도가니에 빠졌다.

신종코로나바이러스와의 싸움에서 인간이 패배를 거듭하고 있다는 소식을 전해 들은 후방에서는 바이러스와 싸울 일이 없을 것 같은 사람들조차 이성이 마비될 정도로 패닉에 빠졌다. 인간은 자신들의 눈에는 보이지 않고 손에도 잡히지는 않지만 실체가 분명히 있는 코로나19바이러스와 싸우기에도 정신이 없었다. 한데 공포라고 하는, 정말 실체도 없는 유령 바이러스와도 싸워야 하는 진퇴양난의 형국에 놓였다.

코로나19바이러스는 이제 늘 공포라는 유령 바이러스를 그림자처럼 지니고 다닌다. 감염병 공포 바이러스는 생물학적 진짜 바이러스보다 더 빠르게 확산한다. 신종코로나바이러스가 눈, 코, 입 등에 있는 점막 세포를 통해 사람의 몸에 침투해 생명의 장기인 폐를 마비시켜 그의 최후의 들숨마저 빼앗는다면, 공포 바이러스는 인간의 생각과 행동을 총괄하는 컨트롤타워인 뇌에 침입해 이성을 마비시킨다. 폐와 뇌는 생과 사를 관장하는 곳이다. 뇌의 공포 감각 수용체에 불이 켜지면 이성이 마비되고 일상생활은 비정상적으로 이루어진다. 그 끝은 혼돈의 나락으로 빠져드는 것이다. 가짜 뉴스가 진짜 뉴스를 몰아내고 엉터리 허위 정보가 판을 쳐 인포데믹(정보 전염병)이 무한 질주를 한다. 그리고 사람들은 가짜 약에 혹하고 가짜 식품에 목을 매단다. 가짜 정보에 속아 죽음을 재촉하는 술이 자신을 지켜줄 것이라고 착각해 들이키다 황천길로 가고 만다.

코로나19가 전 세계 유행 감염병 즉, 팬데믹이 된 뒤 감염병 공포가 경제, 보건의료, 정치, 종교, 스포츠, 문화, 교육 등 인간 세상에서 벌어지는 거의 모든 분야를 뒤죽박죽으로 만들고 있다. 거리에서는 사람의 발길이 크게 줄어들었다. 나 홀로 공원을 산책하면서도 마스크를 쓴다. 사람들이 드문드문 오르내리는 등산길에서도 마스크를 하고 다닌다. 마스크를 할 필요가 없겠다 싶어 턱 아래로 마스크를 내리거나 손에 쥔 채 있다가도 저 앞에서 누군가가 나타나면 황급히 마스크를 쓴다. 자전거로 천변을 달리면서도 마스크를 쓴다. 어린이들은 인라인스케이트를 한적한 야외에서 타면서 가쁜 숨을 몰아쉬는 상황에서도 마스크를 벗지 않는다. 자동차를 혼자 타고서 운전하면서도 마스크를 끼고 있다. 이런 마스크 풍경은 분명 코로나19에 대한 공포가 가져다준 달갑지 않은 산물이다. 이성적 판단이나 과학적 사고를 바탕으로 이런 모습을 보이는 것은 아니다. 막연한 두려움과 공포가 만들어낸 비이성적 사고에 따른 강박적 행동이다.

공포는 필요 이상으로 소비를 움츠러들게 만든다. 사람 간 만남도 무조건적으로 기피하는 경우도 많다. 감염병에 대한 공포는 거의 본능적이다. 어찌 보면 자신의 안전과 생명을 보호하기 위해 터득한 지혜이거나 오랜 진화의 산물일 수 있다. 인간은 늘 죽음에 대한 공포를 지니고 산다. 감염병에 공포를 느끼는 것은 바로 이 죽음에 대한 공포 때문이다. 죽음은 예나 지금이나 늘 인간의 최대 관심사였다. 동물들이 하루 종일 먹을 것을 찾아다니거나 죽음을 무릅쓰고 먹이를 사냥하는 것은 생명에 대한 애착 본능 때문이다. 미국의 소설가이자 수필가이며 예술평론가인 수전 손태그 (Susan Sontag)는 『은유로서의 질병 *Illness as Metaphor and AIDS and*

Its Metaphors』에서 "우리가 행운아라면 생의 대부분을 건강 나라에서 살게 되겠지만 우리 대부분은 질병 나라에서도 살아간다"고 했다. 질병 나라에서도 암이나 결핵, 후천성면역결핍증과 같은 치명적 감염병은 특히 공포의 대상이 될 수밖에 없다.

인간은 오랫동안 자신이 속한 호모 사피엔스란 종 자체가 지구상에서 영원히 절멸될 수 있다는 극도의 위험 공포에 노출되어왔다. 여기에는 언론인, 정치인, 학자, 소설가, 영화인, 예술인, 전문가, 환경운동가 등이 한몫했다. 시대에 따라 인류 멸종의 원인은 달랐다. 어떤 것은 시간을 두고 다시 환생해 다시 인간을 두려움에 빠트렸다. 미국과 소련 간 냉전 시절의 핵전쟁이 그러했고, 1960년대 레이철 카슨((Rachel Carson)이 쓴 『침묵의 봄 *Silent Spring*』 출간을 계기로 등장한 살충제 등 환경오염에 대한 공포가 그러했고, 1990년대 중반 테오 콜번(Theo Colbourn) 등이 『도둑 맞은 미래 *Our Stolen Future*』를 통해 촉발한 환경호르몬 즉, 내분비계교란물질에 대한 공포가 그러했다. 또한 『인구론 *An Essay on the Principle of Population*』의 저자인 토머스 로버트 맬서스(Thomas Robert Malthus)의 추종자이자 『인구 폭탄 *Population Bomb*』의 저자인 미국의 생물학자 폴 에를리히(Paul Ehrlich) 등 신맬서스주의자들이 주창하는 인구 폭발로 인한 자원과 식량 위기에 대한 공포도 있었다. 이와 더불어 두 세기에 걸쳐 인간을 위협하고 있는 감염병인 후천성면역결핍증과 기후위기, 유전자변형식품(GMO), 생명공학, 질병 X, 소행성이나 혜성과의 충돌 등에 이르기까지 실로 많은 위험과 위기들이 인간을 지구상에서 싹쓸이할 주의 대상 위험 목록에 올랐다.

지난 수십 년간 대재앙을 반복해 들려주는 공포 문화는 위험끼리 서로 견인하며 더욱 증폭됐다. 치명적인 감염병의 대유행과 관련한 공포는 최근 지구온난화, 생명 다양성 등 환경 파괴 등과 서로 맞물려 공포가 인간의 뇌 속에 더욱 견고하게 각인되도록 했다. 어떤 이들은 인간의 면역계를 직접 공격하는 후천성면역결핍증의 특성과 독감처럼 쉽게 퍼지는 호흡기 감염병의 특성을 두루 지닌 공포의 바이러스가 등장하면 인간은 최후의 종말 즉, 아포칼립스(Apocalypse) 또는 포스트 아포칼립스를 맞이하게 될 수 있다고 경고했다. 이런 위험을 소재로 한 다큐멘터리, 소설, 미래 예측 보고서, 영화 등은 사람들의 공포를 극대화했다. 소설 『최후의 인간』, 『눈먼 자들의 도시』 등과 영화 〈매트릭스〉, 〈지옥의 묵시록〉, 〈12 몽키즈〉, 〈설국열차〉 등은 인류 종말에 대한 공포를 확산시켰다.

20세기 후반과 21세기 들어서도 멈추지 않는 '인류 종말' 열차는 고대부터 달리기 시작했다. 기후 위기로 인한 해수면 상승과 대홍수를 현대 인간이 두려워하듯이 먼 조상 시대인 고대 수메르 문명의 『길가메시 서사시 Gilgamesh Epoth』에서도 대홍수가 신이 인간에게 주는 벌로 그려진다. 유대교와 이슬람교에서도 신이 대홍수로 인류를 멸망시키는 '노아의 방주' 이야기가 등장한다. 대홍수로 인한 문명의 멸망과 새로운 세상의 도래는 전 세계 많은 지역의 신화에 등장하고 있다. 그 시대에 인간이 가장 두려워했던 것이 인간의 힘으로 막을 수 없었던 홍수가 아니었나 싶다. 그 두려움은 기원전 2백 년부터 기원후 2백 년경 사이에 유대인과 그리스도인들 사이에서 널리 퍼졌다. 그리스도교에서는 구약의 「다니엘서」와 신약의 「요한계시록」이 대표적이다. 특히 「요한계시록」이 탄생한 것은 당시 로마의 종교 박해에 직면해 신앙을 지키기 위한 방편이었다고도 해석할 수 있다. 이는 오늘날 자주 등장하는 인류 종말 원인이 되는 기후 위기, 감염병 창궐, 핵전쟁 등과 같은 맥락으로 쓰였다고 할 수 있다.

아마겟돈과 세상의 종말에 대한 시나리오는 때론 사이비 종교 활동으로 이어져 사회를 혼란 속에 빠트리기도 했다. 상상이나 근거 없는 예측이 현실이 될 것처럼 여긴 사람들 사이에서 공포 바이러스가 퍼져나가 뇌 속에 나사못처럼 박혔다. 누군가가 여기에 자극을 주기만 하면 언제든지 공포 바이러스는 활성화된다. 2020년 코로나19의 대유행이 이 공포 바이러스를 다시 일깨웠다.

〈반지의 제왕〉에서는 주인공 프로도가 절대반지를 없애기 위해 절대반지를 지니고 긴 여정을 떠난다. 우리도 프로도처럼 코로나19의 대유행에 따른 공포 바이러스를 불지옥에 던져 넣기 위해 '우리는 왜 공포에 빠지는가?'라는 질문을 던지고 그 해답을 찾아가는 여정을 떠나보자.

영국의 사회학자 프랭크 푸레디(Frank Furedi)는 『우리는 왜 공포에 빠지는가? *Culture of Fear Revisited*』에서 "(공포의 뿌리인) 인간 생존에 대한 불안은 인류 역사의 기원으로까지 거슬러 올라간다. 종교적 상상력은 노아의 대홍수나 소돔과 고모라 같은 대재앙을 통해 세계 종말을 공상했다. 주술과 신학에 뿌리를 두고 있는 종말론적 관념이 인간의 파괴성과 무책임함에 관한 과학적인 추정적 진술로 재조명되어왔다"고 진단했다.

푸레디는 지구가 살아 있는 유기체라는 이른바 지구 가이아 (Gaia, 그리스 신화에 등장하는 대지의 여신) 이론을 설파한 영국 과학자 제임스 러브록(James Lovelock)의 공포스런 말을 전한다. "이 세기 (21세기)가 끝나기 전에 우리 중 수십억 명이 죽을 것이며 살아남아 짝짓기를 하는 소수의 사람은 아직 그 기후를 견딜 만한 북극에서 살아남을 것이다." 이는 러브록이 영국 신문 『인디펜던트 *The Independent*』 2006년 1월 16일자에 기고한 글의 일부이다. 이 글은 기후 위기를 소재로 한 할리우드 재난 블록버스터 영화를 연상케 한다. 러브록은 어찌 보면 「요한계시록」을 쓴 성 요한을 밀어내고 현대에 등장한, 과학의 망토를 걸친 예언자라고 할 수 있다.

푸레디는 오늘날 우리는 단지 「요한계시록」에 나오는 네 명의 기사만을 가지고 있는 것이 아니라, 종말을 전파하고 다니는 연대 규모의 기병 부대를 가지고 있다고 지적한다. 우리가 자주 듣고 있는 것은 성 요한 계시의 세속판이라고 말할 수 있다. 성 요한의 계시에는 구원이라도 있지만 세속판 계시에는 미래가 없고 인류도 구원되지 않는 암울한 모습만 그려져 있다는 것이다.

지구 종말을 이야기하는 사람과 지구 종말을 가져다줄 것이라고 보는 사건이나 요인은 과거보다 몇십, 몇백 배 더 많아졌다. 과거에는 주술론이나 신학적 예언가가 공포를 퍼트렸다면 현대에서는 전문가들이 매우 그럴듯하게 보이는 과학 내지는 과학적 상상력 즉, 공상 과학을 통해 인간 몸속 심연에서 잠자고 있는 공포를 끄집어내고 있는 것이다. 할리우드 공상 과학 영화 〈딥 임팩트〉를 본 관객은 6천 5백만 년 전 멕시코 유카탄 반도에 거대한 소행성이 떨어져 지구의 공룡들을 멸종시켰다는 과학자의 주장을 떠올린다. 그리고 언젠가 소행성이 지구를 파멸의 길로 이끌 것이라고 믿는다. 지금 우리에게는 이러한 공포 문화에서 벗어나는 것이 그 어느 때보다도 시급하고 절실한 일이다. 하지만 코로나19의 창궐은 공포 문화에서 벗어나려는 현대인들을 안타깝게도 더욱 공포에 빠져들게 만들고 있다.

인간이 위험을 대하는 태도는 위험의 종류에 따라 다르다. 물론 사람마다 다르기도 하고 나라에 따라 다르기도 하다. 폴 슬로빅(Paul Slovic) 등의 위험 사회·심리학자들은 사람들이 특히 더 위험하게 느끼는 위험의 특성이 있다고 말한다. 사람들은 신종 감염병과 같은 새로운 위험, 비자발적 위험, 전 세계에 치명적 결과를 가져다주는 위험, 과학이 잘 이해하지 못하는 위험, 주의해도 피하기 어려운 위험, 균등하지 않게 영향을 끼치는 위험 등에 대해 상대적으로 더 크게 위험을 느낀다. 즉 공포를 가지게 된다. 코로나19를 비롯한 많은 치명적 감염병이 이에 해당한다. 그러므로 방역을 할 때에는 일반인의 이런 위험 인식을 바탕으로 위험(위기) 소통과 위험(위기) 관리가 이루어져야 한다.

이제 인간은 새로운 감염병이 발생할 때 과거에 비해 훨씬 더 잘 대처할 수 있다. 병을 일으키는 병원체의 정체를 파악하는 데 걸리는 시간이 대폭 줄었기 때문이다. 바이러스의 경우에는 하루 이틀 사이에 유전자의 염기서열을 완벽하게 파악할 수 있다. 백신과 치료제 개발 속도도 매우 빠르다. 최근 아프리카 대륙에서 발생한 에볼라, 사스, 메르스, 신종인플루엔자 등에 의한 인명 손실은

20세기 이전 유행했던 감염병에 견줘 비교할 수 없을 정도로 적었다.

흑사병이라고 부르는 페스트의 중세 대유행은 1347년부터 1351년 사이의 3년여 동안 당시 유럽 인구의 3분의 1에 해당하는 2천만 명에 가까운 희생자를 냈다. 결핵도 19세기 초에는 전체 인구의 7분의 1을 숨지게 했을 정도로 매우 흔한 질병이자 치명적 감염병이었다. 1918년에서 1919년 사이에 전 세계를 휩쓴 공포의 스페인 독감(인플루엔자A)은 약 5천만 명가량의 목숨을 앗아간 것으로 추정되고 있다. 당시 지구촌에 살던 사람 가운데 스페인 독감에 걸린 사람이 걸리지 않은 사람보다 더 많을 정도로 창궐했다. 일제 치하 조선 반도에서도 14만 명이나 숨졌다. 2020년 7월 30일 현재 코로나19 사망자 301명에 견주면 5백 배가량 더 많은 사망자이다. 지금의 인구 수를 보정해서 비교하면 1천 배를 훌쩍 뛰어넘는다.

반면 2003년 사스의 세계적 유행은 8,096명의 환자와 774명의 사망자를 낳았다. 2012년부터 산발적으로 사우디아라비아를 비롯한 몇몇 중동 국가와 한국 등에서 유행했거나 유행하고 있는 메르스는 2012년 첫 환자 발생 이후 2,500여 명의 환자와 862명의 사망자를 기록하고 있다. 1948년 발족한 세계보건기구가 1968년 홍콩 독감에 이어 두 번째로 팬데믹을 선언한 2009년 신종인플루엔자 대유행 때는 7억에서 14억 정도의 인구가 감염돼 15만 명에서 57만 명 정도가 숨진 것으로 추정됐다. 당시 너무나 많은 사람이 이 감염병에 걸려 정확한 감염자 수는 집계할 수 없었다. 사망자 또한 그러했다. 감염자 수와 사망자 수를 정확하게 파악할 수 없었던 국가가 많았던 것도 어림으로 추정할 수밖에 없게 만드는 한 요인이었다.

공포는 환자나 특정 집단에 대한 혐오와 차별을 낳는다. 감염병 역사에서는 이미 고전적 이야기다. 나병, 페스트, 결핵, 매독 등 거의 모든 감염병에서 벌어진 보편적 현상이다. 19세기 말까지만 해도 감염병이 미생물에 의해 생긴다는 사실을 정확하게 알지 못했다. 공포는 감염병의 원인이 미생물인 줄 모르던 시대나 알던 시대를 구분하지 않고 늘 감염병과 함께했다. 코로라19 범유행이 선언된 팬데믹 사회, 첨단 과학기술 시대인 지금도 크게 다르지 않다.

공포가 필연적으로 몰고 오는 혐오와 차별 그리고 낙인 문화는 20세기 후반 후천성면역결핍증 유행 때 극명하게 잘 드러났다. 1980년대 초반 원인 모를 괴질이 미국을 덮쳤다. 인간의 면역 체계가 무너져 각종 감염병에 손을 쓸 수 없었다. 건강한 사람에게서는 잘 생기지 않는 카포시육종(Kaposi's Sarcoma)과 같은 희귀암과 희귀 폐렴인 뉴모시스티스 카리니 폐렴(Pneumocystis carinii pneumonia, 주폐포자충폐렴), 구강 칸디다증이 젊은 청년층에서 확산했다. 이 암은 혈관 벽에 나타나는 악성 종양으로 후천성면역결핍증 환자나 장기 이식 환자와 같이 면역력이 떨어져 있는 사람에게서 발견된다. 당시 괴질에 걸린 사람들은 주로 남성동성애자(Homosexual), 마약 투약자(Heroine Users), 혈우병 환자(Hemophiliac), 아이티인(Haitians)이었다. 미국 사회에서는 이들을 뜻하는 영어 단어의 앞머리 글자를 따와 '4H 클럽 회원'이라는 조롱이 번져갔다. 2년 뒤 바이러스가 원인임이 밝혀졌다. 사람의 면역 체계를 공략하는, 지금까지 감염병 역사에서 한 번도 보지 못한 생면부지의 바이러스가 범인이었다. 그리고 이 감염병은 이 바이러스에 오염된 혈액 수혈, 바이러스를 완전 사멸하지 않고 만든 항혈액응고제 등의 혈액 제제, 콘돔 없이 이루어지는 감염자와의 성관계 등에 의해 전염되는 것으로 드러났다. 바이러스가 정확하게 어떤 경로로 전파된다는 것을 가르쳐주는, 이런 과학적 발표에도 불구하고 사람들의 행동은 비이성적이었다. 감염자에게 가까이 가기를 꺼려하고 동성애자를 차별하며 감염자를 부도덕한 인간으로 매도하는 일들이 세계 곳곳에서 다반사로 벌어졌다. 후천성면역결핍증에 걸려 병원에서 사투를 벌이는 아들을 면회 간 어머니는 아들의 병상 곁으로 가서 병문안을 하지 않고 멀찌감치 병실 문 입구에 떨어져서 대화를 나누는, 정말 쓴 웃음을 짓게 하는 일도 미국에서 있었다. 응급 상황에 놓인 환자를 병원으로 데려가기 위해 출동했던 응급차가 후송 대상이 후천성면역결핍증 환자임을 알고 두려움에 그냥 되돌아가는 일도 있었다. 우리나라에서도 1985년 첫 후천성면역결핍증 환자가 아프리카 케냐에서 들어와 당시 서울시립서대문병원에 입원했을 때도 웃지 못할 해프닝이 있었다. 병실에 가서 체온을 재는 등 간호를 하라는 의사의 지시를 받은 간호사는 병실 문 앞에서 두려움에 떨면서 죽어도 못 들어가겠다며 울고불고 소동을 벌인 것이다.

일각에서는 후천성면역결핍증 감염자에 대해 '도덕적 타락(동성애)에 대한 신의 벌'이란 낙인을 찍었다. 우리나라에서는 아직도 이런 낙인 문화가 거세되지 않고 살아나 일부 기독교 단체가 '동성애=후천성면역결핍증'란 혐오를 확대 재생산하는 주장을 펼치고 있다. 이들은 오랫동안 서울역 광장이나 국가인권위원회 건물 등 앞에서 동성애 반대 서명을 받거나 일일 시위를 줄곧 벌여오고 있다. "후천성면역결핍증 감염자는 길거리를 다니게 해서는 안 된다", "집단 수용 시설에 격리해야 한다", "후천성면역결핍증 감염자의 입국을 막아야 한다" 등의 주장을 하고 있다. 지금 와서 보면 말도 안 되는 황당무계한 주장이 1980년대부터 2000년대 초반까지 종교인, 정치인, 언론인들을 통해 막힘없이 퍼져나갔다.

에볼라는 그 어느 감염병보다 높은 치사율 때문에 전 세계, 특히 진원지인 아프리카에서 공포의 감염병으로 통한다. 감염자 가운데 절반 이상을 죽음으로 모는 이 감염병에 대해 의료진조차 극도의 공포를 느꼈다. 2014년 아프리카에서 에볼라가 재유행을 했을 때 우리나라는 의료 지원단을 보냈다. 한림대 의대 강남성심병원 감염내과 이재갑 교수는 2진으로 자원해 아프리카에서 환자를 돌봤다. 처음에는 가족들이 왜 위험천만한 지역에 가느냐며 반대했다. 하지만 설득 끝에 마침내 갈 수 있었다. 그는 현장에 가서 며칠 전까지만 해도 건강하던 20대 청년조차 에볼라바이러스 앞에 무릎을 꿇는 아픔을 지켜보면서 자신도 두려움을 느끼지 않을 수 없었다고 한다. 에볼라의 정체를 누구보다도 잘 알고 어떻게 전파되는지에 대한 확실한 지식을 지닌 감염병 전문가도 이러할진대 일반 시민이 느끼는 공포는 더 이상 말할 나위가 없다.

라이베리아 출신의 간호사 살로메 카르와(Salome Karwah)도 에볼라 공포증의 희생자이다. 그녀는 2014년 아프리카 에볼라 유행 때 목숨을 걸고 환자들을 돌봤다. 그 와중에 감염됐지만 운 좋게 살아남았다. 그래서 '에볼라 전사'란 호칭을 받았다. 그해 미국의 시사주간지 『타임 *Time*』은 그녀를 '올해의 인물'로 선정했다. 인류가 희생과 박애의 상징으로 여겼던 그녀는 그 뒤 산후 합병증으로 병원을 찾았다. 하지만 의료진은 에볼라가 재발한 것이 아니냐고 의심해 진료를 거부했다. 출산 닷새 만에 결국 숨지고 말았다. 감염병 공포가 낳은 비극이었다.

공포는 미디어를 통해 빠르게 확산되고 유지된다. 언론의 주특기는 공포 팔기다. 예나 지금이나 다르지 않다. 동서양을 가리지 않는다. 황색 저널리즘(yellow journalism)을 좇는 선정적 미디어는 물론이고 이른바 정통 언론 내지는 정론지(quality paper)라고 하는 미디어에서도 공포 팔기가 종종 등장한다. 겁주기는 시청자와 독자들의 눈과 귀를 단박에 사로잡기 때문이다. 감염병을 비롯한 각종 재난 때 언론이 보인 공포 팔기는 나중에 주요 성찰 대상이 되기도 한다. 우리나라에서도 2014년 세월호 참사 때 언론들이 사태의 본질보다는 곁가지 내용을 흥미 위주로 다루거나 유가족의 인권을 무시하는 듯한 보도 행태를 보여 '기레기(기자+쓰레기)'란 조롱 섞인 비난을 받기도 했다. 그럴 때면 반성의 이야기가 나온다. 하지만 반성은 잠시뿐이다. 다시 재난이 발생하면 언론의 주특기가 또다시 유감없이 발휘된다.

영국의 생물학자 로빈 베이커(Robin Baker)는 『달걀껍질 속의 과학 *Fragile Science*』에서 "인간에게 나타나는 불합리한 두려움의 원인은 매스컴의 과대 선전과 지나친 상상력 때문"이라고 지적했다. 매우 적확한 지적이다. 물론 두려움의 원인을 제공하는 것이 오롯이 언론에게만 있는 것은 아닐 터이다. 코로나19 대유행을 맞아 시민들이 아직 자신의 지역에서 새로운 환자가 생긴 것을 모르는데도 그 지역 주민은 이미 공포에 떨고 있다고 우리 언론은 예언적 공포 팔기 보도를 한다. 언론이 예언가 노릇까지 한 것이다. 언론인한테 타임머신을 조종해 미래를 볼 수 있는 초능력이 있지 않고서야 이런 식의 보도를 할 수는 없다. 다들 공포에 떨고 있다는 미디어의 뉴스 보도에 공포를 느끼지 않는 사람조차 함께 공포 떨기 행동에 들어간다. 물론 과거의 언론은 지금보다 훨씬 더 심하게 공포를 팔았다. 하지만 지금은 많은 언론 시민 단체에서 재난 보도 준칙 내지는 감염병 보도 준칙을 지킬 것을 언론사에 요구하고 있어 그 정도가 덜하다.

살별 또는 꼬리별로 불리기도 하는 혜성은 인류 역사에서 오랫동안 '악마의 별'로 취급됐다. 하지만 지금은 지구의 귀한 손님이라고 칭찬받고 있다. 혜성 가운데 핼리혜성은 76년마다 지구를 찾아오기 때문에 평생 단 한 번 볼 수 있다. 요즘에는 평균 수명이 크게 길어져 두 번 볼 수 있는 기회가 있는 사람도 있다. 이 때문에 핼리혜성은 혜성 중의 혜성이라고들 한다. 1986년에 이 혜성을 본 한국인이 많을 것이다. 1910년에도 이 혜성은 지구를 찾아왔다. 당시의 언론이 핼리혜성에 대해 어떻게 다루었는지 칼 세이건(Carl Edward Sagan)은 자신의 역작 『코스모스 Cosmos』에서 다음과 같이 전했다.

"『로스앤젤리스 이그재미너 Los Angeles Examiner』는 다음과 같은 제목을 뽑고 있다. '혜성의 시안은 아직도 당신을 죽이지 않았는가', '전 인류가 마침내는 무료 가스실로', '난장판이 다가오고 있다', '많은 사람들이 시안의 냄새를 맡았다'. 언론의 이런 공포 팔기에 눈 먼 사회에서는 어떤 일이 벌어졌을까. 1910년에는 시안 가스 오염으로 세계가 끝장나기 전에 즐겨야 한다는 광기로 파티가 유행했다. 장사꾼은 '혜성의 액땜 알약'이라든가 '방독 마스크'를 팔고 돌아다녔다."

이 글을 보면 코로나19와 맞닥뜨린 지금 우리들의 모습이 자연스럽게 떠오른다. 비타민C를 예방약처럼 선전하고, 보건용 마스크를 생명줄로 여기는 것과 크게 다르지 않아 보인다.

인간에게 잘못된 믿음이 있는 한 공포는 수그러들지 않는다. 중세에 크게 유행했던 흑사병은 그냥 역병(plague)이 아니었다. 대역병(Great plague)이었다. 유럽 인구의 3분의 1인 2천만 명 이상을 죽인 것으로 평가되니 이런 이름을 붙일 만하다. 당시는 무엇이 이런 공포의 괴질을 일으키는지 알기 어려웠던 때였다. 그저 신의 벌이나 공기 중 사악한 기운, 곧 나쁜 공기(miasma) 때문이라고 여겼다. 특히 중세인들은 코로나19처럼 흑사병이 사람들에게 전염되는 속도를 무엇보다 두려워했다. 영국의 전기 작가이자 역사가인 필립 지글러(Philip Ziegler)는 『흑사병 *The Black Death*』에서 한 역사가의 기록을 빌려 "이 질병의 전염성이야말로 가장 큰 공포였다. 여기 전염되는 자는 모두 죽었고 병든 자를 보거나 방문한 자 또는 그와 어떤 접촉이 있거나 그의 시신을 무덤으로 옮긴 자 모두 그를 따라 무덤으로 갔으며, 이에 방비할 대책이 전무했다"며 공포의 흑사병이 창궐했던 당시 상황을 전했다.

감염병 창궐을 '신의 벌' 내지 악기(惡氣) 때문으로 보는 것은 성경에도 나와 있는 이야기다. 이는 중세는 물론이고 유대교와 기독교의 오랜 역사에서 도도히 흐른 물결이었다. 아직도 이들 종교인과 성직자들에게 이런 신념과 시각은 남아 있으며, 그들의 감염병관을 지배하고 있다. 물론 이는 과학적 측면에서 보면 황당하고 그릇된 것이다. 이런 인식은 코로나19가 범유행하고 있는 21세기에도 남아 있다. 신천지 교회 이만희 총회장은 코로나19가 신천지 교인들에게서 집단적으로 발병하자 '마귀의 짓'이라고 했다. 일부 기독교 목사들과 교인들은 대구·경북 지역 코로나19 확산의 진원지로 신천지 교회가 떠오르고 신천지 교인들이 대거 코로나19에 걸리자 '하나님을 온전히 받아들이지 못해 내려진 벌'로 보았다.

지금은 공포보다는 과학과 이성에 기대야 할 때이다. 이탈리아는 중국에 이어 코로나19가 유럽 국가 가운데 가장 일찍 최악의 상황으로 치달은 국가다. 이탈리아의 제노바는 14세기 흑사병이 동양에서 서양으로 퍼지게 만든 창구 도시 역할을 했다. 제노바는 코로나19가 이탈리아에 상륙했을 때 가장 먼저 공포의 도가니 속에 빠진 도시가 됐다. 주민들은 언제까지 계속될지 모를 감염병 확산과 죽음의 행렬에 놀라 비축 생필품을 구하러 앞다퉈 가게로 뛰쳐나갔다. 파스타 면 등 생필품을 사러 한발 늦게 나온 한 노인은 가게에서 이미 사려던 물품이 동이 난 것을 보고 "2차 세계대전 때도 이런 일은 없었다"며 한숨을 쉬고 돌아가기도 했다는 소식을 언론이 전했다. 이는 결코 이탈리아만의 일이 아니었다. 이탈리아를 시작으로 프랑스, 스페인, 스위스, 독일 등 많은 유럽 국가에서 비슷한 일이 벌어졌고 미국, 러시아 등의 강대국에서도 마찬가지였다. 이렇듯 전 세계가 코로나19의 습격에 휘둘리고 있다. 그 끝을 알지 못한 채 말이다.

하지만 공포의 감염병이 창궐할 때도 이성을 지닌 사람들이 없는 것은 아니다. 이탈리아에서 벌어지고 있었던 비이성적 일들을 일갈하고 이성을 되찾기를 촉구하며 학생들에게 보낸 북부 밀라노에 있는 볼타고의 도메니코 스킬라체 교장의 편지는 감염병 공포 시대를 살고 있는 우리들, 특히 공포에 항복해 비이성적 언행을 마구 하는 사람들에게 큰 울림으로 다가왔다. 이 편지에서 우리는 감염병 공포가 가져다주는 위험성과 과학과 이성의 중요성을 깨달을 수 있다. 밀라노는 이탈리아에서 코로나19가 가장 심각하게 확산돼 다른 지역에 견줘 그 공포가 더욱 심했던 곳이다. 그리고 이탈리아는 400년 전에도 페스트로 감염자에 대한 마녀사냥이 벌어졌던 아픈 역사를 간직하고 있다. 19세기 이탈리아의 문호 알렉산드로 만초니(Alessandro Manzoni)는 소설『약혼자들 I Promessi Sposi』에서 페스트가 대유행하던 1630년 밀라노의 상황을 잘 묘사했다. 이 교장 선생님은 이 소설에 나오는 구절을 인용해 21세기 이탈리아에서 재현되고 있는 감염병 마녀사냥식 혼란상에 대해 일침을 놓았다.

"사람들은 불안할 때, 이야기만 들어도 마치 본 것처럼 여깁니다. 이런 집단 망상에 휘둘리지 말고 충분한 예방을 하면서 차분히 평소 생활을 해나가길 바랍니다. 외국인을 위험하다고 생각하고, 정부당국 간에 격렬히 충돌하고, 최초 감염자를 히스테릭할 정도로 찾아내고, 전문가를 경시하며, 감염됐다고 의심되는 사람들을 사냥하고, 유언비어가 난무하고, 엉터리 치료법을 시도하고, 생필품을 사재기하고, 의료 위기가 오는 등 거의 모든 것이 소설에 그려져 있습니다. 사실 이것은 만초니의 소설이 아니라 오늘자 신문에서 튀어나온 내용이라 해도 무방해 보입니다. 질병이 전 세계에서 급속히 확산하는 것은 우리 시대가 남긴 결과입니다. 수백 년 전에는 그 속도가 조금 느렸을지 모릅니다. 예나 지금이나 바이러스 확산을 막을 수 있는 벽은 존재하지 않습니다. 이런 사태가 초래하는 가장 큰 위험 중 하나는 인간관계에서 '독을 품는 것', 그리고 시민의 생활을 야만으로 되돌리는 것입니다. 눈에 보이지 않는 적으로부터 위협받는다고 느낄 때, 우리는 선조들이 그랬듯이 똑같은 방식으로 타인을 위협이나 잠재적인 침략자처럼 여깁니다. …… 우리는 17세기에 비해 훨씬 진일보하고 정확한 의학 기술을 갖고 있습니다. 우리는 사회 조직과 인간성이란 귀중한 재산을 지켜내야만 합니다. 합리적인 사고를 합시다. 만약 그럴 수 없다면 감염병이 정말 우리를 이겨버릴지도 모릅니다. 학교에서 기다리겠습니다."

그의 편지를 길게 소개한 이유는 그 내용이 코로나19가 빚어낸, 전 세계가 겪고 있는 혼란상과 인간의 이기심, 비이성적 언행을 성찰하고 인간성과 이성을 회복하는 일이 중요하다는 사실을 일깨워주고 있기 때문이다. 세계 곳곳에서 지역과 국가가 대립하고, 인종차별을 하고, 이로 인한 폭력이 끊이지 않는 상태에서 그의 편지는 짧지만 크고 긴 울림을 주는 조용한 사자후다. 인간은 공포의 포로가 되는 한 감염병에서 벗어날 수 없다. 공포는 이성을 마비시키는 족쇄이기 때문이다. 이성이 마비되면 마녀사냥을 하고 희생양을 찾는다. 그렇게 함으로써 자신은 위험과 공포에서 벗어날 수 있다고 착각한다. 우리는 그동안 중국의 우한시와 대구 등의 지역, 신천지 교회, 이태원 클럽 성소수자, 홍대 클럽 청년 등을 들먹이며 이들에게 험담을 퍼붓고 '죄인' 취급을 해왔다. 그런 사람들은 죄다 비겁자이다. 감염병과의 싸움에서 최전선에 서서 맞서 싸우지 않고 후방에서 총질만 해대는, 정말 못난 사람들이자 겁쟁이들이다. 희생양을 더는 찾지 말자.

감염병은 저마다의 특성이 있다. 에볼라처럼 50~90%의 강력한 치명률을 보이기도 하고 감기처럼 가벼운 증상을 보이기도 한다. 홍역이나 결핵처럼 쉽게 전파되는 것도 있고, 공수병이나 황열처럼 사람 간 전파가 이루어지지 않는 것도 있다. 사람들은 대개 치명률이 높은 감염병에 공포를 느낀다. 그리고 쉽게 전파되면 치명률이 높지 않더라도 불안에 떨게 된다. 만약 치명률도 높고 전파도 잘 된다면 그야말로 최악이다. '질병 X'가 여기에 해당한다. 어떻게 전파되는지도 잘 모른다면 공포는 증폭된다. 코로나19는 인간이 공포를 느끼게 만드는 두 가지 요인 가운데 강한 전파력이라는 확실한 특성을 지녔다. 그리고 이미 몸에 심혈관 질환이나 당뇨, 콩팥 질환, 암 등 기저 질환을 가진 사람들과 면역력이 크게 떨어져 있는 노인 등에게는 상당한 치명률을 보이고 있기도 하다.

코로나19는 중국의 사태 축소 전략과 늑장 정보 공개 때문에 애초 전파가 잘 안 되는 것으로 잘못 알려졌다. 이 때문에 초기에는 중국은 물론이고 세계 모든 국가에서 코로나19의 위험 정도에 대해 방심한 측면이 있다. 나중에는 사촌 격인 사스코로나바이러스보다는 전파력이 떨어지고 메르스코로나바이러스보다는 높다는 분석이 나왔다. 하지만 이 또한 시간이 지나면서 잘못된 분석으로 드러났다.

증상이 아주 미약한 경우가 많아 감기로 오인하거나 증상이 아니라고 여기는 감염자가 많다는 것이다. 특히 건강한 청년들에게서 이런 사람들이 많다. 이들은 조용한 전파자가 될 가능성이 매우 높다. 이들을 통한 감염은 우리나라를 비롯해 많은 국가에서 실제로 벌어지고 있다. 바이러스를 지니고 있으면서 증상을 잘 못 느끼거나 증상이 나타나기 직전에 있는, 혈기왕성한 청년들은 클럽 등 확산 위험 공간에서 슈퍼 전파 행위를 하거나 지역사회에서 바이러스를 퍼트리고 다니는 첨병이 될 가능성이 높다. 실제로 세계 곳곳에서 이런 현상이 나타나고 있다. 이런 특성을 지닌 감염병은 현대 방역 기술로도 확산을 막기가 쉽지 않다.

우리는 코로나19의 정체에 대해 아직까지도 잘 모르는 부분이 있지만 차츰 차츰 알아가고 있다. 또 시간이 흐를수록 그 정체를 더 소상하게 알아갈 것이다. 따라서 임상 경험과 과학기술로 파악한 지식을 시민과 잘 소통하면 확산을 막을 수 있고, 확산 속도도 더 늦출 수 있다. 또 감염될 경우 사망에 이를 위험성이 높은 감염병 취약 계층에 대해 방역과 감염 관리를 잘 하면 일반 시민이 느끼는 두려움의 크기는 크게 줄어들 것이다. 감염병은 그 자체로 위험 요소이지만 감염병에 대한 공포심은 때론 그보다 더 심각한 피해를 준다. 공포는 필연적으로 비이성적 행동과 혼돈을 낳기 때문이다.

미국의 법학자인 카스 선스타인(Cass Sunstein)은 자신의 책 『공포의 법칙들 *Laws of Fear*』에서 "위험이 실질적으로 심각한데도 사람들이 이를 느끼지 못하거나 반대로 사소한 위험에 두려움을 느끼는 것에 효과적으로 대응하는 데 숙의민주주의만큼 좋은 도구는 없다"고 밝혔다. 외국의 저명학자들이 잇따라 한국의 코로나19 방역 즉, K-방역에 찬사를 보내고 있다. 이들은 한국의 방역이 모범적인 이유로 언론의 자유를 보장하고, 민주적인 책임 시스템을 갖추고 있는 한국의 사회적 정치적 체제를 꼽았다. 선스타인의 지적은 이와 맥이 닿아 있다고 할 수 있다.

공포를 몰아내기 위해서는 삶에 생기를 불어넣어주는 긍정과 희망이 필요하다. 언론과 사회 관계망 서비스 등을 통해 공포 바이러스 백신을 매일 맞고 또 맞고 할 것이 아니라, 코로나19 감염병에 면역력을 길러주는 긍정과 희망이라는 백신을 대한민국 국민, 나아가 세계인들이 틈날 때마다 맞아야 한다.

+ 4장 코로나19 기원을 둘러싼 추태들

　　　　　　　코로나19의 기원을 두고 음모론이 그 끝을 모르고 계속되고 있다. 감염병 유행 특히 세계적 대유행을 해 많은 인명 피해를 낸 감염병에 대해서는 과학자들이 앞다퉈 그 기원을 찾기 위한 도전을 한다. 하지만 이는 쉬운 일이 아니다. 감염병의 기원에 대해 조사하는 동안 수많은 방해꾼들을 만나야 하기 때문이다. 지금 많은 과학자와 의학자들이 최초의 코로나19 환자를 찾기 위해 중국의 우한시로 향하고 있다.

　　하지만 우한시를 장악하고 있는 중국은 이를 방해하고 있다. 바이러스의 실체가 드러날수록 자신들만 곤혹스런 처지에 놓이게 되기 때문이다. 그래서 중국인들은 특유의 만만디 전략으로 나오고 있다. 코로나19가 지구촌에서 완전히 사라지고 난 뒤 해도 늦지 않다고 평계를 대고 있다. 하지만 늑장을 부리는 것은 진실을 밝히는 데 걸림돌이 된다. 감염병의 기원을 밝혀내는 데는 그 무엇보다 시간이 매우 중요하다.

　　사스나 메르스의 기원을 찾는 데는 그리 큰 어려움이 없었다. 코로나 종족들이 21세기 들어 저지른 이 두 감염병은 그 인명 피해

규모가 코로나19에 견주면 아무것도 아니다. 사스로 인한 피해는 29개국에서 일어났다. 감염자는 8,096명이었고 사망자는 774명이었다. 우리나라에서는 3명의 환자만이 나왔다. 메르스의 경우 감염자 수는 2,494명에, 사망자는 사스보다 외려 더 많은 858명을 기록했다. 우리나라에서는 186명의 환자와 38명의 사망자가 나왔다.

하지만 코로나19는 유행이 현재진행형이다. 언제 종식될지에 대해서는 세계 최고의 전문가나 세계보건기구조차 잘 모른다. 따라서 감염자 수와 사망자 수를 말한다 하더라도 그것은 중간 집계일 뿐이다. 그래도 앞서 발생한 두 코로나 감염병과 비교하기 위해 2020년 7월 30일 현재 상황을 소개하면 도움이 될 것 같다. 확진자 수만 1,746만 명이 넘고 사망자 수도 67만 명이 넘는다. 따라서 코로나19를 사스나 메르스와 맞비교하는 것은 그리 적절해 보이지 않는다. 코로나19에 비하면 피해라고 할 깜냥도 안 되기 때문이다. 물론 생명은 늘 소중한 것이기에 감염병으로 숨진 이들에 대한 추모와 예의는 살아남은 우리들 마음속에 지켜야 한다. 한 사람 한 사람이 모두 무엇과도 바꿀 수 없는 소중한 생명이기 때문이다.

최초의 코로나19 환자가 언제 어디서 발생했고 그가 누구였는지를 둘러싸고 설왕설래가 계속되고 있다. 첫 번째 환자를 전문가들의 세계에서는 제로 환자라고 한다. 그를 파악하면 그에게 바이러스를 옮긴 중간 숙주도 파악할 수 있다. 제로 환자에 대한 관심은 감염병 전문가뿐만 아니라 특종에 목을 매는 언론의 최대 관심사 가운데 하나이다. 『사우스차이나모닝포스트 *South China Morning Post*』는 중국 정부의 미공개 보고서를 바탕으로 최초 환자가 2019년 11월 17일에 발생했다고 2020년 3월 13일자에서 보도했다. 그가 후베이성에서 사는 55세라고만 했지 성별이나 구체적인 지역은 드러나지 않았다. 그리고 11월에 4명의 남성과 5명의 여성이 감염된 것으로 보고되었지만 모두 다른 사람에게서 감염된 것으로 파악돼 제로 환자는 아닌 것으로 알려졌다. 12월부터 후베이성에서 코로나바이러스 감염 사례 수가 점차 증가하여 12월 20일까지 60례, 12월 31일까지 266례 이상으로 크게 늘어났다. 코로나 증상이 나타난 최초의 환자로 알려진 사람은 나중에 그가 2019년 12월 1일에 증상이 나타났다고 밝혔다. 한데 그는 우한시 화난수산시장을 방문한 적이 없었다고 한다. 하지만 12월에 보고된 초기 사례군 중 3분의 2가 시장과 관련이 있는 것으로 밝혀져 화난수산시장이 진원지일 가능성은 매우 높은 편이라고 할 수 있다. 중국은 2019년 12월 30일 세계보건기구에 새로운 감염병이 발생했다고 보고하면서 그 수를 축소했다.

세계 감염병 전문가들은 코로나19의 최초 발생지 즉, 진원지가 중국 후베이성 우한시라는 사실에 의심을 하지 않았다. 물론 정확하게 언제 어떤 과정으로 사람에게서 이 감염병이 발생했는지에 대해서는 명확하게 언급하지 않았다. 중국도 모르고 있을 가능성이 있다. 따라서 그 시작을 캐는 것은 매우 중요한 것이다. 중국은 초기 대응을 제대로 하지 않고 감염병에 대한 정보를 숨기는 바람에 코로나19의 피해를 키웠다는 비판에 시달려왔다.

중국은 그동안 자신들의 생물 무기 개발설을 강력 부인해왔다. 그리고 우한시가 코로나 발원지가 아닐 수도 있다는 사실을 중국 학자 등을 통해 밝히는 등 코로나19바이러스 기원과 관련해 '물 흐리기' 작전을 은밀히 벌여왔다. 사스코로나바이러스를 발견해 중국의 영웅으로 떠오른 중난산(鐘南山) 중국 공정원 원사도 여기에 발을 담갔다. 그는 2월 27일 기자회견에서 "코로나19가 중국에서 가장 먼저 출현했지만, 꼭 중국에서 발원했다고 볼 수는 없다"고 말했다. 유행은 중국에서 시작했지만 애초 발원지는 다른 나라일 수도 있다는 것이다. 하지만 이런 말은 감염병의 특성상 성립되기 어려운 것이다. 중난산의 발언은 중국 내에서 코로나19 확산세가 멈추고 어느 정도 안정되는 추세를 보이자 여유를 찾아 앞으로 거세게 펼쳐질 '중국 책임론'에서 한발 비켜가기 위한 어용적 내지 국수적 성격을 띠고 있다. 이것은 상식적으로도 말이 안 되는 데다 자신의 주장에 대한 미약한 근거조차 밝히지 않고 막무가내식으로 말한 것이다. 때를 맞추어 중국 보건당국도 중국에서 첫 코로나19 감염 확진 판정을 받은 것으로 알려진 천(陳)모 씨가 화난수산시장을 방문하지 않았다고 밝힌 우한시 방역지휘본부의 말을 근거로 바이러스 발원지가 애초에 알려진 우한시의 화난수산시장이 아닐 수 있다고 공식화했다. 마치 짜고 치는 고스톱을 보는 느낌을 받지 않을 수 없었다.

중국 공산당의 통제를 받고 있어 언론의 자유가 사실상 제한되어 있는 상황에서 중국 언론은 중난산의 발언 이후 끊임없이 코로나19 중국 기원에서 벗어나기 위해 안간힘을 썼다. 우한시 유행 이전에 중국에서 열린 세계군인대회 출전 미국인 최초 환자설 등이 출처 없이 떠돌아다니면 이를 즉각 보도하는 등 '애국적' 행동을 보였다. 중국이 최초 환자 발생 국가에서 벗어나려 몸부림칠수록 미국 등 다른 국가에서는 우한시에 있는 바이러스 연구소에서 새로운 바이러스를 연구하다 실수로 코로나19바이러스가 외부로 나갔다는 유출설을 새롭게 제기하는 등 중국을 더욱 옭아매는 반격을 했다.

특히 후천성면역결핍증을 일으키는 인간면역결핍바이러스의 발견자이며 그 공로로 2008년 노벨생리의학상을 수상한 프랑스 파스퇴르 연구소의 뤼크 몽타니에(Luc Montagnier) 박사도 코로나19 진원지 논란에 발을 디뎠다. 몽타니에는 2020년 5월 17일 한 방송에 나와 "코로나바이러스가 전반적으로 박쥐에서 나온 것으로 보이는 특징을 갖고 있지만, 이를 바탕으로 해서 인위적 실험을 통해 후천성면역결핍증을 일으키는 인간면역결핍바이러스가 갖고 있는 유전자 염기 배열을 집어넣은 것으로 보인다. 이 때문에 애초 코로나바이러스에 상당한 변이가 발생했다"고 밝혔다. 그는 중국이 왜 이런 일을 벌였는지는 알 수 없지만 인간면역결핍바이러스 백신을 개발하고 싶어서 한 것 아니냐는 가설을 내세웠다. 몽타니에 박사는 중국 당국이 어떤 연구를 했는지 솔직하게 공개할 것을 촉구했다.

몽타니에 박사가 말한 중국 개발설 내지는 중국 과학자 개발설은 처음 나온 주장이 아니다. 이런 주장은 초기에는 음모론으로 받아들여졌다. 코로나19 유행 초기인 2020년 1월 말 67만 명의 팔로워를 가진 '제로 헤지(Zero Hedge)'란 닉네임의 금융 전문 유명 블로거가 "중국의 한 과학자가 바이러스를 만들어냈다"고 주장한 적이 있다. 당시 그는 구체적인 증거를 들이대지는 못했다. 이 때문에 아니면 말고 식으로 내지르고 보는 음모론적 주장이라고 치부되었고, 별 파문이 일지는 않았다. 하지만 2020년 2월에는 중국 광저우에 있는 화난이공대 샤오보타오(肖波濤) 교수가 "코로나바이러스는 우한바이러스연구소 아니면 우한질병통제센터에서 나왔을 것"이라며 그 근거로 이곳에서 일하는 연구자들이 실험 도중 종종 박쥐에 물렸다는 사실을 말해 실험실 기원설에 관심을 불러일으켰다.

세계적인 권위를 가진 『워싱턴 포스트 *Washington Post*』가 5월 14일 "2018년 미국 전문가들이 우한바이러스연구소를 방문한 뒤 바이러스 유출 가능성 등 안전 상태가 미흡해 전염병 발생 가능성이 있다고 미국 정부에 보고했다"는 등의 구체적 정황을 제시하며 우한바이러스연구소 코로나바이러스 유출설에 불을 댕겼다. 이어 미국의 폭스 뉴스(Fox News)는 "중국 정부가 (우한바이러스연구소) 실험실에서 바이러스가 유출된 뒤 수습 과정을 보고받았다"고 보도했다.

코로나19바이러스의 기원과 관련해 대부분의 학자들은 인위적 개발설보다는 자연적 변이에 무게를 두고 있다. 바이러스의 유전자 염기서열을 분석한 결과 기존 코로나바이러스와 매우 유사하다는 것이다. 하지만 몽타니에 박사는 인간면역결핍바이러스에 관한 세계 최고의 권위자이며 노벨상까지 받은 인물이어서 그의 주장은 이전 의혹들과는 달리 큰 파장을 일으켰다. 물론 몽타니에 박사가 가설로 내세운 인간면역결핍바이러스 백신 개발 중 유출설은 감염병 전문가들에게 확 와닿지는 않는다. 후천성면역결핍증은 사람 간 전파가 쉽게 이루어지는 감염병이 아니다. 개인이 안전한 성생활을 충분히 피할 수 있어 예방이 그리 어려운 감염병이 아니다. 또한 인간면역결핍바이러스의 증식을 억제하는 데 효과적인 약물이 오래전에 개발돼 치료에 쓰이고 있다. 따라서 후천성면역결핍증 백신 개발에 열을 올리는 국가나 제약 회사는 사실상 없다. 중국이 후천성면역결핍증 백신 개발을 비밀리에 열심히 하고 있었다는 주장은 그래서 설득력이 약하다.

세계적인 전문가와 언론뿐만 아니라 도널드 트럼프(Donald Trump) 미국 대통령, 마이크 폼페이오(Mike Pompeo) 국무장관 등 미국의 정치 지도자까지 나서 코로나19바이러스의 연구소 유출설과 인위적 개발설 등을 거론하자 중국은 중국 질병통제센터 책임자와 우한바이러스연구소장 등 고위직 전문가들을 내세워 반론에 나섰다. 왕옌이(王延軼) 우한바이러스연구소장은 중국 관영 국제 영문 뉴스 채널인 CGTN과 2020년 5월 25일 인터뷰를 갖고 이 연구소 실험실에서 바이러스가 유출돼 코로나19 대유행이 시작됐다는 주장에 대해 "우리는 지난해 12월 30일 이 바이러스의 샘플을 처음 접했다. 이후 연구를 통해 코로나19바이러스라는 것을 알게 됐다. 그전에는 접촉한 적도, 연구한 적도, 보관한 적도 없다"며 연구소 유출설을 전면 부인했다. 왕 소장이 언론에 모습을 드러내 유출설을 부인한 것은 처음 있는 일이다.

우한바이러스연구소는 에볼라바이러스 등 치명적인 바이러스를 연구할 수 있는 중국 내 유일한 생물 안전 최고 등급인 4급(P4) 실험실로, 코로나19의 진원지로 지목된 우한시 화난수산시장과 30킬로미터밖에 떨어지지 않은 비교적 가까운 곳에 위치해 있다. 이 때문에 이 연구소에서 인공적으로 조작된 코로나19바이러스가 유출돼 확산했다는 소문이 나돌았다. 왕 소장은 우한바이러스연구소가 가지고 있는 바이러스 가운데 살아 있는 것은 모두 3종으로, 이 중 코로나19와 유사성이 가장 높은 바이러스도 유전적 유사성이 79.8%에 불과하다고 밝혔다.

그는 "과학자들은 세계 각지의 야생동물이 어떤 바이러스를 가졌는지, 코로나19와 유사성이 높은 바이러스는 어디에 있는지 등을 아직 알지 못한다"며 "코로나19의 기원을 찾는 것은 과학자들이 데이터와 사실에 근거해 판단해야 한다"며 미국 트럼프 대통령 등을 우회적으로 비판했다. 중난산 원사도 바이러스의 기원을 찾는 것은 정치인의 역할이 아니라 과학자들의 임무라며 트럼프 등을 에둘러 비판했다. 하지만 왕 소장은 연구소가 보유하며 연구를 하고 있는 바이러스가 정확하게 어떤 바이러스며 어떤 연구를 하고 있는지는 밝히지 않아 유출설을 제기한 전문가들의 의혹을 완전히 해소시키지는 못했다.

중국의 방역을 책임지고 있는 질병예방통제센터 가오푸(高福) 주임(센터장)도 왕 소장과 같은 시기인 25일 홍콩 평황TV와 인터뷰를 갖고 "지난 1월 초 내가 우한시에 직접 가서 일부 샘플을 채취했는데, 당시 (화난수산물시장에 있는) 동물 표본에서는 (코로나19) 바이러스가 검출되지 않았고, 다만 하수구 폐수 등 환경 샘플에서는 바이러스가 검출됐다. 초기에 화난수산물시장에 바이러스가 있을 수 있지만, 지금 다시 생각해보면 시장 자체가 피해 업체일 수 있다"고 주장했다. 그는 코로나 중간 숙주는 아직 밝혀지지 않았으며 코로나19 발원에 대해 과학자들이 조사해 밝혀내려면 시간이 걸리기 때문에 기다려주어야 한다고 강조했다. "우한시에서 가장 먼저 코로나19가 보고됐다고 해서 우한시가 발원지라고 할 수 없다"는 주장까지 했다. 이런 발언은 어찌 보면 이해하기 힘든 것이라고 할 수 있다. 그는 1월 22일에는 코로나바이러스가 우한시의 한 수산물 시장에서 팔린 박쥐로부터 확산된 것으로 보인다고 밝힌 바 있다.

코로나19와 관련해 최고의 전문가들이며 책임 있는 위치에 있는 사람들이 같은 시기에 비슷한 주장을 펼치고 있는 것을 우연의 일치로 보기는 어렵다. 중국은 최고 지도층과 교감 내지는 협의를 거쳐 각각 역할 분담을 하고 인터뷰 매체도 사전 조율을 거쳐 프로파간다를 최대화할 수 있는 방식을 택한 것으로 보인다. 그리고 "실체를 밝히려면 시간이 걸린다", "기다려달라", "과학자나 의학자들이 할 일" 등의 발언으로 미루어볼 때, 코로나19 기원을 밝혀내기가 쉽지 않거나 상당한 시간이 걸릴 것이라고 예측할 수 있다.

감염병의 시작을 알리는 최초의 사건을 규명하기 위해, 즉 동물에게서 사람으로 바이러스가 전파된 바로 그 순간에 벌어진 일을 파악하는 것은 매우 중요하다. 이것은 우주의 기원을 캐기 위한 빅뱅 연구와 지구상에서 생명체가 탄생한 순간을 파악하는 연구가 중요한 것과 같다. 따라서 여기에 정치적 이유나 비용, 인력 등이 걸림돌이 되어서는 안 된다. 코로나19 감염병의 확산을 막는 것이 가장 중요하지만 바이러스의 기원을 밝히는 것도 매우 중요하다. 우리가 그 순간을 포착하게 되면 앞으로 새로이 나올 수 있는 신종 감염병의 예방과 대처에 핵심 열쇠 구실을 할 수 있기 때문이다. 코로나19의 기원을 조사하는 것은 과학적인 방역을 위한 기초이며 다음 단계의 정확한 방역을 위해 꼭 필요한 절차이기도 하다.

여기서 과학자뿐만 아니라 세계보건기구의 역할도 중요하다. 세계보건기구는 세계에서 벌어지는 주요 감염병 유행의 감시자이자 조정자이고 자문 기관이기 때문이다. 세계보건기구는 총회를 열어 5월 20일 중국에서 코로나19 기원에 대한 조사를 하기로 결정하고 회원국들이 이에 결의했다. 하지만 앞으로 어떤 방식으로 조사할지를 두고는 미묘한 신경전이 벌어졌다. 중국은 자신들에 비교적 우호적인 자세를 보여온 세계보건기구가 모든 것을 책임지고 해야 하며 과학적이고 공평한 방식으로 진행돼야 한다는 점을 강조했다. 여기서 과학적 방식이란 말에 토를 달 사람이나 국가는 없을 것이다. 문제는 공평한 방식이다. 미국의 CNN 방송은 중국이 여러 가지 핑계를 대며 세계보건기구의 조사를 늦추어 결국 자신들에게 유리한 방식으로 이끌어갈 것이라고 보았다.

중국 기원설 조사와 관련해서는 전망이 엇갈린다. 중화권 인터넷 매체인 둬웨이(多維)는 코로나19 기원에 대한 독립 조사가 진행되면 중국이 기원이라는 확실한 근거가 나오거나 중국을 난처하게 할 정보를 찾을 가능성이 크다고 보는 반면 중국 공산당 기관지 『인민일보(人民日報)』의 자매지인 『환추시보(環球時報)』는 사설에서 "중국이 아니라 미국이 과학적이고 공정한 조사를 두려워한다. 전 세계의 가능성 있는 모든 코로나19바이러스 기원 관련 요소가 모두 조사 범위에 들어가야 하고 특히 미국의 기원 관련 요소는 하나도 빠뜨리면 안 된다"고 주장해 중국 기원설 조사가 순탄하게 이루어지지는 않을 것이란 전망도 나오고 있다.

이와 함께 코로나19가 올해에 이어 내년에도 지속되는 등 장기화해 세계 경제가 파탄나면 각 나라의 관심이 경제 살리기 등 더 급한 곳에 집중되기 때문에 코로나19 기원은 안중에도 없을 수 있다. 이는 마치 범죄를 저지른 사람이 외국으로 장기간 도피한 뒤 정권이 (여러 차례) 바뀐 뒤 귀국하면 그 사건에 대한 국민의 관심이 흐지부지되는 것에 비유할 수 있다. 세계보건기구가 조사를 벌이는 데 1년이 아니라 수년이 걸리고 조사 결과를 확정하는 데 다시 수년이 걸릴 수도 있다.

감염병 대유행 때마다 음모론이 고개를 든다. 음모론은 허무맹랑한 것부터 그럴듯한 것까지 다양하다. 병원체의 기원을 둘러싼 음모론도 있고 최근 우리나라에서 시행하고 있는 방역 방식과 관련한 것도 있다. 음모론의 역사는 매우 오래됐다. 감염병과 관련한 음모론의 역사 또한 오래된 과거를 지니고 있다. 백과사전은 음모론(conspiracy theory)을 사회에 큰 반향을 일으킨 사건의 원인을 명확하게 설명하지 못할 때, 배후에 거대한 권력 조직이나 비밀스런 단체가 있다고 해석하는 것 따위를 말한다고 소개하고 있다. 일반적으로 정확한 정보를 듣기 힘든 격동기나 혼란스러운 시기에 이러한 음모론들이 많이 유포되는 경향이 있다. 미국의 언어학자 놈 촘스키(Noam Chomsky)는 "음모론이란 이제 지적인 욕설이 되었다. 누군가 세상의 일을 좀 자세히 알려고 할 때 그걸 방해하고자 하는 사람이 들이대는 논리다"라고 말했다.

영국의 주간지 『이코노미스트 *The Economist*』는 인터넷 검색 엔진 구글에서 가장 인기를 끄는 세계 10대 음모론을 2008년에 소개했다. 9·11테러 미국 정부 자작설, '에어리어 51' 외계인 거주설, 엘비스 생존설, 아폴로 11호 달 착륙 연출설, 셰익스피어 가공 인물설, 예수 결혼설, 파충류 외계인 지구 지배설, 후천성면역결핍증 즉 에이즈 개발설, 존 F 케네디 암살 배후설, 다이애나 사망 영국 왕실 개입설이다. 이밖에 일루미나티(Illuminati), 프리메이슨(freemason) 등과 관련한 음모론도 일반인들에게 소설과 영화 등을 통해 널리 알려져 있다.

감염병과 관련한 음모론은 감염병 역사에서 꾸준히 등장했으며, 최근에는 신종인플루엔자나 후천성면역결핍증과 관련한 것들이 있었고, 먼 과거에는 콜레라와 흑사병과 관련한 것들이 있었다. 2009년 팬데믹이 된 신종인플루엔자와 관련해서는 미국 중앙정보국이나 세계보건기구가 신종인플루엔자를 퍼뜨려 인구 증가를 억제하려 한다는 음모론이 나돌았다. 또한, 타미플루 제약 회사 등이 돈을 벌기 위해 평범한 독감 등을 과장하여 약 등을 팔았다는 음모론도 있었다. 이 음모론은 신종인플루엔자가 자취를 감추자 함께 사라졌다.

감염병과 음모론은 샴쌍둥이와 같다. 감염병이란 약방에는 항상 음모론이란 감초가 있다. 감염병의 역사에서 거의 예외 없이 음모론이나 유사 음모론이 등장했다. 이는 현대 들어와서도 마찬가지다. 음모론은 코로나19에만 있는 것은 아니다. 1980년대 후천성면역결핍증 유행 때도 있었고 2003년 사스 유행 때도 있었다. 이들 감염병과 관련된 음모론들은 유형은 조금씩 다르지만 적대적 관계에 있는 강대국들이 상대 국가를 공격하기 위해 퍼트린다는 점에서는 비슷하다. 코로나19와 관련한 음모론은 어떤 것들이 제기됐으며 그 탄생 배경과 진위는 어떤 것이었는지는 나중에 자세히 살펴보기로 하자. 먼저 후천성면역결핍증과 관련한 음모론을 살펴보면 나중에 살펴볼 코로나19 음모론을 이해하는 데 큰 도움이 될 것이다.

후천성면역결핍증은 매우 독특한 감염병이다. 인체 면역 세포를 공격해 파괴함으로써 인체가 각종 질병에 대항하지 못하도록 한다. 지금까지 이런 감염병을 과학자들도 보지 못했다. 코로나19처럼 RNA바이러스가 일으키는 후천성면역결핍증은 1980년대 유행 초기 '신의 벌', '20세기 흑사병' 등 비과학적 이름이나 공포를 조장하는 이름으로 불렸다. 특히 안전하지 못한 성행위 등을 통해 주로 감염되기 때문에 이 감염병에 걸린 사람들은 자신의 감염 사실 자체를 드러내기를 극도로 꺼렸다. 유행이 처음 일어났던 미국뿐만 아니라 거의 모든 국가에서 이런 현상이 벌어졌다. 감염자에 대한 낙인과 차별, 혐오가 극심했다. 이 때문에 후천성면역결핍증에 걸린 유명인들은 자신의 감염 사실을 꼭꼭 숨기다가 병이 진전돼 악화된 뒤 이를 털어놓았다. 이들은 대부분 사실을 말한 뒤 몇 달 뒤 또는 그리 오랜 시간이 지나지 않아 숨져갔다. 미국의 미남 배우 록 허드슨(Rock Hudson)이 그랬고 전설적인 록 그룹 퀸의 리드 싱어 프레디 머큐리(Freddie Mercury)가 그랬다.

후천성면역결핍증은 1981년 미국 뉴욕과 샌프란시스코에서 발생했는데 대부분 남성 동성애자, 즉 게이들에게서 발견되었다. 이들은 피부암의 일종인 카포시육종과 주폐포자충성폐렴(PCP, pneumocystis carinii pneumonia)이 발병되어 병원을 찾았다. 카포시육종은 그동안 아프리카 흑인과 지중해 백인 일부에서 국한해 발생하던 희귀 질환이었다. 원충의 일종인 주폐포자충에 감염돼 생기는 뉴모시스티스 카리니 폐렴도 정상적인 면역을 지닌 사람에게서는 잘 나타나지 않는 감염병이었다. 1983년 원인 바이러스를 분리해낼 때까지 이 질병은 미스터리로 가득했다. 모기가 돼지한테서 사람에게 이 질병을 옮겼을지 모른다는 소문에 사람들은 공포에 떨었다.

후천성면역결핍증은 1980년대부터 1990년대까지 지금의 코로나19처럼 미국을 공포에 휩싸이게 만들었다. 코로나19 희생자들의 다수가 흑인이듯이, 당시 후천성면역결핍증을 통해 피해를 많이 본 계층도 동성애자들과 흑인들이었다. 겁에 질린 미국 흑인들은 의사들과 정부가 인종적인 생물 전쟁의 도구로 인간면역결핍바이러스를 만들어냈다는 음모론을 주장했다. 또한 신종인플루엔자와 관련한 음모론처럼, 일부 제약 회사들이 자신들의 약을 팔아먹기 위해 후천성면역결핍증을 이용한다고 주장했다. 다시 말해 후천성면역결핍증이 바이러스 질병이 아님에도 질병처럼 사람들을 속이고 있다는 것이었다. 이러한 음모론은 미국과 아프리카 국가 등에서 널리 퍼졌다. 그리고 어떤 사람들은 인간면역결핍바이러스가 1970년대 들어 본격적으로 발전하기 시작했던 유전공학의 산물이라고 주장하기도 했다.

1990년대와 2000년대 초반까지 이러한 후천성면역결핍증 음모론에 감염된 사람들은 국내에서도 활동했다. '한국 에이즈 재평가를 위한 인권모임'은 2003년 후천성면역결핍증 음모론을 담은 『에이즈는 없다』는 책을 통해 "에이즈라고 불리는 증후군은 없으며 인간면역결핍바이러스가 존재하지 않는다. 인간면역결핍바이러스라는 바이러스가 실재한다는 과학적 증거가 없으며, 또한 바이러스라는 것을 증명하는 코흐의 법칙에 따른 실험이 한 건도 이뤄지지 않고 있다"고 주장했다. 이 음모론은 당시 시사주간지 『한겨레21』에 크게 소개되기도 했다. 이들은 후천성면역결핍증이 실체가 없는 감염병이고, 이 때문에 후천성면역결핍증으로 진단하는 것은 '과학적 범죄'라고까지 주장했다. 하지만 후천성면역결핍증 음모론자들은 사람을 죽인다고까지 주장했던 후천성면역결핍증 치료제가 지금은 많은 후천성면역결핍증 감염자의 발병을 막고 사람의 생명을 구하고 있는 것에 입을 다물고 있다. 2008년에는 프랑스 파스퇴르 연구소의 뤼크 몽타니에 박사 등이 후천성면역결핍증의 원인인 인간면역결핍바이러스를 발견한 공로로 노벨생리의학상을 받자 음모론자들이 디딜 땅은 사라져버렸다.

1980년대는 후천성면역결핍증과 관련한 가짜 뉴스와 음모론이 기승을 부렸다. 과학 저술가이자 교육가인 아노 카렌(Arno Karlen)은 『전염병의 문화사 Man and Microbes』에서 당시 떠돌거나 언론이 제기한 음모론들을 다음과 같이 정리해 소개했다.

•이 질병은 마약 중독과 더불어 시작된 것으로 동성애와 매춘에 대한 신의 형벌이다.

•핵 실험으로 생긴 돌연변이가 무해한 바이러스를 살해자로 만들었다.

•말라리아 연구를 하던 연구원이 우연히 다른 영장류로부터 어떤 바이러스에 걸려 그것을 퍼트렸다.

• 인간면역결핍바이러스는 미국 정부가 공산주의 국가들을 무너뜨리려고 제조한 것이다.

• 이 병은 제3세계 국가들을 위해 소아마비 백신을 만드는 데 쓰인 원숭이의 신장에 있는 바이러스들을 재조합하는 과정에서 생겼다.

• 많은 미국 흑인들은 인간면역결핍바이러스가 자신들을 쓸어버리려는 정부의 발명품이고 후천성면역결핍증 치료제인 아지도티미딘(AZT)도 자신들을 독살하려는 계획의 일부이며 콘돔 사용 교육도 인종(흑인) 제거 목적에서 비롯되었다고 믿는다.

이것들은 많은 연구로 인간면역결핍바이러스가 아프리카에 서식하는 원숭이와 침팬지 등에서 유래했다는 것이 정설로 돼 있는 지금에 와서 보면 황당무계한 주장 같지만 당시는 상당 기간 인구에 회자되던 음모론들이다.

인간면역결핍바이러스의 출현을 백신 개발과 연관 짓는 음모론도 있었다. 유엔 직원으로 일했고 영국 BBC 방송의 아프리카 특파원을 지낸 에드워드 후퍼(Edward Hooper)가 1천 쪽이 넘는 역저 『강-HIV와 에이즈의 기원을 찾아가는 여행 The River-a journey, to the source of HIV and AIDS』에서 이를 자세하게 다루었다. 그는 미국 필라델피아 위스타연구소의 폴란드 출신 바이러스학 박사 힐러리 코프로브스키(Hilary Koprowski)가 유인원 면역결핍바이러스(SIV, Simian Immunodeficiency Virus)에 감염된 침팬지의 조직으로 만든 경구 소아마비 백신을 벨기에 연구소 2곳을 통해 1957년부터 1960

넌까지 벨기에령 콩고 지역 주민 약 1백만 명에게 나누어 주어 후천성면역결핍증이 시작되었으며, 이 지역이 후천성면역결핍증 초기 발병 지역과 거의 일치한다고 주장했다. 물론 국제 과학계는 이런 가설을 인정하지 않았다. 분자생물학 및 계통발생학적 연구 결과 유전자의 데이터가 가설과 모순되었기 때문이다.

남아프리카공화국의 대통령 타보 음베키(Thabo Mvuyelwa Mbeki)는 후천성면역결핍증이 인체면역결핍바이러스에서 유래한 것이 아니라 만성적 질병, 영양 실조 등과 같은 환경적인 요인 때문에 일어나는 것이라고 비논리적인 음모론을 주장했다. 남아프리카공화국은 이런 음모론에 깊이 빠져 후천성면역결핍증에 걸린 자국민에게 치료제를 공급하지 않고 예방도 소홀히 하다 많은 국민이 후천성면역결핍증에 걸려 목숨을 잃자 뒤늦게 잘못을 시인하기도 했다.

세계보건기구가 두 차례나 국제 공중보건 비상 사태를 선포하게 만든 에볼라바이러스도 음모론을 비켜가지 못했다. 에볼라바이러스는 전파력이 매우 강하고 치사율도 아주 높아 생물 무기로서 눈길을 끄는 특성을 지녔다. 미국 질병통제예방센터는 에볼라바이러스를 생물 안전 수준이 가장 높은 4등급 병원체 및 카테고리 A 생물 테러 병원체로 분류하고 있다. 하지만 이 바이러스는 사람 몸 밖 일반 환경에서 빠르게 사멸돼 대량 살상 무기로 사용하기에는 한계가 있다.

영국 BBC 방송은 미국과 적대 관계를 보이던 북한이 2015년 국영 언론을 통해 에볼라바이러스가 미군에 의해 생물학적 무기로 만들어졌다는 보도를 했다고 방송했다. 북한은 오래전부터 미국 등에 의해 생물 무기를 대량 생산하고 보유하고 있는 국가라는 낙인이 찍혀왔다. 에볼라바이러스의 미국 생물 무기설은 이런 미국에 대한 북한의 음모론적 공격이라고 할 수 있다. 정치 스릴러물과 냉전과 냉전 이후 세계를 다룬 첩보 및 군사 소설가로 인기를 끌었던 미국의 톰 클랜시(Tom Clancy)는 1996년 『행정 명령 *Executive Orders*』이라는 소설에서 에볼라 마잉가(Ebola mayinga)라는 이름의 치명적인 에볼라바이러스 균주를 사용하여 미국에 대한 공격을 하는 아랍인 테러리스트의 이야기를 다루었다. 하지만 세계보건기구와 유엔은 에볼라 관련해 인기를 끈 책들에 담긴 잘못된 정보가 외려 질병의 확산에 기여했다고 비판했다.

후천성면역결핍증의 기원과 관련해 가장 눈길을 끈 것은 생물 무기설이었다. 베트남 전쟁에서 미군이 사용하기 위해 1960년대 분자생물학을 동원해 바이러스를 개발했으며 죄수를 대상으로 인체 실험을 한 뒤 나중에 풀려난 죄수가 일반 미국인을 감염시켜 후천성면역결핍증이 확산됐다는 것이다. 이에 대해 나는 이전에 집필한 『AIDS X 화일』에서 "생물전에 사용하기 위해서는 적군에게만 치명타를 가하고 (그것도 일시에) 아군에게는 피해를 입혀서는 안 되는데 인간면역결핍바이러스의 특성은 이와 거리가 멀다. 생물 무기가 갖추어야 할 첫째 요건은 급성 전염병이라야 한다는 사실이다. 그런데도 은밀한 성 접촉과 수혈 등에 의해서만 전파되는 인간면역결핍바이러스를 생물 무기로 사용하려 했다는 것은 앞뒤가 맞지 않는 비과학적인 발상에 지나지 않는다"고 비판한 적이 있다.

후천성면역결핍증 생물 무기설은 미소 냉전 시절이던 1980년 대 중반 소련이 미국을 비난하며 도덕적 우위에 서기 위한 반미 선 전술의 결과였다는 주장이 설득력을 얻고 있다. 소련이 인간면역결 핍바이러스가 미국이 개발한 생물 무기였다고 주장한 때가 1985년 10월이었다. 당시 소련의 한 문학 주간지는 인도 뉴델리의 일간지 『패트리어트 *Patriot*』가 "후천성면역결핍증을 퍼트린 장본인은 미국 워싱턴 근교 유전공학연구소로, 모르모트 대신 인체 실험 대상으 로 삼은 미군"이라고 보도한 것을 인용해 소개했다. 미국은 이를 부 인했지만 이 내용은 서독, 리비아, 유고슬라비아, 세네갈 등에서 되 풀이됐다.

1986년 8월 말 아프리카 짐바브웨에서 열린 비동맹회의에서 는 각국의 대표단에게 "후천성면역결핍증은 미국제의 악마, 아프 리카 기원설은 엉터리"란 제목의 팸플릿이 뿌려졌다. 인간면역결핍 바이러스의 기원을 두고 벌어진 이 같은 분쟁은 감염병의 역사에 서 꾸준히 되풀이되어왔다. 다시 말해, 껄끄러운 사이인 상대방 국 가에게 감염병의 기원을 떠넘기는 것이다. 매독을 두고도 프랑스병, 이탈리아병, 스페인병, 터키병, 포르투갈병, 중국병, 폴란드병 등 다 양한 이름이 붙여졌는데, 이것은 앙숙 관계의 나라 이름을 질병 이 름에 붙여 불렀던 전형적인 사례이다.

코로나19도 과거 많은 감염병이 걸었던 길을 따라 걷고 있다. 코로나바이러스 가문 가운데 사스코로나바이러스가 먼저 이 길 을 걸었다. 사스코로나바이러스가 생물 무기로 만들어졌다는 음모 론은 러시아 과학자가 가장 먼저 제기했다. 러시아 의과학학술원의 세르게이 콜레스니코프(Sergei Kolesnikov)는 2003년 11월 기자회견을 열어 "사스코로나바이러스는 홍역과 유행성이하선염바이러스를 합성한 것으로 자연에서 유래하기는 불가능하고 실험실에서만 만들 수 있다"고 밝혔다. 이를 러시아의 리아 노보스티(RIA Novosti) 통신사가 보도한 것을 서방 언론이 다루었다. 그는 생물 무기를 만들 때 원천적으로 항바이러스 백신을 동시에 개발하기 때문에 백신이 곧 나타날 수 있다고 밝혔다. 아니면 생물 무기를 만드는 과정에서 원치 않는 바이러스 누출이 일어난 사고 때문에 바이러스가 확산되었을 가능성도 있다고 덧붙였다. 하지만 그의 예측과 달리 사스코로나바이러스 백신은 개발되지 않았다.

이러한 바이러스 누출설은 우한바이러스연구소의 코로나19 바이러스 유출설을 연상케 한다. 유출설은 신종 감염병의 단골 메뉴이다. 하지만 사스코로나바이러스는 코로나바이러스이고 홍역과 볼거리는 파라믹소바이러스이다. 이 두 유형의 바이러스는 그 구조와 인체 감염 방법이 서로 다르다. 따라서 코로나바이러스가 두 개의 파라믹소바이러스로부터 만들어졌다는 것은 어불성설이라고 전문가들은 지적했다. 콜레스니코프의 주장을 접한 많은 중국인들은 당시 인터넷 토론 게시판과 대화방에서 논쟁을 벌였다. 이때 중국인들은 사스코로나바이러스가 미국이 제조한 생물 무기일 수 있다고 여겼다. 하지만 사스코로나바이러스의 원천, 즉 진원지를 찾아냄으로써 생물 무기설은 쑥 들어갔다. 사스코로나바이러스 환자가 처음 발견된 중국 광둥성에서 중국인들이 종종 먹기 위해 죽이는 아시아야자사향고양이에서 사스코로나바이러스와 매우 유사한 코로나바이러스가 발견됐기 때문이다. 따라서 이 고양이에서 사람으로 전염이 됐을 것이라는 추론이 나왔다. 미국의 CNN 방송은 광둥성에서만 2004년 1월 1일부터 1월 15일 사이에 3,903마리의 사향고양이와 665마리의 다른 야생동물을 도살할 정도로 중국에서는 야생동물을 많이 죽인다고 보도했다.

콜레스니코프에 이어 또 다른 러시아 과학자인 모스크바의 역학 서비스 책임자 니콜라이 필라토프(Nikolai Filatov)도 일간지 『가제타 Gazeta』를 통해 "이 바이러스에 대한 백신이 없으며, 그 유전자 구성이 불분명하고, 아주 널리 전파되지 않았으며, 인구 집단이 면역이 없기 때문에 사스코로나바이러스는 인공적으로 만든 것이라고 생각한다"고 말했다.

사스코로나바이러스의 미국 개발 생물 무기 음모론을 지지하는 사람들은 사스코로나바이러스가 중국, 홍콩, 대만 및 싱가포르 등 대부분의 중화권 국가에 가장 심각한 피해를 입힌 반면 미국, 유럽, 일본에는 그다지 큰 영향을 주지 않았다는 사실을 근거로 삼고 있다. 하지만 이런 주장은 근거가 매우 약하다. 대다수 유행병은 최초 진원지를 중심으로 퍼져나가기 때문에 대개 진원지와 그 인근 지역이 상대적으로 더 심각한 피해를 입는다. 에볼라바이러스가 대표적이다. 전 세계로 퍼져나가 초기 전파력이 강한 코로나19바이러스는 이와는 다른 양상을 보이지만 예외적이라고 할 수 있다.

지금은 사스코로나바이러스의 유전자 염기서열이 완전히 밝혀졌다. 염기서열 어디에서도 유전공학의 산물이라는 증거가 발견되지 않았다. 사스코로나바이러스는 이전에는 보지 못한 새로운 것이지만 이것은 유전자 조작의 결과가 아니라 동물 간 전파를 통해 돌연변이가 일어났거나 이전에 발견되지 않은 것으로 분석됐다. 중국의 박쥐에서 사스코로나바이러스와 매우 유사한 바이러스가 발견되어 이 박쥐가 사스코로나바이러스의 자연 저장소일 수 있는 것으로 드러나 사스코로나바이러스 생물 무기설은 설득력을 잃어버리고 말았다.

감염병과 관련한 음모론의 백미는 생물 무기설이다. 연구소 유출설과 함께 가장 많이 거론되고 가장 흥미를 유발하는 요소를 지니고 있다. 후천성면역결핍증 등의 기원과 관련해 이미 생물 무기설이 지닌 마력을 보았기 때문에 의도성이 있든 없든 생물 무기설은 끊이지 않는다. 코로나19도 예외는 아니다. 생물 무기설은 과거 냉전 시절에는 미국과 소련이 서로를 헐뜯는 데 사용하는 단골 메뉴였지만 최근에는 중국이 미국의 상대, 즉 G2 국가로 부상하면서 미국과 중국이 서로를 공격하는 도구가 되었다. 특히 트럼프와 시진핑이라는 두 앙숙 지도자가 있어 생물 무기설은 물 위로 나온 뒤 좀처럼 가라앉을 생각을 하지 않는다.

우한시에서 처음 보고된 코로나19가 중국을 뛰어넘어 전 세계인들을 불안과 공포에 떨게 하면서 이 바이러스의 진원지, 즉 기원과 관련한 음모론이 다시 고개를 쳐들었다. 일부 전문가와 대중 매체 등은 이 바이러스가 중국의 생물 무기 개발과 관련이 있다는 음모론을 그럴듯한 이야기들과 전문가를 등장시켜 퍼트렸다.

래리 로마노프(Larry Romanoff)도 음모론을 퍼트린 사람 가운데 하나이다. 저술가이자 은퇴한 경영 컨설턴트 겸 사업가인 그는 상하이 푸단대학교 초빙 교수를 지냈다. 그는 캐나다 글로벌리서치센터에 기고한 "신종코로나바이러스에 대한 의문 : 자연 발생이냐? 조작된 사건이냐?"란 제목의 글에서 사스코로나바이러스가 실수로 실험실에서 유출된 중국의 생물 무기라는 미국 ABC 방송을 소개하며 신종코로나바이러스도 박쥐 등 동물에서 사람으로 전파된 것이 아니라 중국의 생물 무기일 가능성을 열어두었다.

　　미국의 유명 유튜버 조던 세더(Jordon Sather)는 신종코로나바이러스가 중국의 '비밀 생물 무기 프로그램'의 일부였으며 우한시의 바이러스학연구소에서 유출됐을 수 있다고 주장했다. 하지만 그 근거는 매우 빈약했다. 전직 이스라엘 군사 정보 요원이 신문과의 인터뷰에서 중국에 생물학 무기가 있을 수 있다는 막연한 가능성을 언급한 것이 사회 관계망 서비스를 타고 최소 수백만 명에게 빠르게 퍼져나갔다.

　　코로나19바이러스가 중국이 개발한 생물 무기라는 주장은 미국 『워싱턴 타임스 *The Washington Times*』가 가장 먼저 다루었다. 이 신문은 2020년 1월 26일 최초의 환자가 나온 것으로 알려진 우한시 화난수산시장과 30킬로미터가량 떨어진 중국과학원 산하 우한바이러스연구소에서 생물 무기 개발 연구를 하다 신종코로나바이러스가 유출됐을 가능성이 크다는 이스라엘 군 관계자의 분석을 전했다. 하지만 구체적인 증거에 대해서는 이 신문과 이스라엘 군 관계자가 말하지 않았다. 물론 중국 쪽은 『환추시보』 등 중국 관영 매체를 통해 사실무근이라고 즉각 반박했다. 그리고 『워싱턴 포스트』는 1월 29일자에서 미국 전문가들을 인터뷰해 우한바이러스연구소가 군사적 목적의 연구를 하는 데 적합하지 않다는 내용을 보도했다. 바이러스가 유전적으로 조작되었다는 증거는 없었다는 것이다.

중국 생물 무기설과 정반대로 미국에서 생물 무기를 개발했다는 주장도 등장해 중국을 중심으로 빠른 속도로 퍼져나갔다. 이는 코로나19바이러스의 중국 생물 무기설을 제기한 미국 언론에 대한 중국 네티즌들의 맞대응 성격이 짙다. 영국 주간지 『이코노미스트』는 중국 인터넷에 코로나19가 중국의 성장을 억제하기 위해 미국 중앙정보국(CIA)이 만들어낸 산물이라는 음모론이 나돌고 있다고 보도했다. 또 중국 인터넷과 사회 관계망 서비스인 위챗에서 신종코로나바이러스가 미국에서 온 것이라는 음모론이 퍼지고 있는 것과 관련해, 중국에서 두 번째로 큰 정부 소유 매체인 차이나뉴스통신의 지시가 있었고, 『글로벌타임스 *Global Times*』와 신화통신이 연루되었다는 폭로를 했다. 비영리단체인 프로퍼블리카(ProPublica)는 트위터 등에 등장하는 가짜 계정 등에 대한 추적을 벌여 이런 주장을 담은 보도를 했다.

하지만 위챗에는 신종코로나바이러스가 미국 산물이라는 주장에 대해 잘못된 것임을 해명하는 내용도 많다고 미국 NBC가 보도했다. 또 미국 관리들은 2월 22일 트위터, 페이스북, 인스타그램에 수천 개의 소셜 미디어 계정을 사용하여 바이러스는 미국 중앙정보국이 제조한 생물 무기이며 미국은 이 바이러스를 이용해 중국과 경제 전쟁을 벌이고 있다는, 근거가 없는 음모론을 고의적으로 홍보하기 위해 진행 중인 정보 유출 캠페인의 배후에 러시아가 있다고 주장했다.

생물 무기설과는 결이 약간 다른 음모론도 제기됐다. 영국의 퍼브라이트(Pirbright)연구소가 코로나바이러스를 활용해 호흡기 질환을 예방하거나 치료하기 위한 백신을 개발해왔는데 이에 대한 특허 문건을 2015년 제출했고, 이 백신 개발에 돈을 기부한 미국의 빌 게이츠 재단한테서 더 많은 기부금을 받기 위해 이번에 중국에서 창궐하고 있는 신종코로나바이러스를 만들었을 수 있다는 주장이었다.

코로나19를 둘러싼 생물 무기설은 음모론에 불과하다. 중국, 미국, 러시아뿐만 아니라 최근 미국과의 관계가 매우 악화된 이란도 끼어들어 샅바 싸움을 벌였다. 과거 후천성면역결핍증 때 벌였던 생물 무기 음모론 전쟁과 다른 점이 있다면 트위터, 페이스북, 인스타그램 등 새로운 매체를 통해 이 음모론이 퍼지고 있다는 점이다.

코로나19 창궐을 계기로 다시 불거진 바이러스 생물 무기 음모론의 역사를 살펴보았다. 여기서 몇 가지 공통점과 새로운 경향을 엿볼 수 있다. 첫째, 음모론을 제기하는 사람이나 집단이 불확실한 근거를 바탕으로 이런 주장을 한다는 것이다. 음모론이 설득력을 지니려면 과학적 근거가 매우 중요한데 거의 모든 신종 감염병 병원체를 둘러싼 음모론은 일반인의 눈높이에서는 그럴듯해 보일 수도 있지만 그 분야 전문가의 눈에는 설득력이 전혀 없다.

예를 들어 인간면역결핍바이러스를 베트남 전쟁에 사용하기 위해 미국이 만든 생물 무기라는 음모론은 이미 최초 후천성면역결핍증 환자가 1959년에 있었다는 과학적 연구 조사 결과로 미루어

거짓임이 드러난 바 있다. 감염병 음모론은 이런 내용을 소재로 한 허구의 감염병 재난 소설이나 영화와 맞물려 증폭된다. 다시 말해 음모론 소설과 영화를 접한 일반 시민들은 감염병 음모론을 누가 주장하면 그것에 쉽게 감염되어 이를 믿거나 다른 사람들에게 전파한다. 음모론을 주장하는 사람은 이를 악용해 바이러스 전문가, 연구소, 생명공학 기술 등을 적당히 버무려 많은 사람들이 혹할 수 있는 맛깔난 메뉴로 내놓는다.

　음모론, 특히 감염병 음모론은 시민들이 정부나 전문가를 믿지 못하는 한 치료제나 백신이 없는 바이러스처럼 적당한 때가 되면 고개를 들고 나와 창궐할 것이다. 따라서 감염병 음모론을 잠재우기 위해서는 가짜 음모론 뉴스에 강력하게 대처하는 것과 감염병 확산을 막기 위해 신속투명하게 대응하는 것이 가장 중요하다. 공포와 음모론 바이러스는 첨단 과학기술 시대에 살고 있는 현대인에게도 잘 감염된다. 그때마다 총력을 기울여 소통하는 것이 가장 확실한 대처법이다. 그리고 일부러 음모론을 만들어내어 퍼트리는 사람에 대해서는 관련 글이나 사이트를 삭제하거나 처벌하는 등 강력한 대응을 할 필요가 있다. 우리 정부와 언론도 이 점을 새겨 들어야 한다. 신종코로나바이러스에 대한 음모론과 관련해 트위터가 취한 조치가 바로 그것이다. 트위터는 신종코로나바이러스감염증과 관련해 중국 전문가가 바이러스를 만들었다는 음모론적 주장을 펼친 금융과 시장의 전문 블로거인 제로 헤지에 대해 트위터의 규정을 위반했다면서 트위터 계정을 영구 폐쇄했다. 제로 헤지는 개인 인터넷 사이트를 운영할 정도의 파워 블로거이며 최근 신종코로나바이러스와 관련한 글을 잇달아 올려왔다.

모든 음모론이 허무맹랑한 것은 아니다. 음모론 중에 미국 정부가 매독 효과를 연구하기 위해 가난한 흑인들을 실험 대상으로 했다는 것이 있었다. 이 음모론은 나중에 사실로 밝혀졌다. 음모론의 진실이 밝혀질 당시 대통령이었던 미국의 빌 클린턴은 앨라배마주 터스키 지방으로 내려가 유족에게 사과했다. 음모론은 매우 드물기는 하지만 감추어진 사건을 드러내는 순기능을 가지기도 한다. 하지만 대부분의 음모론은 사기이며 사회의 위기 상황이나 혼란 때 많이 퍼진다. 상상력에 의존한 음모론은, 일반적으로 일어나기 힘든 사건을 주관적으로 이해하려 하거나 또는 부정확한 정보들이 난무할 때, 이를 분석하는 과정에서 평소에 간과되었던 부분에 과다하게 집중하면서 가정과 비약이 덧붙여져 만들어지는 것이 보통이다. 특히, 음모론을 만들어내 주장하고 이에 솔깃하는 사람들은 '세상에 일어나는 모든 일은 절대로 우연적으로 이루어지는 것이 아니다'라고 생각하는 경향이 짙다. 음모론 바이러스에 잘 감염되는 사람들은 따로 있다. 음모론의 내용을 믿고 싶어 하는 성향을 지닌 사람에게만 바이러스가 찾아간다. 음모론 제조자들은 이런 사람들을 노린다. 음모론, 특히 감염병 음모론에 빠지지 않는 지름길은 감염병 역사에서 음모론이 어떻게 나타나서 사라졌는지를 잘 이해하는 것이다.

제 2 부

K-방역에
태클 거는
사회

칼 포퍼(Karl Popper)는 20세기를 대표하는 지성이자 사상가 가운데 한 사람이다. 오스트리아 출신의 그는 1936년 독일 나치의 폭압을 피해 그 당시 서구 지식인들의 주된 망명지인 유럽과 미국이 아닌 지적(知的) 변방인 뉴질랜드로 떠났다. 포퍼는 뉴질랜드대학에서 철학을 가르치면서 기념비적인 책을 냈는데, 그것이 바로 그 유명한 『열린사회와 그 적들 *The Open Society and Its Enemies*』이다. 포퍼가 주창한 열린사회는 전체주의의 대척점에 있다. 열린사회란 전체주의에 대립되는 개인주의 사회이다. 그는 열린사회를 우리가 인간으로 살아남을 수 있는 유일한 사회라고 정의했다.

팬데믹 코로나19는 전 세계를 방역 사회로 전환시켰다. 모든 사회 시스템이 방역에 초점을 맞추는 쪽으로 진화해갔다. 칼 포퍼가 말한 열린사회의 적이 전체주의 즉, 독재자와 그 추종자들이라면 방역 사회의 적들은 비현실적이거나 상황에서 맞지 않는 방역 전략을 고집하는 사람들이라고 할 수 있다. 우리 사회에서도 효과적 방역 전략을 놓고 정치인, 언론인, 전문가 사이에서 한동안 왈가

왈부하는 일이 벌어졌다. 그 첫 번째 논란으로는 중국인 전면 입국 금지를 꼽을 수 있다.

코로나19가 중국에서 시작해 세계로 본격 확산하기 시작하면서 한국 사회에서도 중국인을 전면 입국 금지하라는 목소리가 한쪽에서 줄기차게 터져 나왔다. 『조선일보』를 축으로 한 일부 보수 언론과 미래통합당, 대한의사협회를 중심으로 한 일부 전문가들은 이와 관련해 연합 전선을 펼쳤다. 그들은 코로나19의 국내 확산을 막기 위해서는 중국인 입국 금지가 가장 중요한 관건이라고 이야기했다. 문재인 정권이 친 중국 성향이어서 중국 눈치 보느라 방역의 제1 전략으로 구사해야 할 중국인 입국 전면 금지를 미루고 있다고 지적했다. 그들은 집요하게 이 의제를 붙들어 물고 늘어졌다.

문재인 정부는 중국에서 코로나19가 가장 심각하게 퍼지고 있었던 우한시와 후베이성에서 오는 입국자만 금지하는 부분 봉쇄 전략을 구사했다. 정부는 2020년 2월 4일을 기점으로 14일 이내에 후베이성을 방문했거나 체류한 모든 외국인의 입국을 전면 금지했다. 그동안 중국인 무비자 제도로 많은 중국 관광객들이 드나들었던 제주 지역에 대해서도 무비자 입국 제도 운영을 일시 중지했다. 또 중국에서 들어오는 한국인을 포함해 모든 내외국인을 철저히 파악하고 입국을 최소화하는 '특별 입국 절차' 제도를 시행했다.

문재인 정부가 코로나19 방역에 내세운 원칙은 개방성, 투명성, 민주적 절차였다. 이 원칙은 초기부터 흐트러짐 없이 일관되게 적용됐다. 하지만 보수 언론과 보수 야당 그리고 일부 전문가들은 막무가내였다. 그들은 중국인 전면 입국 금지 주장을 하면서 북한,

몽골, 대만, 러시아 등이 이미 중국에 대해 국경 봉쇄 정책을 폈다는 사실을 강조했다. 이들 나라들은 일찍부터 국경을 막아 코로나19로부터 자국민 보호하기에 나섰는데 왜 우리는 그러지 못하느냐고 다그쳤다. 그들의 말은 심하게 말하면 대한민국을 개방 사회, 열린사회가 아니라 폐쇄 사회로 만들자는 주장이었다. 그들은 폐쇄 사회로 신속하게 가지 않는 문재인 정부를 방역의 걸림돌로 보았다.

그들의 주장은 일부 국민한테서 호응을 얻어냈다. 코로나19 확산 초기부터 '중국인 입국 금지 요청'이란 제목의 국민 청원이 청와대 홈페이지에 등장했다. 우한시에서 코로나19가 급속히 확산돼 확진자와 사망자가 눈덩이처럼 불어나고 중국 정부가 우한시 폐쇄라는 강력한 조치를 내리자 이웃인 우리나라에서도 두려움과 불안이 급속히 퍼져나갔다. 이 때문에 코로나19에 불안감을 느낀 사람들과 문재인 정부에 불만을 줄곧 드러냈던 사람들을 중심으로 청원에 동의하는 사람들이 늘어났다. 이러한 사람들은 한국에서 코로나19가 확산되는 속도와도 비교가 안 될 정도로 불어났다. 2020년 1월 23일 처음 올라온 이 청원은 순식간에 청와대 답변 기준인 20만 명을 훌쩍 넘겼다. 그리고 한 달 만에 총 76만 1,833명의 동의를 얻었다. 청원인은 "중국발 신종코로나바이러스가 확산되고 있다"면서 "북한마저도 중국인 입국을 금지하는데 (중국의) 춘절 기간 동안이라도 한시적 입국 금지를 요청한다. 이미 우리나라에 (코로나19가) 상륙한 뒤에는 늦지 않겠느냐. 선제적 조치가 필요하다"고도 강조했다.

이런 와중에 중국인 입국 금지를 둘러싼 논란은 국회로 확산되었다. 특히 의원들이 중국 일부 지역에서 한국인 입국자에 대해 14일간 강제 격리를 하는데 왜 우리는 이에 대응해 중국인 전면 입국 금지를 하지 않느냐며 다그치는 데 대해 당시 박능후 보건복지부 장관이 답변한 내용이 평지풍파를 일으켰다. 2월 26일 국회에 출석한 박 장관은 "(코로나19가 국내에서 확산한) 가장 큰 원인은 중국에서 들어온 한국인", "대한감염학회도 중국인 전면 입국 금지는 추천하지 않았다"라고 발언했다. 그의 발언은 내용의 사실 여부를 떠나 매우 부적절한 것이었다. 코로나19의 진원지는 중국이기 때문에 한국인한테 문제가 있어 국내에 확산됐다는 것은 그것이 부분적으로 맞는 말이라고 할지라도 적절치 않았다. 감염된 한국인은 중국에서 감염되었든 아니면 2차, 3차의 다른 경로에 의해 감염되었든, 그것과 상관없이 피해자였기 때문이다. 박 장관의 발언은 코로나19로 가뜩이나 불안한 상태에 있는 대다수 국민의 마음을 할퀴었다. 언론은 보수와 진보를 가릴 것 없이 박 장관을 난타했다. 2월 27일 아침에 발행된 주요 일간지의 입국 금지 거부 관련 기사 제목만 보더라도 그가 얼마나 심하게 십자포화 공격을 받았는가를 여실히 알 수 있다.

『경향신문』"한국은 자제했는데…중 지방정부, 한국인 승객 잇단 강제 격리"(4면)

『국민일보』"'중국인 입국 금지' 귀막은 靑, 대체 왜?"(1면)

『동아일보』"박능후 '감염 확산 최대 원인은 中서 온 한국인' 강경

화 '中의 한국인 격리는 간섭할 일 아니다'"(1면)

『서울신문』 "코로나 외교가 없다"(3면)

『세계일보』 "中 10여 개 성·시도 한국인 통제 조치"(1면)

『조선일보』 "37일만에 1,261명…감염학회 4가지 경고, 현실이 됐다"(1면)

『중앙일보』 "박능후 '코로나 가장 큰 원인은 중국서 들어온 한국인'"(3면)

『한겨레』 "한국발 입국 제한 늘어가는데 느려터진 '외교부 정보 알림'"(6면)

『한국일보』 "'여기는 한국인 집' 차별 딱지 붙이는 中 공안"(1면)

여론의 분위기도 매우 나쁜 쪽으로 흘러갔다. 청와대는 마냥 모르쇠로 있을 수 없는 상황에 이르렀다. 청와대는 이날 서면 브리핑에서 중국인 전면 입국 금지를 하지 않은 이유로 방역당국의 특별 입국 절차가 실효적으로 작동한다는 점, 중국인 입국자가 안정적으로 관리되고 있다는 점, 중국인 입국자 수가 현저하게 감소한 점, 중국 내 확진자 수가 큰 폭으로 줄어든 점 등을 꼽았다. 강민석 청와대 대변인은 "중국인 입국을 전면 금지하지 않은 건 방역의 실효적 측면과 국민의 이익을 냉정하게 고려한 것"이라고 강조했다. 그는 또 중국인 입국을 전면 금지하지 않는 것이 '중국 눈치 보기'라는 일각의 주장에 유감의 뜻을 표하기도 했다.

'중국 눈치 보기'라는 주장은 국민의 정서를 자극하기 딱 좋은 표현이다. 반독재 민주화 투쟁 시절 '미국 사대주의', '미국 눈치 보기'라는 말을 운동권 내지 민주화 운동 세력이 즐겨 사용해왔지 않은가. 이와 유사하게 보수 세력 쪽에서 문재인 정부는 '중국 사대주의 정권'이라는 말을 하고 싶었던 것이다. 이를 통해 보수 세력을 뭉치게 하고 당시 얼마 남지 않은 총선에서 유리한 고지를 점령할 수 있다고 생각했을 수 있다.

이 일로 박 장관은 3월 4일 '법치주의 바로 세우기 행동연대'라는 단체에 의해 '상해 및 감염병 예방법 위반, 미필적 고의에 의한 살인' 혐의로 검찰에 고발됐다. 이 단체는 코로나19 감염 의심 중국인이 중국 전역에 퍼져 있는 현실을 감안하면 박 장관은 중국인 입국을 금지할 작위의무가 있었지만 이를 무시했다고 주장했다. 박 장관은 중국인 전면 입국 금지를 하지 않아 이로 인해 희생자가 발생하더라도 어쩔 수 없다는 내심의 의사가 있었다고 볼 수밖에 없다며 고발 배경을 밝혔다. 물론 이 고발이 실제 형사 처벌로 이어질 가능성은 매우 낮다. 하지만 당시 문재인 정부로서는 매우 곤혹스런 일이었을 것이다.

이는 중국인 입국 금지 청원에 대해 청와대가 답변한 내용에서 묻어나 있다. 강정수 청와대 디지털소통센터장은 청원 동의자가 20만 명이 넘을 경우 답변하게 돼 있는 규정에 따라 3월 20일 청와대 국민청원 게시판에 영상 답변을 올렸다. 그는 "코로나19와 관련한 여러분의 우려와 불안을 엄중히 받아들인다. 국가적 위기와 재난 앞에서 단합된 힘으로 맞섰던 국민 여러분과 함께 반드시 이겨낼 것"이라며 "다시 한 번 국민의 생명과 건강을 지키기 위해 노심초사 헌신하는 모든 분들의 노고에 존경과 감사의 인사를 드리고,

배려와 연대로 고통을 나누고 희망을 키워내는 국민 여러분의 높은 시민의식에도 깊은 감사를 전한다"고 덧붙였다. 청원을 한 사람들에 대해 정면으로 반박하기보다는 청원에 동의하기까지 국민들이 겪었을 심리적 불안을 이해한다고 말한 것이다. 이것은 높은 시민의식을 부추기는 쪽의 우회 전략을 구사한 것이라고 볼 수 있다.

　중국인 전면 입국 금지 논란은 자칫 우리 사회의 분열을 조장하고 방역에 큰 걸림돌이 될 수 있는 사안이었다. 정부는 초지일관으로 이 문제에 대해 정면으로 부딪혔다. 다행히 대구·경북 지역 확산 사태가 진정되어갔다. 그리고 중국인 입국 전면 금지를 했던 국가에서 외려 확진자가 눈덩이처럼 불어나면서 논란은 슬그머니 사라졌다. 특히 4·15 총선이 야당의 참패로 끝나자 집요하게 이 문제를 물고 늘어졌던 언론, 전문가, 의사단체, 야당 등 어느 누구도 이를 더는 거론하지 않았다. 중국인 입국 금지냐, 아니냐가 중요한 것이 아니라 감염자를 얼마나 조기에 찾아내 2차, 3차 전파를 조금이라도 더 일찍 막아내느냐가 더 중요한 방역 전략임이 그 뒤 벌어진 일들을 통해 입증되었다.

코로나19와의 전쟁이 한창인데도 트로트 열풍이 한국 사회를 강타했다. 트로트 전성시대다. "지금부터 뛰어. 앞만 보고 뛰어. 내 인생에 태클을 걸지 마!" 트로트 가수 진성은 〈태클을 걸지 마〉를 열창하며 인기 가수로 발돋움했다. 잘 나가던 인생에 태클이 걸리면 낭패를 겪게 된다. 태클은 축구 경기에서 매우 중요한 분수령을 만들기도 한다. 태클을 잘 걸면 상대방의 공격을 단숨에 무너뜨려 득점 기회를 무산시킬 수 있다. 하지만 태클을 잘못 걸면 심할 경우 '레드카드'를 받아 퇴장해야 하기도 하고, 상대방 팀에게 페널티킥을 내어주기도 한다. 태클은 기회이자 위기다. 태클은 위기를 벗어나기 위한 과감한 행동이지만 외려 더 큰 위기를 자초할 수 있기 때문이다. 따라서 태클은 늘 조심스럽게 이루어져야 한다. 또 정교하게 이루어져야만 효과를 발휘할 수 있다.

코로나19와의 전쟁에서 방역은 앞만 보고 뛰기에도 벅차다. 태클이 걸리면 앞으로 내달리는 데 큰 지장을 받는다. 한데 인간 사회에서는 늘 태클을 걸려는 사람이나 집단이 있다. K-방역의 핵심 가운데 하나인 코로나19 검사에 대해서도 태클을 거는 사건이 벌어졌다.

코로나19 방역에 정확한 진단 키트를 사용해 신속하게 감염자를 가려내는 작업은 가장 기본이 되는 일이자 매우 중요한 과정이다. 이때 진단 키트가 제대로 작동하지 않아 감염자를 비감염자로 또는 비감염자를 감염자로 판정한다면 정말 큰 낭패가 아닐 수 없다. 그렇게 되면 감염자가 거리를 활보하게 되고, 비감염자가 격리되는 경우가 생길 수 있다. 이처럼 진단 키트의 생명은 정확성이다.

그런데 우리나라 코로나19 진단 키트의 신뢰성에 의문을 던지는 일이 벌어졌다. 발단은 미국의 한 하원의원의 코로나19 청문회 발언에서 나왔다. 공화당 소속의 마크 그린 미국 하원의원은 코로나19 청문회에서 미국 식품의약국(FDA)이 한국 진단 키트에 대해 정확도가 떨어진다는 이유로 불합격 판정을 내렸다고 한 것이다. 이 소식을 즉각 국내에 전한 사람은 기자 출신의 홍혜걸 박사였다. 그리고 여기에 『한국일보』도 가세를 했다.

먼저 홍혜걸 박사가 왜 이 사건에 휘말렸는지 그 과정을 살펴보자. 홍 박사는 『중앙일보』의학 전문 기자 출신의 의학 박사다. 그는 기자 시절부터 여러 텔레비전과 라디오 방송의 건강 프로그램 진행을 맡아와 대중에게 널리 알려진 인물이었다. 그는 황우석 스캔들에 휘말려 기자 생활을 그만두고 난 뒤, 광고 모델로 활동하거나 각종 예능 프로그램에 출연해 인기 연예인 못지않은 유명세를 떨치고 있었다. 그는 코로나19 사태가 벌어진 뒤 TV 조선 등 여러 방송에 출연했고, 자신이 운영하는 인터넷 의학 전문 채널 '비온뒤'

를 통해 코로나19와 관련한 소식과 자신의 주장을 피력해왔다.

홍 박사는 마크 그린 하원의원의 발언 소식을 전해 듣자마자 바로 자신의 페이스북에 글을 올렸다. 내용은 세계에서 찬사를 받고 있는 우리나라 코로나19 진단 키트에 심각한 문제가 있을 수 있다는 것이었다. 그가 올린 내용이 사실이라면 대한민국은 큰 타격을 입을 수밖에 없었다. 지금까지 해왔던 검사 결과가 말짱 도루묵이 되기 때문이었다.

하지만 홍혜걸 박사가 올린 내용은 하루도 못 돼 중앙방역대책본부에 의해 난타를 당했다. 특히 진보와 보수 인사를 가리지 않고 사안을 중심으로 매서운 비판을 가하고 있는 진중권 전 동양대 교수가 이와 관련해 나서서 홍혜걸의 발에 과감하게 태클을 걸었다. 그는 페이스북을 통해 홍혜걸 박사에게 "의학적 조언도 야메(엉터리) 말고 정품으로 하라"고 저격했다. 그의 저격은 정밀 타격이었다. 영점 조정이 잘 이루어져 탄착군을 정확하게 만들었다. 대중의 관심을 끌기에 충분했다. 홍 박사는 즉각 "사실 관계를 확인하자는 차원에서 한 말"이라고 한발 물러섰다. 그리고 자신을 가짜 뉴스 생산자로 모는 마녀사냥을 당했다고 항변했다. 과연 당시 그는 억울했던 걸까? 진 교수가 헛다리를 짚고 지나친 비판을 했던 것일까? 아니면 홍 박사의 행태에 실제로 문제가 있었던 걸까? 사건의 경위와 실체적 진실은 그리 어렵지 않게 곧바로 드러날 수 있는 문제였다. 질병관리본부와 바이러스 검사 전문가 등을 취재하면 되는 것이었다.

누가 올바른 언행을 했는가는 사건의 발단부터 진행까지의 과정을 찬찬히 따져보면 알 수 있다. 먼저 발단으로 돌아가보자. 미국 방송 NBC는 "미국 하원의원인 마크 그린 공화당 의원이 미국 식품의약국은 서면 답변에서 한국의 (코로나19) 진단 키트가 적절(adequate)하지 않으며, 식품의약국은 비상용으로라도 이 키트가 미국에서 사용되는 것에 동의하지 않는다고 했다고 말했다. 한국 진단 키트는 단일 '면역글로불린항체(immunoglobulin)'만 검사하지만 미국 것은 복수의 항체를 검사한다고 밝혔다"는 소식을 전했다. 한마디로 미국뿐만 아니라 세계적 권위를 인정받고 있는 미국 식품의약국이 한국의 코로나19 진단 키트를 신뢰하지 않는다는 주장을 전한 것이다. 이 소식을 접한 홍 박사가 이를 자신의 페이스북에 서둘러 소개하며 "국산 신종코로나바이러스 감염증 진단 키트가 미국 식품의약국 기준에 맞지 않을 수도 있다"는 의혹을 제기한 것이다.

그는 한국 진단 키트의 정확도에 대한 자신의 문제 제기에 대해 질병관리본부와 다른 전문가들이 비판하기 시작하자, "(미 의회에서 나온) 이런 충격적 발언이 생중계 영상을 통해 전 세계에 알려졌으니 진위 파악이 있어야 한다고 생각했다"고 해명했다. 그는 또 "안 그래도 (우리나라 진단 키트의) 위음성(false negative) 문제가 계속 지적되어왔다"는 말도 덧붙였다. 홍 박사는 "나의 편견이 개입된 것은 아닌지 이 분야 전문가에게도 물어봤는데 그분도 나와 같은 생각이었다"는 말도 했다. 자기만의 생각이 아니라 다른 전문가도 한국 진단 키트에 문제가 있다는 말을 했다는 뉘앙스였다. 자기는 페이스북에 글을 올리기 전에 신중하게 사전 주의를 했다는 것이다.

하지만 이러한 주장은 설득력도 없고 논리적이지도 않으며 상식적이지도 않았다. 홍 박사는 자신이 물어보았다는 전문가가 누구인지도 밝히지 않았다. 진짜로 그 사람이 전문가 집단에서도 권위와 신뢰를 받는 인물인지도 우리는 알 수 없다. 홍 박사의 이런 행동이 전문가로서 과연 적절한 행동이었는지 대해서는 고개를 갸웃하지 않을 수 없다. 코로나19 사태 이후 우리나라에서 줄곧 사용해오고 있는 검사법이 신속 유전자검사법이라고 부르는 실시간 RT(Reverse Transcription, 역전사)-PCR(Polymerase Chain Reaction, 중합효소연쇄반응)이라는 사실을 그가 모를 리 없다. 이제는 일반인들 가운데에도 이 검사가 어떤 원리와 과정을 거쳐 이루어지는지 아는 사람들이 많다. 우리나라 방역당국이 확진 검사 결과를 매일 발표하면서 이 검사법을 언급하고 있기 때문에 그만큼 대중들도 많이 알고 있는 것이다. RT-PCR 검사는 일반인들에게도 상식이 된 지 오래기 때문에 그가 다른 검사법과 헷갈렸을 가능성은 제로다. 마크 그린 하원의원과 미국 식품의약국 그리고 NBC 방송도 분명 면역글로불린 항체 검사 이야기를 했다. 즉 면역 검사법 이야기를 한 것이다. RT-PCR의 정확성 문제는 전혀 언급하지 않았다.

사건이 뉴스의 초점이 될 정도로 불거지자 홍 박사는 "(우리나라가 하지 않는) 혈청검사 갖고 식품의약국이 부적합하다고 말하는 것이 이상해 사실 관계를 확인해보자는 것이었다. 그런데 우리 키트가 엉터리라며 열심히 일하는 정부만 비판하느냐고 황당하게 (자신에게) 덧씌우기를 하고 있다"며 자신이 외려 마녀사냥을 당하고 있다고 주장했다.

과연 그럴까. 마녀사냥일까. 자신이 정부를 마녀사냥하려 한 것이 아니라 진중권 교수를 비롯해 다른 사람들이 자신을 마녀사냥하려 한 것일까. 미국 하원의원이 이른바 (한국의) 효소면역측정법(EIA, Enzyme-linked Immunosorbent Assay, 혈청 속에 있는 항원이나 항체를 공유결합시킨 효소를 표지자로 사용해 분석하는 방법)을 문제 삼았다면 이를 근거로 신속 유전자증폭검사법이 아니라 효소면역측정법만 문제 삼아야 했다. 한데 당시 우리나라에서는 코로나19바이러스 검사에 효소면역측정법을 사용하지 않고 있었다. 이는 홍 박사도 너무나 잘 알고 있는 사실이다. 우리 방역당국이 사용하는 코로나19바이러스 검사는 유전자검사법이었다. 효소면역측정검사법에 문제가 있으니 우리가 하고 있는 유전자검사법에도 문제가 있을 것이라는 그의 주장은 상식에도 맞지 않을뿐더러 특히 전문가로서는 도저히 할 수 없는 말이었다. 홍 박사는 사실 관계를 확인하기 위해 미국 방송 내용을 페이스북에 올렸다고 변명했다. 하지만 이는 확인 자체를 전혀 할 필요가 없는 사안이었다. 정말로 사실 관계를 확인하고 싶었으면 질병관리본부에 확인을 하면 된다. 별로 어려운 일이 아니다.

그는 마크 그린 하원의원의 발언을 바탕으로 우리나라 유전자증폭검사 진단 키트가 근본적인 문제를 가지고 있을 수 있다고 생각했다. 이것은 홍 박사가 논란이 불거진 뒤 해명한 "안 그래도 (우리나라 진단 키트의) 위음성 문제가 계속 지적되어왔다"는 말에서 그대로 드러났다. 하지만 그의 말마따나 RT-PCR 진단 키트의 위음성 문제가 계속 지적되어왔다면, 지금까지의 감염자 판정 결과에 심각한 문제가 생길 수 있는 것이었다.

　그는 "RT-PCR이 잘못됐다고 말하는 게 아니다"라고 변명했다. 잘못된 것이 아니라면 그런 글을 올릴 필요가 없다. 이런 변명은 자기모순에 빠진 발언이다. 페이스북은 자신이 알고 있는 정보나 생각을 '페친'들과 실시간으로 소통하는 대표적 사회 관계망 서비스이다. 홍 박사가 올린 놀라운 내용을 페친들이 다른 곳으로 퍼 나르리라는 사실은 불 보듯 뻔한 일이었다. 특히 현 정부나 방역당국이 하고 있는 일에 대해 태클을 걸고 싶어 하는 성향의 사람이나 세력들에게는 '복음'과 같은 이야기였을 것이다. 더구나 당시는 총선이 얼마 남지 않은 시점이었다.

　홍 박사의 글은 질병관리본부뿐만 아니라 누리꾼들로부터도 호된 질책을 받았다. '엘리스'라는 필명의 누리꾼은 "말은 많은데 다 변명. 팩트는 우리 검사에 문제가 없는데 당신이 문제가 있다는 식으로 흘린 거다. 의학 전문 기자라면서 그런 의혹이 있다면 질병관리본부에 팩트 체크부터 했어야지. 그런 기본적인 직업윤리도 없다니……"라고 꼬집었다.

　그래서 나는 홍 박사의 주장과 해명에 대해, 신뢰와 정확성을 조직의 생명처럼 여기는 질병관리본부는 어떤 이야기를 할까가 궁금했다. 질병관리본부에서 코로나19 진단 검사를 맡고 있는 실무책임자에게 전화를 직접 걸어 물었다. 그는 "홍 박사로부터 어떤 전화도 받은 적이 없다. 내가 아는 한 사전에 연락을 받은 사람을 질병관리본부 안에서는 알지 못한다"고 말했다.

　그리고 그는 매우 중요한 증언도 했다. 홍 박사가 "진단 키트의 위음성 문제가 계속 지적되어왔다"고 한 말에 대해 진단 키트의 위음성 논란 자체를 처음 들어본다는 것이었다. 지금까지 어느 전문가나 관련 학회 등에서도 코로나19 진단 키트의 위음성 문제를 거론한 적이 없었다고 그는 말했다. 홍 박사는 위음성 문제가 계속 지적돼왔다고만 주장했지 누구 또는 어느 전문가 집단이 그런 주장을 했는지는 밝히지 않았다. 익명의 누군가를 동원해 자신의 정당성을 주장하는 것은 책임을 회피하기 위한 거짓말과 다를 바 없다. 홍 박사는 그 뒤 많은 시간이 흘렀지만 자신의 주장 즉, "우리나라 진단 키트의 위음성 문제가 계속 지적되어왔다"는 말과 관련해 확실한 물증은커녕 어떤 근거도 제시하지 않았다.

진단 키트 검사에서는 정확도가 매우 중요하다. 정확도는 민감도와 특이도로 이루어진다. 민감도는 음성을 음성으로 잡아내는 정도이고 특이도는 그 반대로 양성을 양성으로 잡아내는 정도다. 민감도가 낮으면 위음성이 많이 생기고 특이도가 낮으면 위양성이 많이 생긴다. 이런 진단 키트는 음성 또는 양성 여부를 최종적으로 가리는 정밀 검사법으로 쓰기 곤란하다.

위음성이 많이 생긴다는 주장은 다시 말해 실제로 감염자임에도 검사에서 음성으로 판정한다는 것이다. 다시 말해 실제로는 감염자인데도 정부한테서 음성 판정을 받고 거리를 활보하며 바이러스를 마구 퍼트리고 다니는 사람이 많다는 이야기다. 정말 어마어마한 일이다. 그는 아마 여기에 '필'이 꽂힌 것 같다. 만약 홍 박사가 아직 기자라면 엄청난 특종을 잡은 것이다. 그는 나중에 엉터리 사기 논문으로 드러난 황우석 줄기세포 성공 사례를『중앙일보』의학 기자 시절 가장 먼저 보도를 한 적이 있다(이와 관련해 그는 기자 윤리에 위배되는 엠바고 파기를 했다는 논란에 휩싸여 곤욕을 치렀다). 기자가 아니라 전문가라 하더라도 만약에 진단 키트의 정확도에 심각한 문제가 있다면 대한민국에서 지금까지 벌어진 모든 것이 뒤죽박죽이 되므로 누구보다 빨리 관련 사실을 알리고 싶은 유혹에 빠질 수 있다. 그것을 나무랄 수는 없다. 실제로 그럴 가능성이 있다면 하루빨리 알리는 것이 전문가가 지녀야 할 태도이자 자세다.

하지만 RT-PCR법은 이미 오랫동안 인간면역결핍바이러스, 사스코로나바이러스, 메르스코로나바이러스 등 여러 RNA바이러스 검사에서 사용되어온 보편적인 방법이다. 또 코로나19와 관련해서도 우리나라뿐만 아니라 세계 모든 나라에서 쓰이고 있는 핵심 검사법이다. 그래서 미국에서 하원의원이 언급한 것은 효소면역측정법이었는데 홍 박사는 앞뒤 재지 않고 현재 시행하고 있는 유전자검사법의 부정확 문제가 아닌가 하고 '오버' 내지 순간 착각을 한 것이 아니냐는 합리적인 추론을 제기해본다. 이런 추론 말고는 질병관리본부에 사실 관계를 물어보는 등 신중한 행동을 해야 함에도 그러지 않은 까닭을 모르겠다.

홍 박사는 "내가 가짜뉴스 생산자? 억울하다. 나는 한 번도 우리 키트가 엉터리라고 말하지 않았다"고 항변한다. 엉터리라고 단정적으로 말하지 않았다 하더라도 페이스북을 보거나 이를 퍼 나른 페친이나 일반 시민들은 분명 엉터리에 방점을 두었을 가능성이 크다. 코로나19와 관련해서도 홍 박사는 여러 방송 활동을 통해 전문가로서 영향력 있는 발언을 해왔기 때문에 이런 내용을 페이스북에 올린다는 것 자체가 엉터리 가능성을 전제로 한 것이라고 보는 것이 합리적인 해석이다. 홍혜걸 박사가 K-방역팀의 핵심 선수인 진단 키트에 태클을 건 것은 결과적으로는 선수에게 아무런 부상을 입히지 못했다. 성공할 수 없는 태클이었기 때문이다. 이 태클은 외려 코로나19 경기에 대한 관전평을 하는 평론가로서 그의 수준을 드러냈다. 그는 신뢰할 수 있는 평론가 집단에서 사실상 퇴출을 당하는 수모를 겪었다.

우리나라에는 홍 박사보다 진단 키트와 관련해 더 전문성을 지닌 사람들이 많이 있다. 그런데 홍 박사와 비슷한 주장을 한 전문가는 없었다. 수많은 언론사 가운데 『한국일보』를 제외한 그 어느 곳에서도 이 문제를 제기하지 않았다. 이 사건은 무조건 문제를 일단 제기해보자는 '발칙한 생각'에 사로잡힌 홍 박사의 무모한 행동이 낳은 해프닝으로 결말이 났다.

홍 박사는 단지 한 개인 또는 한 전문가에 지나지 않는다고 하고 넘어갈 수 없을 정도로 사회적으로 큰 영향력을 과시해왔다. 홍 박사의 이야기를 다소 길게 다룬 것은 이런 연유에서다. 하지만 미국발 한국 검사법 신뢰도와 관련한 이야기는 여기서 그치지 않는다. 더 큰일들이 동시다발로 터져 나왔다. 중앙 일간지에서도 홍 박사와 유사한 보도를 해 언론의 신뢰도에 먹칠을 한 일이 벌어졌다. 『한국일보』에서 이런 일이 벌어졌다. 『한국일보』는 2020년 3월 15일 "미국 식품의약국 '한국 코로나 키트, 비상용으로도 적절치 않다'"라는 제목으로, 미국 NBC 방송이 하원의원인 마크 그린 공화당 의원의 발언을 인용 보도한 것을 외신으로 다루었다.

홍혜걸 박사가 페이스북에 올린 것과 관련해서는 중앙방역대책본부나 사고수습본부가 별다른 입장을 내놓지는 않았다. 하지만 『한국일보』의 보도에 대해서는 그냥 넘길 수 없었다. 이 신문은 공신력을 생명으로 하는 중앙 일간지인 데다 그냥 두면 다른 언론에서도 유사한 내용을 보도할 수 있기 때문에 신속하게 바로잡을 필요성이 있었다. 코로나19 사고수습본부는 『한국일보』 보도 직후에 "우리 정부는 유전자증폭검사법으로 코로나19 확진 여부를 판단 중이며, 미국 의회에서 언급된 내용은 우리가 사용하지 않는 항체검사법에 대한 것입니다"라는 제목을 달아 다음과 같은 내용의 보도자료를 그날 오후 5시께 냈다.

이 기사에서 소개한 미국 의회의 논의는 항체 검사법(기사 내용 중 '면역글로불린항체 검사법')에 대한 것으로, 우리 정부는 코로나19 확진 검사에서 항체 검사법의 정확성이 떨어진다 판단하여 어떠한 항체 검사법도 확진 검사로 인정하지 않고 있습니다. 우리나라는 정부가 인증한 실시간 유전자증폭검사법(RT-PCR)에 의한 검사만을 확진 검사로 인정하고 있습니다.

유전자증폭검사법은 짧은 시간에 쉽게 결과가 나오는 항체 검사법과 비교할 때 검체 채취의 어려움, 긴 검사 시간과 고가의 장비 등의 어려움이 있으나 가장 정확하다고 판단하기 때문에 코로나19 확진 검사로 사용하는 것입니다. 이러한 이유로 정부는 항체 검사법에 대해서는 어떠한 회사의 제품이 확진을 위한 긴급 사용 승인 신청을 하더라도 일절 인정하지 않고 있습니다.

따라서, 신원 미상의 한국 회사가 미국 식품의약국에 신청한 면역글로불린항체 검사법은 우리나라의 코로나19 확진 검사와 무관한 검사로서, 기사 내용 중 "미국 여론에서 호평을 받고 있는 한국의 코로나19 진단 키트를 채용하지 않겠다고 밝혀, 그 배경에 의문이 제기되고 있다", "한미 양국에서 검사법 논란이 불거지는 가운데 국내에서는 최초 검사에서 음성 판정을 받은 사람이 확진 판정을 받는 사례가 이어지고 있다"는 지적과는 어떠한 상관관계도 없음을 알려드립니다.

이 해명 보도자료를 보면 『한국일보』의 보도가 언론으로서 얼마나 기본을 갖추지 않은 자세로 이 사안을 다루었는지를 명확하게 알 수 있다. 국제부에 있는 기자나 담당 데스크는 바이러스 검사법의 과학기술적인 내용에 대해 잘 이해하지 못할 수 있다. 하지만 오보는 잘 모른다고 내는 것은 아니다. 얼마나 성실하게 사물이나 사안을 바라보고 다루느냐에 따라 그 진실성이 드러난다.

『한국일보』는 중앙방역대책본부가 자사 보도를 반박하는 보도자료를 내자 이틀이 지난 뒤 사과를 했다. 『한국일보』는 3월 17일 편집국장 명의로 "지난 15일 온라인 보도가 한국형 진단 키트의 신뢰성과 관련해 불필요한 논란을 야기한 점에 유감을 표한다"며 "마크 그린 하원의원 발언 이외에는 별도로 확인되지 않은 상황에서 '미국 식품의약국, 한국 코로나 키트, 비상용으로도 적절치 않다'라는 제목을 달아 식품의약국 공식 입장인 것처럼 전달했다. 또한 마크 그린 하원의원의 발언을 전후 맥락을 검증하지 않은 상태에서 보도해 한국형 진단 키트의 신뢰성 논란을 초래했다"고 잘못을 시인했다.

『한국일보』는 이런 오보에 대해 관련 간부를 구두 경고하는 것으로 사건을 마무리했다. 그리고 실질적인 징계는 하지 않았다. 이 신문사는 오보를 이유로 징계를 포함한 인사위원회 절차를 밟은 전례가 없고, 추후 편집권 독립 가치를 흔들 수 있는 선례를 남길 수 있다며 이같은 조치를 내리는 데 그쳤다. 한국에서는 이 신문사뿐만 아니라 거의 모든 언론사가 자신들이 저지른 오보에 대해서는 매우 관대하다. 이를 엄격하게 처벌하면 재발 방지에 큰 도움이 되는 것을 알고 있지만 그렇게 하려면 실무자뿐만 아니라 데스크 등 간부들도 징계해야 하며 선례를 만들어놓으면 오보가 잦은 한국 언론의 현실에서 치부가 드러나기 때문이다. 그래서 『한국일보』가 검사 진단 도구와 관련해 오보성 기사를 내보낸 것보다 몇 배, 몇십 배 더 심각하고 명백한 오보가 언론사에서 발생하더라도 대개 그냥 눈감고 지나가거나 관련자를 다른 부서에 배치하는 등의 조치로 무마하는 것이 관행으로 되어 있다. 물론 잘못되어도 너무나 잘못된 관행이다.

코로나19 진단 검사와 관련한 언론의 마구잡이 태클은 여기서 그치지 않았다. 월간 『신동아』 4월호는 "[단독] 질본, 코로나 검사 대상 축소 추진 의혹"이란 제목으로 방역당국이 2020년 3월 2일 코로나19 의심 환자 사례 정의를 다시 바꾸면서(7판) 검사 대상자의 범위를 대폭 축소했으며 이는 검사 수를 줄이기 위한 것이라고 지적했다. 『신동아』는 질병관리본부장을 지낸 전병률 차의과

대학 교수와 김우주 고려대 구로병원 감염내과 교수 등 감염병과 관련해 우리나라에서 가장 경험이 많은 전문가들의 말을 빌려 정부의 이런 사례 정의 변경에 대해 음모론적인 기사를 썼다. 이들 전문가가 기자의 어떤 질문에 어떤 대답을 했는지는 정확하게 알기 어렵다. 다만 질병관리본부의 해명을 들어보면 아무런 문제가 되지 않는 것을 주제로 잡아 한쪽 방향으로 몰고 갔다는 생각을 지울 수 없다.

조사 대상자 유증상자 항목 1번에서 사례 정의 6판은 '의사 소견에 따라 코로나19가 의심되는 자'로 되어 있었으나 7판은 '의사 소견에 따라 원인 미상 폐렴 등 코로나19가 의심되는 자'로 바꾼 것이 음모론의 발단이 됐다. 이를 두고 전문가들은 "일반인한테는 별 것 아닌 듯 보일지 모른다. 하지만 현장 의사들에게는 매우 큰 변화"라고 지적했다고 이 잡지는 보도했다.

『신동아』가 반론 차원에서 끝에 잠깐 언급한 질병관리본부 관계자의 말을 액면 그대로 받아들이면 아무런 문제가 없는 사례 정의 변경이었다. "7판 사례 정의 변경을 통해 진단 검사 대상이 축소됐다는 의혹은 사실이 아니다. 현장 의사들이 코로나19 의심 소견을 낼 때 참고할 증상이 있으면 좋겠다고 해 '원인 미상 폐렴'을 예시로 넣었을 뿐이며 그 뒤에 '등'이 있기 때문에 의사 판단의 재량권은 여전히 유지된다"고 밝혔기 때문이다. 질병관리본부가 사례 정의를 변경한 이유를 설명한 것을 보면 매우 설득력이 있다. 설득력이 없으려면 실제로 일선 현장에서 의사가 의심 증상을 확실하게 진단했음에도 이 조항 때문에 검사 의뢰를 하지 않는 경우가 크게 늘어나야만 한다. 하지만 그런 사례는 없었다. 다시 말해 이런 기사는 전형적으로 태클을 걸기 위한 태클에 해당하는 것이며 전문가들은 이 언론사의 들러리가 된 격이 됐다.

문제는 이 기사를 쓴 것이 한 번의 해프닝으로 끝나지 않고 나중에 중앙 일간지 등에서 다시 거론되었다는 점이다. 이 사례 정의 변경 건은 4·15 총선을 앞두고 확진자 발생 수를 실제보다 축소하기 위해 검사 수를 줄이는 수단이 됐다는 엄청난 음모론으로 확대 재생산되었다. 4·15 총선을 앞두고 정부가 방역 성과를 홍보하기 위해 검사 건수를 축소한다는 주장이 제기됐지만, 정부는 사실이 아니라고 반박했다.

한 의사는 자신의 페이스북에 글을 올렸다가 지웠다. "(의사가) 검사를 안 하고, 아니 (정부가) 못 하게 하고 있다. 총선 전까지는 검사도 확진도 늘지 않을 것 같습니다. 이전에는 의사 소견에 의심되면 검사가 가능했는데 지금은 CT나 X-ray에서 폐렴이 보여야 검사가 되고, 그냥 하려면 16만 원이 부담되기 때문에 노인들은 대부분 검사를 거부합니다. 요양병원에서 확진자가 나오면 병원을 처벌하고 손해 배상을 청구하겠다며 엄포를 놓고 있고요"라고 주장한 글이다.

이후 정부가 하는 일에 대해 어떻게 해서라도 딴죽을 걸어야 직성이 풀리는 몇몇 매체들이 잇따라 '총선 전 코로나19 검사 축소 의혹'을 보도했다. 더군다나 선거가 며칠 남지 않은 코앞에 이런 보도를 했다. 정부는 4월 11일 이에 대한 해명을 내놓았다. 『신동아』에 보도에 해명한 내용 그대로였다. '원인 미상 폐렴'은 대표적인 '코로나 의심 증상'의 예시일 뿐 의사 판단에 따라 누구든 검사를 할 수 있다는 바로 그 내용이다. 보통 때 같으면 정부의 해명이 논리적이고 설득력이 있으면 이를 반박할 수 있는 확실한 물증이 없는 이상 더 이상 보도하지 않아왔다. 하지만 여당의 압승이 예상되는 시점에서 정부와 여당을 별로 탐탁지 않게 여기는 일부 언론은 아니면 말고 식 '총선 전 코로나19 검사 축소 의혹'에 대한 보도를 이어갔다. 3월 29일부터 4월 4일까지 하루 평균 9,584건이던 코로나19 의심 신고 건수가 4월 5일에서 11일까지 기간에는 7,627건으로 줄어들었다는 통계 수치를 들먹이며 음모론을 펼쳤다. 『중앙일보』 장세정 논설위원은 선거를 이틀 앞둔 13일 '장세정 논설위원이 간다'는 칼럼에서 "총선이 다가오자 코로나 검사가 마술처럼 급감했다"며 의혹을 제기했다.

　　보건복지부 차관인 김강립 중앙재난안전대책본부 1총괄조정관은 같은 날 정례 브리핑에서 "오늘 일부 언론사에서 '총선이 다가오자 (정부가) 신규 확진 환자 발생을 줄이려고 검사 건수를 축소한다'는 보도가 있었다. 이틀 전 브리핑을 통해 전혀 사실이 아님을 설명했는데도 보도가 나간 것에 대해 매우 안타깝고 강한 유감의 뜻을 전한다"고 밝혔다. 정은경 중앙방역대책본부장도 이날 "방역당국이 코로나19 진단 검사량을 인위적으로 줄이거나 개입한 적은 없고, 또 의사의 임상적인 판단에 개입하는 것은 가능하지 않다"고 의혹 제기가 근거 없음을 말했다. 방역당국은 의심 신고 건수가 줄어든 것은 집단 발생 감소 등으로 조사 대상자가 줄었기 때문이라고 설명했다.

국산 진단 키트 내지 검사에 대한 흠집 내기는 여기서 그치지 않았다. 종편 방송인 채널A는 2020년 4월 24일 한국산 코로나19 진단 키트가 불량하며 불량률이 70~80% 정도 된다는 내용을 보도했다. 이 방송은 '단독'을 강조하며 이를 보도했다. 단독이란 말은 다른 언론사가 한 번도 다루지 않았다거나 숨겨진 것을 보도한다는 생각을 시청자나 독자가 하도록 만들기 위해 언론이 즐겨 쓰는 용어이다. 하지만 실은 이 보도에 앞서 4월 20일, 그러니까 나흘 전에 식품의약품안전처가 보도 자료로 낸 내용을 재가공해 다룬 것에 지나지 않았다.

식품의약품안전처는 4월 20일, '검체 수송 배지(培地) 영업자 회수 조치'란 제목의 보도 자료를 내 의료 기기 제조업체인 아산제약이 제조 판매한 '검체 수송 배지' 중 4월 1일자 생산 일부 제조번호에서 변색되는 품질 불량이 있었고 4월 16일부터 영업자 자진 회수를 진행하고 있다고 밝혔다. 이 보도 자료를 보면 수송 배지가 어떻게 쓰이는지도 말하고, 불량품은 육안 구분이 쉬워 의료 기관에서 불량품을 사용할 가능성이 없다는 말도 자세하게 덧붙였다. 그래서 통신사인 뉴시스('검체 수송 배지 2만 6천여 개 영업자 회수 조치'), 뉴스1('식약처, 노랗게 변한 코로나19 검체 수송 배지 쓰지 마세요') 등 많은 매체가 4월 20일 이를 즉각 보도한 바 있다.

그런데 채널A는 '자다가 봉창 두드리는 격'으로 국산 코로나19 진단 키트가 심각하게 불량해 지금까지 이루어진 검사가 모두 잘못됐다는 오해를 할 수 있도록 하는, 사실상의 오보성 기사를 내보낸 것이다. 물론 다른 언론은 이런 식의 보도를 하지 않아 그 파장은 작았다. 진단 키트에 대한 이해 부족이 빚은 해프닝이었다. 하지만 그 어떤 해프닝도 적어도 책임 있는 언론이라면 해서는 안 되는 일이다. 채널A가 다른 사안이긴 하지만 『한국일보』처럼 시청자에게 사과했다거나 오보를 정정했다는 이야기는 듣지 못했다.

현대 사회는 정보가 넘쳐나는 세상이다. 진짜와 가짜를 구별하는 것이 쉽지 않다. 그래서 특히 신뢰성을 지향하는 언론이나 전문가라면 그리고 그 내용이 엄청난 파장을 불러올 가능성이 다분하다면 매우 차분하고 꼼꼼하게 사실 여부를 파악하는 것이 먼저다. 그렇지 않으면 흥분해 내지른 것이 비수가 되어 부메랑으로 자신을 찌른다. 가짜 뉴스는 악마가 되어 늘 우리에게 속삭인다. 혹 자신이 가짜 뉴스에 속을 수 있다고 생각하는 사람은 인문학자 김경집이 언론에 기고한 글을 머리에 담아 새길 필요가 있다.

"정보가 넘치는 세상이다. 그런데도 언제나 정보에 목말라한다. 그러나 정작 그게 옳은지 그른지는 따지지 않는다. 그 틈을 비집고 온갖 거짓 뉴스가 횡행한다. 거짓 뉴스일수록 그럴듯하고 선동적이다. 노골적인 목적성을 띠고 있기 때문에 눈여겨 살피면 걸러낼 수 있는데도 인지 부조화를 넘어 확증 편향에 빠진 상태에서는 가뭄의 단비 같기만 하다. 그걸 좋다고 사방팔방 퍼뜨린다. 심지어 '사명감'에 불타서."

마스크 대란은 K-방역의 최대 오점으로 남았다. 신천지 교회를 중심으로 폭발했던 코로나19 대구·경북 지역 대확산은 예측하기 어려운 측면이 있었다고 할 수 있다. 하지만 마스크 대란은 충분히 예견된 것이었고 대란까지는 이어지지 않도록 할 수 있는 시간적 여유도 있었다. 최대 오점이라고 평가하는 까닭이 여기에 있다. 지금은 언제 그런 파문이 있었느냐는 듯이 조용하다. 그렇다면 당시도 지금처럼 할 수 있었다는 것이다. 대만의 사례만 잘 파악해 우리의 것으로 벤치마킹만 했더라도 대란은 없었을 터이다.

이제는 마스크 대란을 입에 올리는 이들도, 이를 떠올리는 이들도 많지 않다. 하지만 우리는 이런 실패를 교훈으로 삼아야만 유사한 일을 겪지 않는다. 마스크 대란이 빚어진 이면을 분석하고 돌아봐야만 앞으로 또 겪게 될지 모를, 마스크 대란과 직접 관련이 없는 비슷한 성격의 일까지 예방할 수 있다. 마스크 대란이 일어난 속살까지 현미경으로 샅샅이 관찰해야 하는 까닭이 여기에 있다. 마스크 대란의 발발과 그 극복 과정을 연대기 순으로 살펴보자.

2020년 2월 27일 대구 지역의 첫 코로나19 확진자가 나왔다. 전국적으로는 31번째 환자였다. 이 60대 여성은 단순히 한 명의 환자가 아니었다. 나중에 드러난 사실이지만 그는 신천지 교회 신도였다. 신천지 교회는 은밀한 자신들만의 집단을 형성해 잦은 친교를 하며 밀집 예배를 하는 곳으로 코로나19바이러스가 확산될 수 있는 최적의 집단이었다. 한 집단에서 수천 명의 확진자가 나왔다. 전 세계 어디에서도 이런 사례는 보기 드물다.

31번 환자가 알려진 뒤 며칠 사이 눈덩이처럼 확진자가 쏟아졌다. 신천지 교회 신도들과 그들과 접촉한 사람 그리고 경북 청도 대남병원 사람들, 장애인 시설에 있는 사람들, 성지 순례를 단체로 다녀온 사람들 곳곳에서 확진자가 계속 쏟아졌다. 언론은 앞다퉈 이를 대서특필했다. 신문은 이 문제를 3개 면 내지 5개 면에서 길게 다루었다. 방송사들은 뉴스의 3분의 2를 코로나19 보도에 할애했다. YTN 등 뉴스 전문 채널과 종편 등도 하루 종일 코로나19 이야기만 해댔다. 시민들은 시도 때도 없이 휴대폰에서 울리는 재난 문자 경보음을 들었다. 밤낮 가리지 않았다. 불안감은 점점 그 강도가 세졌다.

정부는 방역 생활 수칙 1번으로 외출할 때 반드시 마스크를 착용하도록 홍보했다. 시민들은 마스크가 코로나19를 예방할 수 있는 가장 효과적인 수단으로 여기기 시작했다. 재빠른 사람들은 마스크를 사재기했다. 이 시기 중국 우한시는 봉쇄됐지만 다른 지역에 있던 관광객들이 국내로 들어왔다. 중국 관광객과 보따리장수는 수천 내지 수만 장의 한국산 보건용 마스크를 구입해 자기 나라로 돌아갔다. 관광객들은 서울 명동, 남대문 등지에서 약국 등을 돌며 마스크를 싹쓸이해갔다.

시중의 마스크는 순식간에 팔려나가 동이 났다. 마스크 값은 천정부지로 치솟았다. 5백 원, 1천 원 하던 것이 순식간에 3천 원, 5천 원으로 뛰었다. 온라인에서는 6천 원에 팔기도 했다. 일부 악덕 유통업체는 수백만 장의 마스크를 쌓아놓고 팔지 않았다. 가격이 더 오른 뒤 팔아 이윤을 최대한 챙기겠다는 상술이 발동한 것이다. 마스크가 부족한 중국 유통업체는 수억 원을 미리 내고 한국에서 마스크를 구입하기도 했다. 그러니 가격이 문제가 아니었다. 사고 싶어도 살 수가 없었다. 1인당 2매를 파는 마스크를 구입하기 위해 새벽부터 장사진을 쳤다. 마스크를 구입하기 위해 마트 앞에 선 긴 줄은 수백 미터나 됐다. 마스크 한두 개를 구입하려고 몇 시간씩 줄을 서는 일은 처음 보는 낯선 광경이었다.

이를 본 외국에서도 진풍경이라고 했다. 외신들도 앞다퉈 한국의 마스크 대란과 끝이 안 보일 정도로 긴 줄과 사람들이 다닥다닥 서 있는 모습을 사진과 영상으로도 보도했다. 하지만 그때까지만 해도 외국 언론인들도 자신들의 나라에서 환자와 사망자가 수십 배 내지 수백 배 더 많이 나올 줄 몰랐다. 그리고 그들 나라에서도 마스크 구입 전쟁이 벌어졌다. 미국, 유럽 등에 살고 있는 자녀 등을 둔 가정은 정기적으로 마스크를 국제 소포로 보내야만 했다.

마스크 대란은 열흘 넘게 이어졌다. 문재인 정부에 대해 호의적인 생각을 지닌 지지층마저 이 때문에 이탈 조짐을 보였다. 문재인 대통령은 마스크 대란이 계속되자 3월 3일 결국 국무회의에서 국민에게 사과했다. "마스크를 신속하게 그리고 충분히 공급하지 못해 불편을 끼친 점에 대해 국민들께 매우 송구하게 생각합니다." 그리고 추가 혼란을 막기 위해 코로나19 대응 시스템을 24시간 비상 체제로 전환하고, 모든 장관에게 책상 앞이 아니라 현장으로 나가 상황을 챙기라고 다그쳤다. 평소 차분하고 아랫사람들을 심하게 질책하지 않는 스타일이었던 문 대통령은 이날 "(마스크 문제를) 대단히 심각하다고 인식하라. 정부가 감수성 있게 느꼈는지 의심스럽다"고 목소리를 높였다. 이는 전적으로 맞는 지적이었다. 식품의약품안전처장 등 관계 부처 고위 간부가 한두 번이라도 마스크 공급에 대해 고민하고 현장에 나가 생산 실태와 유통 실태, 국민의 불안 심리 등을 제대로만 살폈어도 그 지경까지 이르지는 않았을 터이니 말이다.

마침내 3월 6일 공적 마스크 구매 5부제가 실시됐다. 전국 2만 4천여 약국에서 1인당 출생 연도별로 지정한 요일에 2매씩 구입할 수 있도록 한 제도다. 약국은 국민건강보험 제도에 따라 컴퓨터에 의약품 처방 조제 지원 시스템이라고도 하는 DUR(Drug Utilization Review, 약물복용이력조회) 프로그램을 갖추고 있다. 약물 오남용을 막아 국민의 건강을 보호하기 위한 시스템으로 실시간으로 그가 어떤 약을 언제 어디서 구입했는지를 파악할 수 있다. 이 시스템을 활용하면 누가 언제 마스크를 구입했는지 바로 파악할 수 있다. 다시 말해 1주일에 두 번씩 마스크를 사거나 본인 해당 요일이 아닌데 구매하려 할 때 이를 파악할 수 있다. 전국민건강보험이 뜻하지 않게 감염병 창궐 시대 마스크 대란 해결에 일등공신 노릇을 한 것이다.

코로나19 모범국 중의 모범국인 대만은 한국과 더불어 모든 국민을 하나로 묶어 전국민건강보험을 시행해오고 있는 나라다. 우리나라에서 10여 년 전부터 시행하고 있는 암, 장기이식, 심장 질환 등 중증 질환자에 대한 진료비 본인 부담 5~10% 제도는 실은 대만에서 먼저 시행해오던 것을 벤치마킹한 것이다. 두 나라는 매년 정기적으로 양국을 오가며 서로의 제도에 대해 배우고 교류해오고 있다. 적어도 국민건강보험과 관련해서는 한국과 대만은 형제국이다. 필자는 2005년 국민건강보험공단 상임이사로 있을 때 대만과 정기적인 교류를 했었다. 그래서 당시 대만에서 크게 환대를 받으며 양국의 경험을 나누었던 기억이 아직도 생생하게 남아 있다.

대만은 2002년부터 2003년까지 사스 대유행 때 상당한 타격을 받았다. 5,327명의 환자가 발생해 349명이 숨진 중국, 1,755명의 환자가 발생해 299명이 숨진 홍콩에 이어 많은 환자와 사망자가 대만에서 발생했다. 대만의 사스 환자는 346명이었으며 사망자는 73명을 기록했다. 치명률은 중국, 홍콩보다 더 높은 21.1%였다. 대만은 사스로 호되게 당한 뒤 보건·방역 시스템을 크게 개선했다. 중국 본토와 교류가 많아 중국에서 코로나19와 같은 전염력이 강하고 치명적인 감염병 유행이 일어나면 대만은 즉각 영향을 받기 쉽다. 대만 정부는 중국 우한시에서 원인 모를 폐렴(나중에 코로나19로 밝혀졌다)이 발생했다는 소식을 듣자마자 즉각 긴급 대응에 들어갔다. 마스크 대책도 포함돼 있었다. 대만 당국은 올 1월부터 마스크 품귀 현상이 이어지자 매점매석을 막기 위해 '마스크 실명제'

를 실시했다. 코로나19 발생 초기인 1월 24일 의료용 마스크에 대해 수출 금지 조치를 내렸다. 마스크 생산 라인을 늘려 증산에 나섰다. 그래도 늘어나는 수요 폭증을 견디기 어려웠다. 품귀 현상이 나타났다. 그래서 마스크 유통 창구를 약국으로 통일했다. 시민들은 약국에 의료보험 카드를 제시한 후 1주일에 어른 한 명당 2장, 어린이는 4장까지 마스크를 살 수 있었다. 대만은 마스크 가격도 통제에 들어갔다. 대만 정보통신(IT) 기술자들은 약국의 마스크 재고를 알 수 있게 실시간으로 안내해주는 스마트폰 앱과 인터넷 사이트를 개발했다. 그 덕분에 시민들은 따로 긴 줄을 설 필요 없이 마스크를 살 수 있는 약국을 찾아갈 수 있었다.

대만 정부가 할 수 있었던 것을 우리는 하지 못했다. 정말 뼈아픈 지적이다. 뒤늦게 대만의 시스템을 응용한 공적 마스크 5부제를 실시했지만 첫날부터 삐걱거렸다. 마스크가 약국에 제때 공급되지 않아 많은 시민들이 허탕을 쳤다. 시민의 분노는 수그러들지 않았다. 정부는 또 한 번 사과를 해야 했다. 약국마다 긴 줄을 섰다. 조금이라도 늦게 도착하면 순식간에 팔린 탓에 발걸음을 돌려야 했다. 어떤 시민은 이 약국, 저 약국 대여섯 곳을 다녀도 사지 못했다. 수요에 비해 공급이 달렸기 때문이다. 국내에서 생산할 수 있는 보건용 마스크, 즉 KF-80과 KF-94는 최대한 생산해도 하루 1천만 개 정도였다. 이 가운데 긴급한 의료용을 빼고 나면 대략 국민 1인당 일주일에 한 개만 줄 수 있었다. 누군가는 양보해야 하는 형편이었다. 김상조 청와대 정책실장은 〈KBS 뉴스9〉에 출연해 "의료인들이나 대구·경북에 계신 분들, 취약 계층 등에 필수적으로 공급해야 하는 물량을 빼면 일주일 생산량이 5천만 장 남짓으로, 국민 모두에게 일주일에 한 장 정도 드릴 수 있는 생산량"이라고 털어놓았다.

수요를 줄여야 문제가 해결되는 형국이 됐다. 정부는 그때서야 밀폐된 곳이 아니라 툭 터진 공간에서 널찍하게 앉아 회의를 하거나 야외에 있을 때에는 마스크를 착용할 필요가 없다며 수요 줄이기에 나섰다. 이의경 식품의약품안전처장도 "감염 우려가 낮거나 보건용 마스크가 없는 경우 면 마스크(정전기 필터 교체 포함) 사용도 도움이 된다"고 안내했다. 일각에서는 보건용 마스크를 충분히 공급하지 못하는 상황이다 보니 이제 와서 면 마스크 사용 운운하는 것이 아니냐고 비아냥거렸다. 면 마스크를 보건용 마스크가 없을 때 써도 무방하다는 일부 전문가들과 정부의 권고에 대해 대한의사협회 등 의사단체와 일부 전문가들은 면 마스크가 바이러스를 걸러내지 못한다며 사용해서는 안 된다고 반박했다. 시민들은 누구의 말을 들어야 할지 헷갈렸다.

사상 초유의 마스크 배급제가 시행될 정도로 '마스크 대란'이 빚어지자 일부 양식 있는 시민들 사이에 페이스북과 인스타그램 등 사회 관계망 서비스 중심으로 '#마스크 안 사기 운동' '#마스크 양보하기' 등 해시태그 캠페인이 번져갔다. 마스크가 이미 좀 있거나 마스크를 사용할 일이 적은 사람은 굳이 약국에 가서 사지 말고 재활용이 가능한 면 마스크를 쓰자는 자발적 시민운동이 벌어졌다. 인기 프로레슬러 김남훈 씨는 3월 1일부터 "댁내에 15~20개 정도 보유분이 있다면 당분간 구매를 안 하는 것이 어떨까요. 꼭 필요한 분들에게 갈 수 있도록 말이죠"라는 게시물을 남기면서 '마스크 안 사기 운동'을 제안했다. 서울시는 시민사회와 전문가 단체와 함께 마스크 양보 운동과 면 마스크 사용으로 보건 마스크 사용 줄이기 캠페인에 나섰다. 3월 16일 서울시청사에서는 서울시보건협회, 서울시약사회, 소비자단체협의회, 강동구 새마을 부녀회 등이 공동으로 기자 설명회를 열어 '착한 마스크(면 마스크) 사용하기와 마스크 양보 운동'을 제안한 뒤 이를 실천하자고 서울 시민들에게 호소했다. 마침 이 기자 설명회 직전에 의사협회는 보건 마스크가 없는 상황에서는 면 마스크도 감염 예방에 도움이 된다고 밝혀 면 마스크의 효용성을 두고 벌어진 논란은 일단락됐다. 거리에서는 면 마스크를 파는 사람도 보였다. 실제로 면 마스크를 일상생활에서 사용하는 사람이 이전에 비해 크게 늘었다. 대구·경북의 감염 확산세가 4월 들어 누그러지기 시작했다. 전국이 점차 안정을 찾아갔다. 마스크를 사재기하는 사람도 드물었다. 3명인 우리 가족은 3~4월 두 달간 단 한 차례도 약국에 가서 마스크를 사지 않았다. 기존에 있던 보건 마스크를 아껴 쓰거나 면 마스크를 세탁해 사용하면서 몇 달을 버텼다. 5월 들어서 약국에는 재고가 남았다. 언제 가더라도 살 수 있었다. 일부 약국에서는 꼭 해당 요일에 가지 않아도 살 수 있었다. 5월 들어 3차례 마스크를 샀다. 줄을 서본 적은 한 번도 없다. 마스크 대란은 그렇게 사라졌다.

마스크 대란은 시민들의 협조, 그리고 뒤늦었지만 공적 마스크 5부제와 같은 적절한 대응책으로 해결할 수 있었다. 하지만 언제 다시 이와 유사한 일이 벌어질지 모른다. 코로나19 상황은 언제 어디서 대구·경북과 같은 돌발 변수가 생겨 급변할지 모른다. 따라서 우리는 왜 마스크 대란이 벌어졌는지 근본적인 이유를 묻고 따져야 한다.

먼저 마스크 대란은 위험 소통의 실패로 일어났다. '마스크 대란'의 근본 원인을 공급 부족이나 사재기가 아닌 '위험 소통'에서 찾아야 한다. 일반적으로 효과적으로 소통하려면 단순한 표현과 간단한 메시지로 전달하라고 한다. 이런 원칙은 위험 소통에서도 적용될 수 있다. 하지만 때론 최대한 구체적으로 대응 요령 등을 전달해야만 할 경우도 있다. 이번 마스크 대란은 바로 그 지점, 즉 '디테일'을 놓쳐 자초했다고 지적할 수 있다.

정부와 방역당국이 코로나19 유행 초기부터 가장 강조했던 예방법은 '마스크 쓰기'였다. 마스크 사용을 권고하더라도, 누가 언제 써야 하고 누가 언제 쓰지 않아도 되는지 등 '상세 정보'를 함께 반복적으로 강조했어야 한다. 정부가 무턱대고 외출할 때면 무조건 마스크를 쓰라고만 안내하니, 감염병과 코로나바이러스에 대한 지식이 부족한 시민들은 '마스크가 곧 생명줄'인 것처럼 여겼다. 시골에서 사는 노부모까지 '(나는 필요 없지만) 마스크를 사서 도시에 사는 애들한테 보내줘야지' 생각하며 마스크를 사러 가는 일이 벌어졌다. 마스크를 반드시 착용할 필요는 없는 공간, 예를 들면 한적한 공원이나 거리 그리고 산과 들에서도 사람들은 주변 시선을 의식해 마스크를 쓸 수밖에 없는 처지가 됐다. 마스크를 쓰지 않은 채 산을 오르내리다가도 누군가가 저 앞에서 오면 얼른 마스크를 꺼내 쓰는 사람도 있었다. 이러니 마스크 수요가 폭발하지 않을 수 없었다.

지금도 대한민국에서는 황당한 마스크 풍경이 계속되고 있다. 자기 혼자서 자동차를 몰고 가면서 마스크를 쓰고 있다. 공원이나 천변, 고수부지를 조깅하면서 마스크를 쓴 채 헐떡거린다. 자전거를 타고 쏜살같이 내달리는 사람 가운데에도 마스크를 쓴 경우를 종종 본다. 막연한 두려움과 그로 인한 강박, 즉 마스크를 쓰고만 있으면 감염 위험이 전혀 없다는 잘못된 생각, 언제 마스크를 쓸 필요가 없는지에 대한 정부의 반복적인 소통 결여, 마스크 착용이 가장 중요한 예방 수단이라는 착각 등 많은 요인이 작용해 대한민국은 마스크 착용 사회가 되어버렸다.

코로나19 예방에 마스크 착용이 중요한 수단 가운데 하나임은 분명하다. 하지만 이것을 과도하게 강조하면 써야 할 때와 쓰지 않아도 될 때를 구분하지 못하는 일이 벌어지게 된다. 그렇다면 마스크는 코로나19 예방에 어느 정도 비중을 차지하는가. 이에 대한 최신 논문이 2020년 6월 1일 영국의 권위 있는 국제 학술지인『랜싯 Lancet』에 실렸다. 이 논문은 코로나바이러스 감염병, 즉 사스, 메르스, 코로나19를 주제로 한 세계 각국 논문 172편을 메타분석했다. 메타분석은 수년 내지 수십 년간에 걸쳐 축적된 연구 논문들을 요약하고 분석하는 방법으로 특히 서로 다른 결과를 제시하는 수많은 연구들이 계속 누적되어갈 때 이 논문들을 객관적으로 평가하고 종합할 수 있는 통계적 방법을 말한다. 메르스는 주로 한국 전문가 논문을, 사스는 주로 중국, 코로나19는 미국과 중국 과학자들의 논문을 대상으로 했다. 이 논문은 이들 감염병이 감염자 또는 환자가 기침, 재채기, 대화를 할 때 비말을 내뱉어 사람의 눈, 코, 입

쪽으로 전파된다는 사실에 근거해 물리적 거리 두기, 마스크, 눈가리개(보호안경)의 예방 효과를 살펴보았다.

코로나19바이러스를 막는 데 가장 효과가 있는 방법은 1미터 이상의 거리 두기로 분석됐다. 감염자와 비감염자 사이의 거리를 1미터 이상 떨어뜨리면 바이러스 전파 가능성이 낮아지고 거리에 비례해 당연히 감염률이 낮아졌다. 감염자와 무방비 상태로 1미터 이내 거리에 있을 감염률이 12.8%였지만 3미터 이상 거리를 두었을 때 감염률은 1퍼센트대로 떨어졌다. 인터넷 언론 프레시안에서 오랫동안 과학 전문 기자로 활동했던 언론인 강양구는 이 결과를 바탕으로 "공원에 우두커니 혼자 앉아서 사색할 때는, 즉 1~2미터 주위에 사람이 없을 때는 굳이 마스크를 쓸 필요가 없다. 길거리를 걸을 때도 타인과 1~2미터 거리를 유지할 수 있다면 잠시 마스크를 벗고 신선한 공기를 들이켜도 좋다"고 조언했다.

마스크 착용의 효과도 거리 두기 다음으로 상당한 것으로 나왔다. 마스크를 썼더니 바이러스 감염률이 마스크를 착용하지 않았을 때의 17.4%에서 3.1%로 뚝 떨어졌다. 만약 모두가 마스크를 쓰거나 가까이 있는 상대방이 마스크를 쓰고 있다면 바이러스가 외부로 배출되는 것과 다른 쪽에서 노출되는 것이 동시에 차단되기 때문에 실제 효과는 더욱 좋아질 것이고 여기에다 거리 두기까지 한다면 사실상 직접 접촉으로 감염될 확률은 제로에 가깝다. 우리 방역당국이 강조하고 있는 '3밀(밀폐, 밀접, 밀집) 환경'에서는 반드시 마스크를 착용하라는 권고는 매우 중요한 것이다.

의료진 외에 보호안경 또는 눈가리개를 하는 사람들은 보기 드물다. 얼굴 가리개(페이스 실드), 보호안경, 고글 등의 효과를 따져 봤더니 바이러스 감염률이 16%에서 5.5%로 떨어졌다. 특히 얼굴 가림막이 일상생활에서 바이러스를 차단하는 효과가 만만치 않음을 보여주는 분석이어서 흥미롭다. 그런 경우가 생기면 안 되겠지만 만약에 지역사회 대유행을 하는 단계에 접어들어 밀접 접촉이 예상되는 경우는 눈을 가릴 수 있는 보호구 착용을 고려할 필요가 있겠다.

이 논문은 결국 코로나19 예방을 위해서는 사회적(물리적) 거리 두기가 가장 중요하며 그다음으로 마스크 착용, 맨 마지막으로 눈가리개 착용을 해야 한다고 말하고 있다. 그리고 이들 바이러스 차단 방법을 둘 또는 그 이상 함께 쓸 경우 감염 예방을 극대화할 수 있다는 것을 보여준다.

마스크를 언제 재사용할 수 있는지에 대해 방역당국이 처음부터 명확하게 설명하지 않은 것도 마스크 수요를 부채질했다. 특히 KF 수치가 높을수록 바이러스 차단 효과가 높다는 설명은 너도 나도 보건용 마스크, 그것도 KF94를 찾게 만들었다. 이 때문에 인터넷과 사회 관계망 서비스에 "(마스크에) 소독제를 뿌린 뒤 재사용할 수 있다"거나 "자외선 소독기나 전자레인지에 사용한 마스크를 넣고 돌린 뒤 재사용하면 된다" 등 온갖 엉터리 재사용법이 등장했다. 마스크가 모자라는 상황에서 궁여지책으로 별의별 그럴듯한 아이디어가 나왔다. 대부분은 엉터리였다. 또 일회용 마스크는 한 번 쓰고 버리는 것으로 알고 10~20분 쓰고 난 뒤 버리는 경우도 있었다. 감염자나 환자를 접촉할 가능성이 상대적으로 높은 보건의료진의 경우 마스크를 함부로 재사용해서는 안 되겠지만 감염 가능성이 매우 낮고 지역사회 감염도 사실상 없을 경우에 잠시 쓰는 것이라면 깨끗하게 보관했다가 몇 차례 더 사용해도 무방하다. 하지만 방역당국과 식품의약품안전처 등은 이런 자세한(디테일한) 내용에 대해 국민과 적극 소통해야 한다는 생각을 하지 않았다. 마스크 대란이 벌어지고 나서야 "면 마스크도 감염 예방에 도움이 된다", "일회용 마스크나 보건 마스크도 병원을 다녀왔거나 감염자나 환자와 접촉했을 가능성이 있는 경우가 아니라면 재사용도 가능하다" 등의 수요 줄이기 소통 전략을 벌이기 시작했다. 하지만 이미 때는 늦었다. 일반 시민들에게 마스크는 생명줄과 같은 존재가 되었다. 코로나19 시대를 맞이한 대한민국에서는 마스크가 휴대폰보다 더 사람에게 '껌딱지'처럼 붙어 다녔다. 깜빡하고 마스크를 지니지 않은 채 집을 나섰다가 집으로 되돌아오는 경우도 생겨났다. 2020년 5월 하순부터는 마스크를 착용하지 않은 사람에 대해서는 버스나 지하철 승차를 거부할 수 있도록 지침을 내려 마스크는 우리 몸의 일부가 되었다. 집 밖에서는 어떤 환경이든 마스크를 하고 있지 않으면 불안한 사람들이 대다수인 곳이 대한민국 사회다.

마스크 대란을 보면서 식품의약품안전처 등 담당 공무원이나 책임자, 방역당국, 청와대 등 어느 한곳에서라도 현장을 누비며 상황 파악을 했더라면 그런 지경까지 이르지는 않았으리란 생각을 한다. 식품의약품안전처와 질병관리본부는 의사, 약사 등 전문 인력이 많은 대표적 조직이다. 의약품, 식품 안전 관리와 감염병 관리는 전문 지식과 경험이 필수적인 분야이기 때문이다. 식품의약품안전처가 의약품이나 의약외품 규격 기준을 만들거나 위해성 평가를 하는 등 전문 분야는 잘 하는 편이지만 마스크의 유통 부문은 소홀히 하고 평소에 발로 뛰지 않은 것이 아니냐는 의구심이 든다. 식품의약품안전처장 등 고위 간부가 직접 줄을 서서 마스크를 한 번이라도 사봤으면 마스크가 판매처에 공급되지도 않았음에도 "내일부터 마스크를 판매한다"는 국민에게 욕먹는, 현장과 괴리된 발언을 하지도 않았을 것이다.

마스크 대란이 당시 우리 사회에서 주요한 의제가 되었던 것은 정부가 이런 것 하나 제대로 해결하지 못한다는 비판에 직면할 수 있었기 때문이다. 이는 정부 불신으로 이어지고 다시 방역을 위해 국민과 해야 할 위험(위기) 소통에 걸림돌로 작용하게 된다. 불신은 위험 소통, 위기 관리에서 가장 경계해야 할 요소이다. 마스크 대란을 맞아 대통령과 서울시장 등이 적극적인 현장 행보 등을 보인 까닭이 여기에 있다. 마스크 대란은 코로나19 유행 초기 우리 사회의 민낯을 드러낸 사건이다. 하지만 이를 그런대로 이른 시일 안에 잘 극복함으로써 결과적으로 비싼 대가를 치르고 코로나19 대응, K-방역의 밑거름이 됐다고 평가할 수 있다. 마스크 대란 극복의 주역도 역시 국민임을 잊지 않는 것이 좋겠다.

호흡기 보호구의 역사

호흡기 보호구의 역사는 기원 후 1세기로 거슬러 올라간다. 로마의 박물학자였던 가이우스 플리나우스 세쿤두스(Pliny the Elder, A.D. 23~79)는 로마 광산에서 일하던 노동자들이 빨간 납 산화물 먼지 때문에 고통을 호소하자 소, 돼지 등의 방광막을 사용해 호흡기를 보호하자는 제안을 했다. 그는 작가, 자연주의자, 자연 철학자이자 초기 로마 제국의 해군 및 군 사령관을 지냈고 베스파시아누스 황제의 친구였다. 또한 그는 오늘날 백과사전의 편집 모델이 된 『나투랄리스 히스토리아 *Naturalis Historia*』를 썼다. 그는 당시 석면 광산에서 일했던 어린 노예 노동자들이 나중에 폐질환에 걸린 것을 보고 '노예병'이라고 기술했는데 최초의 석면 질환을 묘사한 것으로 평가된다. 그는 79년 폼페이와 헤르큘라늄을 파괴한 베수비우스 화산 폭발 당시 재난 현장에 있던 가족과 친구를 구출하려다 숨졌다. 그가 배를 몰고 이곳에 도착했을 때 6번째 거대한 화산 폭발로 생긴 강력한 바람 때문에 배가 항구를 떠나지 못하게 되어 비극적 죽음에 이른 것으로 추정됐다.

호흡기 보호구와 관련해 언급되는 두 번째 인물은 르네상스 시대의 천재 과학자이자 예술가인 레오나르도 다빈치(Leonardo da Vinci, 1452~1519)이다. 그는 촘촘하게 잘 짠 천을 물에 담근 뒤 호흡기 주변을 감싸면 폭약 등 무기 제조 때 노출되는 유독성 가루로부터 보호할 수 있다고 제안했다.

그 뒤 산업혁명기에 미국과 유럽의 여러 과학자, 공학자들이 호흡기 보호구에 대한 아이디어와 특허를 받아내 소방관용 등 다양한 형태와 방식의 호흡기 보호구를 선보였다. 오늘날 N95에 해당하는 원형은 1910년 중국 황실에서 근무하던 리엔테 우(Lien-ten Wu) 박사의 설계로 만들어졌다. 그는 경험적 테스트를 한 결과 호흡기 보호구를 착용함으로써 박테리아로부터 사용자를 보호할 수 있었다. 그 후 만들어진 호흡기 보호구는 재사용이 가능했지만 부피가 커 사용하기 불편했다. 1970년대에 미국 광산국과 국립산업안전보건연구소(NIOSH)는 일회용 호흡기 보호구를 개발했다. 이에 따라 미국 쓰리엠사(3M)가 최초의 N95 호흡기 보호구를 개발해 1972년 정부의 승인을 받았다.

우리는 질병 이름을 매우 다양한 방식으로 만들어 사용해왔다. 질병을 처음 보고하거나 병원체를 발견한 사람의 이름을 따기도 하고, 최초 유행 지역의 이름을 붙이기도 한다. 또한 질병의 증상 등 특성을 반영하기도 한다. 감염병도 별로 다르지 않다. 학술적으로 부르는 이름도 있고 그와는 별도로 사회적으로 통용되는 이름도 있다. 질병의 이름은 때론 혐오를 부추긴다. 때론 잘못된 이름으로 실제 질병과는 다른 뜻과 이미지를 전달하기도 한다.

병원체나 전파 경로 등 잘 모르는 것이 많은 질병에 대해서는 '이상한 병' 내지 '괴질'이란 이름이 붙는다. 그러다가 병원체가 확인되고 질병의 특성이 파악되면 비로소 이름을 짓는다. 감염병을 일으키는 병원체에 대해서도 지역이나 국가에 따라 각기 다르게 부르다가 국제사회에서 혼란이 생기면 나중에 전문가들의 합의에 따라 통일된 이름으로 부르기도 한다.

질병과 감염병의 이름은 매우 다양한 방식으로 지어져왔다. 과거 속칭 문둥병으로 불리던 나병은 이 질병에 걸린 환자의 피부가 두꺼비(癩)의 울퉁불퉁한 피부를 닮았다고 해서 붙여진 것이다. 우리말로 더터비, 두텁, 둗거비라고도 했던 두꺼비는 한자로는 섬여(蟾蜍), 섬제(詹諸), 나하마(癩蝦蟆) 등으로 불렸다. 하지만 '나(癩)'라는 말에서 사람들이 혐오감을 느낀다고 해 지금은 한센병(Hansen's disease)으로 부르고 있다. '나(癩)'는 우리 감염병 역사에서 그 이름이 남아 있다. 1928년에는 조선나병근절책연구회가 발족됐다. 민간차원에서 나환자를 구호하는 활동을 가리켜 '민간구라활동'이라고 했다. 조선총독부는 1932년 조선나예방협회를 창립하였다. 광복 후에는 1948년 대한나예방협회가 창립되었고, 1984년에는 대한나관리협회로 이름을 바꾸었다가 2000년에 지금의 한국한센복지협회가 됐다. 1949년에는 일제 때 소록도 자혜의원을 중앙나요양소로 개칭했다. 이는 다시 지금의 국립소록도병원으로 발전하게 된다. 게르하르 헨리크 아르메우에르 한센(Gerhard Henrik Armauer Hansen)은 노르웨이 의사로, 1873년 나병을 일으키는 병원균인 미코박테리움 레프라에(Mycobacterium leprae)를 발견했다.

과거 감염병에는 발병 지역의 이름이 붙은 것이 많았다. 에볼라는 1976년에 이 병이 처음으로 발생한 지역인 민주콩고공화국(옛 자이르) 북부의 에볼라 강에서 유래했다. 그리고 급성 열성 감염병인 마버그열은 독일 마르부르크대학에서 유래했고, 니파바이러스는 말레이시아의 선게이 니파라는 마을에서 그 이름이 유래했다. 그 외에도 일본뇌염, 웨스트나일열 등 지역의 이름을 딴 것은 매우 많다. 2015년 한국에서 유행했던 중동호흡기증후군도 최초 발생지가 중동 지역이었기 때문에 붙여진 이름이다. 레지오넬라병, 즉 재향군인병은 최초 발생한 집단(미국의 재향군인)의 이름 즉, 재향군인을 딴 것이고, 렙토스피라(렙토는 쥐, 스피라는 나선형이라는 뜻이다)증은 병원균의 이름을 딴 것이다.

질병과 감염병의 특성을 따서 이름을 짓는 것은 매우 전통적인 일이다. 당뇨병이나 만성신부전증, 부비동염, 통풍, 두창, 홍역, 유행성이하선염(볼거리), 파상풍, 후천성면역결핍증, 중증급성호흡기증후군(사스) 등의 이름이 모두 그러하다. 그러므로 질병이나 감염병 이름만 보면 이 질병이 어떤 주요 증상이 있는지 또는 중증 환자인지 아닌지 여부를 가늠할 수 있다.

질병의 이름을 각인하게 쉽게 만들어내어 부르는 경우도 있다. 이 경우 대체적으로 위험을 과장하기 위해 지어낸 것이 많다. 하지만 이는 사람들의 공포와 불안을 자극한다는 점에서 부작용이 크다. 이명박 정부 때인 2008년 우리 사회를 떠들썩하게 만들었던 광우병의 정식 이름은 소해면상뇌증(BSE, bovine spongiform encephalopathy)이다. 이 질병은 나라마다 다르게 부르고 있다. 우리나라, 미국, 캐나다에서는 주로 '광우병(Mad Cow Disease)'이라고 부르고, 영국과 일본에서는 학명인 BSE라고 부른다. 'Mad Cow Disease'라는 이름은 영국 언론이 처음 사용했으며, 일본 언론이 이를 광우병이라고 직역한 것을 우리나라 언론도 그대로 받아 사용하고 있다. 광우병이란 이름은 일반인들에게 이 병을 쉽게 이해시키기 위해 등장했지만, 과잉 공포를 자아낸다고 해서, 이름을 처음 만들어낸 영국 등에서는 이제 잘 사용하지 않고 있다. '살 파먹는 박테리아(flesh eating bacteria)'라는 말도 항생제가 잘 듣지 않는 연쇄상구균 감염균에 대해 1994년 영국 언론이 만들어내 붙인 이름이다. 박테리아가 실제로 살을 파먹는 것은 아니지만 감염이 심각하게 진행될 때 살점이 떨어져나가는 것을 두고 이런 공포스러운 이름을 만들어냈다. 야외에서 야생 진드기에 물려 생기는 바이러스 질환인 중증열성혈소판감소증후군(SFTS)의 원인 바이러스를 옮기는 작은소참진드기에 대해서도 언론은 '살인 진드기'란 이름을 붙이고 있다.

우리가 오랫동안 최초 발생 지역과 발견자 등을 가지고 병원체나 질병 이름을 지은 까닭은 질병의 정확한 원인을 알지 못했고, 그것을 밝혀내는 데까지 오랜 시간이 걸렸기 때문이다. 정확한 원인과 바이러스를 밝혀내는 데 시간이 오래 걸릴수록, 통용해 부르던 질병과 병원체 이름이 학자나 대중의 입에 익어버린다. 나중에 병원체와 전파 경로 등을 자세히 알아내어 새로운 이름을 갖다 붙인다 해도 대중의 뇌리에 박힌 이름을 끄집어내고 새 이름을 다시 집어넣기는 여간 힘든 게 아니다.

과거에는 신종 감염병의 병원체를 밝혀내는 데 적어도 수개월에서 1년 이상이 걸렸다. 1980년대 전 세계적으로 범유행을 한 후천성면역결핍증의 경우도 원인 바이러스를 밝혀내는 데 2년이나 걸렸다. 하지만 지금은 거의 모든 신종 감염병에 대해 한두 달 안에 유전자와 염기서열을 정확하게 밝혀낼 수 있다. 감염병에 과학적이고 역학적인 근거와 지식을 토대로 이름을 붙일 수 있는 첨단 생명과학 시대가 도래한 것이다. 이런 사회에서는 과거의 방식으로 감염병의 이름을 짓는 것을 더는 고집할 이유가 없다. 지역이나 국가 이름을 딴 감염병의 이름은 지구상에서 결코 환영을 받지 못한다. 오히려 정치적, 문화적, 경제적인 피해를 주고 해당 지역과 국가 사람들을 차별하고 혐오하게 만드는 역작용만 일으킬 뿐이다. 만약 이를 좌시하고 해당 지역과 국가의 이름을 전염병 이름을 짓는 데 사용한다면, 그 지역과 국가에 사는 사람들이 강력하게 반발할 것이다. 2012년 사우디아라비아 등 중동 국가에서 처음으로 발생해 유행했던 메르스의 경우 '중동호흡기증후군'이라고 이름을 지었다. 그 뒤 중동의 아랍 국가들이 세계보건기구에 강력하게 항의하는 일이 벌어졌다.

이를 계기로 세계보건기구는 2015년 새로 나타나는 신종 감염병과 병원체에 대한 명명 원칙을 만들었다. 호흡기 질환, 신경 증후군, 설사 등 질병의 증상과 질병이 어떻게 나타나는지에 대한 정보를 질병 이름에 담을 수 있어야 하며, 영향을 받는 대상, 심각성 혹은 유행 계절을 담고 있어야 한다는 것이다. 질병 이름을 지을 때 피해야 할 용어는 지리적 위치, 사람 이름, 동물 또는 음식의 종류, 문화, 인구, 산업 또는 직업 등이다. 또 과도한 공포를 유도하는 단어도 배제토록 했다. 앞으로는 살인 진드기, 살 파먹는 박테리아, 스페인 독감, 홍콩 독감 등과 같은 질병 이름과 병원체 이름을 쓰지 못하도록 원천 봉쇄를 한 것이다.

중국 후베이성 우한시에서 처음 발생한 코로나19의 경우 처음에는 원인 병원체의 정체를 몰랐다. 중국이 기존의 사스코로나바이러스나 메르스코로나바이러스와는 다른 신종코로나바이러스에 의한 것이라는 사실을 발표하고 세계보건기구가 이를 확인했다. 그 전까지는 원인 병원체를 알지 못했기에 우한 폐렴이란 이름이 국제적으로 잠시 통용됐었다. 세계보건기구는 이 감염병이 사스코로나바이러스와 매우 유사한 신종코로나바이러스에 의해 일어난 것이란 사실을 확정한 뒤 처음에는 2019-nCoV(2019년 처음 발생한 신종코로나바이러스)란 이름을 쓰다가 곧이어 SARS-CoV-2(SARS-Corona Virus-2)라고 명명했다. 질병에 대해서는 코로나바이러스감염증-19(COVID-19)란 공식 명칭으로 통일했다.

우리 정부는 세계보건기구의 공식 발표와 권고에 따라 COVID-19를 코로나19라고 부르기로 했다. 병원체는 코로나19바이러스 또는 사스코로나바이러스-2로 부르기 시작했다. 대다수 언론은 정부의 방침을 충실히 따랐다. 보수 언론 가운데『조선일보』를 뺀『동아일보』,『중앙일보』등과 경제신문, 진보 성향의『한겨레신문』과『경향신문』그리고『한국일보』,『서울신문』,『국민일보』,『세계일보』,『문화일보』등도 모두 코로나19라는 이름을 쓰기 시작했다. 대부분의 종합 편성 채널과 YTN 등 뉴스 전문 채널, 공중파 방송, 라디오 방송 그리고 일부 극우 성향을 제외한 대다수의 인터넷 언론사들도 이에 동참했다.

하지만 중앙 종합 일간지 가운데 유독『조선일보』만은 '일편단심 민들레' 격으로 '우한 바이러스', '우한 폐렴'을 오랫동안 고집했다. 미래통합당도『조선일보』와 2인 3각이 되어 우한 폐렴이라는 이름을 줄기차게 합창했다. 그들은 중국 우한이란 말을 우리 정부가 안 쓰는 것은 중국 눈치를 보기 때문이라고 주장했다. 한동안 우리 사회에서 우한 폐렴이라는 용어는 특정 지역과 특정 국가에 대한 혐오와 손가락질을 담은 표현이었다. 이는 왜 중국인 전면 입국 금지를 하지 않느냐는 비판과 맥을 같이하는 것이었다. 『조선일보』와 미래통합당은 중국인 전면 입국 금지와 우한 폐렴이라는 감염병 이름을 쌍끌이로 해서 문재인 정부에 대한 비난을 하고 싶었던 것이다. 그렇게 하면 문재인 정부에 등을 돌리는 보수 내지는 중도 성향의 사람들이 많이 늘어나지 않을까 하는 희망 가득한 기대를 한 것인지도 모른다.

『조선일보』는 2020년 2월 21일부터는 우한 폐렴에서 폐렴 대신에 코로나를 대치해 '우한 코로나'라는 이름을 사용하기 시작했다. 우한이란 이름을 빼는 것은 중국 눈치 보기 내지는 중국 사대주의 때문이라는 논리다.

『조선일보』가 당시 얼마나 우한이라는 지명에 집착했는가는 '최보식이 만난 사람' 인터뷰 코너에서 최보식 선임 기자가 질병관리본부장을 지낸 이종구 서울대 의대 교수와 전화 인터뷰를 해 쓴 3월 2일자 글에서도 잘 나타나 있다. 당시 이종구 교수는 세계보건기구의 중국 조사단과 함께 코로나19가 유행하던 중국 내 여러 도시를 다녀와 국내에서 자발적으로 14일간 격리에 들어간 상태였다. 이 인터뷰 기사를 보면 이종구 교수는 세계보건기구와 우리나라 방역당국이 공식으로 부르는 코로나19라는 이름 대신 내내 우한 코로나라고 말한 것으로 돼 있다. 다음은 그 기사 내용의 일부이다.

"중국에 대한 역학조사의 성과는 뭔가?"

"우한 코로나가 '인플루엔자'의 성격은 아닌 것으로 확인됐다. 공기(에어로졸)로 감염되는 인플루엔자라면 우리나라에 환자가 수만 명 발생할 수 있지만 그렇지 않다는 뜻이다. 움직임이 많은 소아(小兒)가 걸리면 전파가 급증하는데, 19세 이하 감염자는 2.3%에 불과했다."

이 글을 읽고 필자는 이종구 교수에게 즉각 전화를 걸었다. 그와는 20여 년 전부터 잘 알고 지내는 사이다. 대학 동문이기도 하고 동년배이기도 하며 후천성면역결핍증 감염병에 대해 기자와 전문 관료로서 허물없이 대화를 하고 지냈기 때문이다. 그가 질병관리본부장을 마치고 대학에서 자리 잡은 뒤에도 가끔 전화를 하거나 직접 만나 차를 마시기도 했다. 그는 자신이 우한 코로나라는 말을 쓸 리가 있느냐고 했다. 분명 코로나19라고 말했는데 최보식 기자가 자기 마음대로 우한 코로나로 바꾸어놓았다는 것이다.

『조선일보』의 이런 고집스런 우한 이름 사수하기에 『미디어오늘』 등 언론 비평지와 여러 신문들이 비판적인 기사를 내보냈다. 한때 자칭 '밤의 대통령'이라고까지 자찬했던 『조선일보』도 시대의 흐름과 독자들의 눈총을 언제까지고 외면할 수는 없었던 모양이다. 3월 하순부터는 코로나19를 우한 코로나와 병기하기 시작했다. 바꾸려 마음먹었으면 확 바꾸면 될 터인데 그렇게 하지 않았다. 우한 코로나란 표기 안에 코로나19를 함께 썼다. 우한코로나바이러스감염증이라고 하고 괄호 안에 코로나19를 넣기도 했다. 신문에는 '우한코로나(코로나19)', '우한코로나바이러스감염증(코로나19)' 등으로 표기했다. 5월 들어서는 우한이란 표현을 빼고 '코로나바이러스감염증(코로나19)' 식으로 쓰거나 신종코로나감염증과 코로나19를 섞어 사용하고 있다.

하지만 『조선일보』가 뿌린 불량 씨앗은 아직 일부 매체에 남아 있다. 머니S, 팬앤드마이크, 미디어투데이 등의 인터넷 매체에서는 우한 사수 작전을 계속 펼치고 있다. 이 언론들은 우한코로나19라는 표현을 쓰고 있다. 우한과 코로나19의 매우 어색한 동거가 이루어지고 있는 셈이다.

사람이든, 동물이든, 식물이든, 미생물이든 이름은 매우 중요하다. 노란 즙이 나오는 길가의 애기똥풀은 이를 알아보는 사람에게는 애기똥풀이지만 그 이름을 모르는 사람에게는 그저 야생초에 지나지 않는다. 시인 김춘수가 노래한 것처럼 그의 이름을 불러주어야만 꽃은 우리의 뇌에 확실하게 자리 잡는다. 기업은 회사와 상품 이름을 짓는 데도 심혈을 기울인다. 이름이 기업과 상품의 흥망에 중요한 구실을 한다고 믿기 때문이다. 걸그룹이나 아이돌 그룹 이름에도 다양한 의미가 담겨 있다. 이름을 바꾸면 운명과 팔자가 바뀐다는 것을 믿는 사람들도 있다. 아직도 작명소를 주변에서 어렵지 않게 찾아볼 수 있고, 좋은 이름을 지어준다고 하는 네이밍 회사가 주가를 올리고 있다.

사람이 이름을 중요하게 여기는 까닭은 또 있다. 이름이 있어야만 주민등록도 할 수 있고 호적에도 올릴 수 있다. 족보에 오르려면 반드시 이름이 있어야 한다. 우리는 족보를 통해서 몇백 년 전 조상의 이름도 알고 있다. 식물이나 동물, 미생물도 조상이 누구인지, 누구와 가까운 사이인지 알 수 있는 족보가 있다. 과학자들도 생물의 이름을 매우 중요하게 여긴다. 한번 족보에 오르면 영원히 그 이름으로 불리게 되기 때문이다.

린네의 이명법과 생물의 분류 체계는 과학계에서 꾸준히 사랑을 받는 스테디셀러이다. 코로나19바이러스, 더 정확하게는 사스코로나바이러스2(SARS-CoV2)는 이미 이명법 분류 체계의 족보에 올라가 있다. 거기에 우한이란 말은 없다.

질병의 이름을 둘러싸고 갈등을 벌이고 대치 전선을 펼치는 것은 정말 어리석은 일이다. 아무짝에도 소용없고 불필요한 소모전이다. 바이러스가 인식 기능을 지닌 생물이라면 쾌재를 불렀을 것이다. 바이러스는 그 어떤 이름으로 불리든 사람에게서 사람으로 전파되는 데는 아무런 장애가 되지 않기 때문이다. 우리 사회에서 코로나19 감염병의 이름을 두고 끈질기게 딴죽을 건 일이 벌어졌던 것은 두고두고 매우 부끄러운 일이다. 뒤늦게라도 잘못한 것이라고 생각한다면 언론사가 되었던, 의사단체가 되었던, 진솔하게 자기반성을 하는 것이 도리다.

2020년 3월 대한민국에서는 대구·경북 지역에서 코로나19 확진자가 눈덩이처럼 불어나면서 두려움과 불안이 사람들을 짓눌렀다. 남녀노소를 가리지 않았다. 그가 어떤 종교를 지녔는지를 불문했다. 교회도 마찬가지였다. 코로나19 확산 와중에도 주일 예배를 멈추어서는 안 된다고 생각한 목사와 신도가 많았다.

신도가 그리 많은 편이 아닌 경기도 성남의 '은혜의 강' 교회에서도 3월 8일 신도들이 주일 예배를 보기 위해 교회로 속속 몰려들었다. 목사와 사모(師母)는 예배 전날 '혹 감염자가 예배에 참석해 바이러스를 퍼트리면 어떻게 하나' 하는 걱정을 했다. 그리고 기발한 아이디어를 떠올렸다. 소금물이었다. 소금물을 좀 진하게 만들어 소형 분무기에 넣은 뒤 입안을 소독하면 바이러스를 죽일 수 있겠다는 생각을 한 것이다. 옛날에는 입안 세균을 없애기 위해 소금물로 씻어내었다. 이를 떠올렸을 수도 있고, 인터넷에 떠돌아다니는 엉터리 정보 다시 말해, 바이러스가 소금물에 죽는다는 이야기를 그대로 믿었을 수도 있다. 그들은 아마 소금물로 입안을 소독하면 바이러스가 없어져 예배하는 동안 기침하거나 찬송가를 부르더라도 괜찮을 것으로 생각했을 것이다.

아침 일찍 사모는 소금물을 만들었다. 그리고 오전 8시가 조금 넘어 첫 신도가 예배당으로 왔다. 사모는 "코로나19 예방을 위해 소금물로 입안을 소독할 테니 입을 크게 벌리세요"라고 말했다. 신도들은 사모의 지시에 순순히 따랐다. 하지만 안타깝게도 그날 신도 가운데 감염자가 있었다. 하지만 겉모습으로는 이를 식별할 수 없었다. 그는 자신이 감염자인 줄 까마득히 모르고 있었을 것이다. 분무기에서 나온 미세한 소금물 방울이 신도들의 목젖을 자극했다. 일부는 기침을 했다. 이때 바이러스가 공기 중으로 나와 예배 공간으로 퍼져나갔다. 바이러스를 잡겠다는 생각이 외려 바이러스를 퍼트리는 결과를 낳았다.

'은혜의 강' 교회 사건이 일어나기 하루 전인 3월 7일 경기도 남양주 시의 한 가정에서 40대 주부와 어린 자녀 두 명이 쓰러져 병원으로 옮겨져 치료를 받았다. 이 여성은 코로나19가 확산되고 있다는 뉴스를 접하고 불안에 떨었다. 그는 집안을 구석구석 소독해야겠다는 생각에 메탄올을 구입해 물과 9대 1로 섞어 가구와 이불 등에 십여 차례 뿌리고 또 뿌리고를 반복했다. 많이 뿌릴수록 효과가 극대화할 것이라고 생각한 것이다. 이 때문에 집안은 메탄올 증기로 가득했다. 이를 계속 들이마신 일가족 모두가 중독돼 쓰러졌다. 메탄올은 공업용 알코올로 눈과 호흡기를 자극해 중추신경계와 시신경에 손상을 유발하는 독성 물질이다.

그녀는 메탄올이 매우 위험한 물질인 줄 전혀 몰랐다. 그저

술에 들어 있는 (에틸)알코올과 비슷하겠지 여겼다. 국내에서도 몇 년 전 노동자들이 메탄올에 집단적으로 중독돼 사회 문제가 된 적이 있었다. 휴대전화 부품 제조를 하는 대기업 하청업체들에서 안전 시설과 장치를 제대로 갖추지 않고 보건 교육을 제대로 받지 않은 채 메탄올을 다루던 젊은 노동자 여러 명이 실명 등 심각한 직업병 피해를 당했다. 그녀는 이런 사실을 알지 못했다.

거의 모든 국내 언론은 '은혜의 강' 교회에서 벌어진 소금물 소독으로 인한 코로나19 확산 소식에 이어 이 사건을 일제히 다루었다. "메탄올로 '셀프 방역'하려다 큰일 날 뻔", "코로나 소독한다고 메탄올 사용 안 돼요", "'코로나 소독' 메탄올 뿌렸다가 일가족 3명 병원행", "소독한다고 메탄올 뿌리다 중독……'실명 위험성' 경고", "바이러스 소독을 위한 메탄올(공업용 알코올) 사용 경고", "코로나19 방역하다 메탄올 중독……국내 첫 사례", "방역한다며 메탄올 뿌린 뒤 중독 증세……'정보 전염병' 피해" 등의 제목을 달아 주요 뉴스로 다루었다.

언론들은 "신종코로나바이러스 감염증 사태로 소독제가 부족한 상황에서 일반 시민이 공업용 메탄올로 소독제를 만들어 썼다가 중독되는 사고가 발생했다"며 메탄올의 독성과 위험성에 초점을 맞추었다. 또 한국산업안전보건공단의 설명을 붙여 "메탄올에 장기간 또는 반복 노출되면 중추신경계와 시신경에 손상을 유발할 수 있다"고 경고했다.

하지만 이 사건에서 중요한 점은 에탄올을 사용했느냐 아니냐가 아니다. 애초에 집안을 소독해야겠다는 생각을 했다는 점이 문제였다. 집안에 바이러스가 없는데 메탄올이 되었든, 에탄올이 되었든, 다른 소독약이 되었든 왜 소독제를 뿌릴 생각을 하게 됐느냐가 중요하다. 정부당국과 전문가 그리고 우리나라 언론은 이 점에 대해 생각하지 않았다. 제대로 생각했다면 집안 소독은 불필요하다는 보도 자료 또는 메시지를 냈을 터인데 그렇게 하지 않았다. 방역당국이 일찍부터 집안 소독 자체를 하지 말도록 수칙을 만들어 줄기차게 모든 국민에게 알렸더라면 이런 일은 벌어지지 않았을 것이다.

우리나라에서 벌어진 코로나19 관련 메탄올 오용이 빚은 부작용은 이란에서 벌어진 사태에 비하면 아무것도 아니다. 이란에서는 코로나19 사태 이후 알코올을 들입다 마시면 몸 안에 있는 바이러스가 모두 죽는다는 황당한 정보를 사회 관계망 서비스 등을 통해 접하고 2020년 3월에서 4월까지 두 달 동안 메탄올을 마신 사람들이 많았다. 그렇게 메탄올을 마신 사람 가운데 무려 5,011명이 중독되어 이 중 700여 명이 사망했다는 일부 보도도 있다. 이란 사회 관계망 서비스에는 공업용 알코올인 메탄올을 일반 소독용 알코올처럼 만드는 영상이 올라와 퍼져나갔다.

인도에서는 신종코로나바이러스 감염증에 대한 소독을 하겠다며 사람에게 공업용 표백제를 뿌리는 일이 발생했다. CNN 방송 영상을 보면 말문이 막힐 정도로 정말 어처구니없다. 엉터리 지식을 바탕으로 저지른, 인간에 대한 기본적인 예의와 인권이 말살된 사건이었다. 더 놀라운 사실은 막무가내 소독이 벌어진 바레일리(Bareilly) 지역의 지방 판사가 이를 허용했다는 것이다. 영상을 보면 방호복을 입은 3명의 사람이 땅바닥에 쭈그리고 앉아 있는 수십 명을 향해 하얀 액체를 무차별적으로 뿌려대고 있었다. 이들에게 뿌린 액체는 버스 소독에 쓰이는 표백제였다고 한다.

이날 봉변을 당한 사람들은 인도에서 코로나가 확산된 후 봉쇄령이 내려져 일자리를 잃고서 고향으로 돌아온 이주 노동자들이었다. 인도 관리는 방역 작업의 하나로 뿌린 것이며 이들의 옷에 바이러스가 묻었을 수 있고, 이들이 보균자가 되는 것을 원치 않았기 때문이라고 밝혔다. 이렇게 표백제 세례를 받은 사람만 5천 명이 넘는다고 한다. 이런 화학 소독제는 물체의 표면을 살균하는 데 쓰이지만 인체에는 유해할 수 있어 사람에게 직접 사용하지 않는다. 또한 바이러스가 없는 사람들을 소독한다는 것은 그 자체로 무의미한 일이다. 그리고 혹시 그중에 코로나19 감염자가 있다 하더라도 바이러스는 피부가 아니라 몸속에 있는 것이어서 살균제를 백 번을 뿌린다 해도 아무 소용이 없다.

알코올(메탄올)을 섭취하면 코로나19바이러스를 죽일 수 있다거나 감염을 예방할 수 있다는 이야기와 소금물로 바이러스를 죽일 수 있다는 이야기는 코로나19와 관련된 대표적인 인포데믹(infodemic) 사례로 꼽힌다. 인포데믹은 어떤 사안과 관련해 부정확하게 증폭되어 부작용을 낳는 정보의 범람을 뜻하는 용어이다. 오픈 소스 정보 분석 회사인 인텔리브릿지(Intellibridge Corp.)의 대표이며 존스홉킨스 블룸버그 보건대학원 자문 위원이었던 데이비드 로스코프(David J. Rothkopf)는 2002년 말 중국에서 시작해 세계로 퍼져 나갔던 중증급성호흡기증후군 즉, 사스 유행 때 엉터리 또는 가짜 정보가 널리 퍼져나가 사회적 혼란을 초래하던 당시 상황에 관심을 가졌다. 그는 이런 현상이 되풀이되어서는 안 된다는 생각에 2003년 5월 11일 『워싱턴 포스트』에 "소문이 거꾸로 물 때(When the Buzz Bites Back)"라는 제목의 글을 기고했다. 이 글에서 그는 '인포데믹'이라는 말을 사용했다. 정보(information)와 전염병(epidemic)을 조합하여 '정보 전염병(infodemic)'이라는 조어를 만든 것이다. 그는 전염병이 창궐하면 그 전염병과 함께 인포데믹이라는 또 하나의 전염병이 유행한다고 말했다. 그리고 이것은 전염병 자체보다 때론 더 심각한 문제를 일으킨다고 보았다. 2003년 사스 유행 당시(그가 글을 기고한 때는 아직 사스 유행이 한창일 때였다), 사스에 대한 무분별한 정보가 신문과 방송 등과 같은 전통 미디어에서뿐만 아니라 인터넷, 블로그 등 뉴미디어에서 그리고 사회 관계망 서비스에서 활발하게 돌아다니고 있었다.

그는 전염병과 관련한 정보가 사실 여부도 확인되지 않은 채 현대 정보 기술에 의해 신속하게 전파되면서 사실과 다르게 증폭되거나 불균형하게 전달되어 국제경제, 정치, 안보에 큰 영향을 끼쳐 전염병 자체보다도 더 큰 비용을 낭비하게 하고 수백만 명의 삶에 악영향을 주었다고 보았다. 그리고 이것은 공중보건 위기를 통제하거나 해결하는 데 걸림돌로 작용한다고 보았다. 인포데믹은 테러 사건을 포함해 전 세계에 영향을 주는 작은 사건에서도 나타나지만, 전 세계적으로 범유행하고 있는 감염병, 즉 팬데믹 상황에서는 전 세계에 영향을 끼친다. 또한 비이성적 사고와 행동이 자주 일어나게 하고, 본질적인 문제보다는 곁가지에 매달리거나 균형 잡힌 판단을 하지 못하도록 하며, 사회를 정상적으로 유지하는 기본 틀에까지 영향을 끼쳐 시장 경제와 정부의 기능을 약화시킨다고 지적했다. 이처럼 인포데믹은 혼란의 시기에 왜곡되거나 부정확한 정보가 범람하면서 부정적인 결과를 초래하는 정보의 흐름을 상징하는 말로 널리 사용되었다. 그리고 그의 분석과 통찰은 코로나19 팬데믹 시대에 예언처럼 맞아떨어지고 있다.

코로나19 창궐과 함께 시작된 팬데믹 시대에 인포데믹은 '인포팬데믹'이 되었다. 전 세계가 가짜 정보나 왜곡 정보로 몸살을 앓고 있다. 중국 코로나라는 감염병 이름에서부터 바이러스의 기원, 생물 무기설 또는 인구 조절설과 같은 각종 음모론, 사망자 수와 환자 수를 둘러싼 허위 정보, 감염병 확산 과정, 모기 전파 등 바이러스 전파와 알코올 섭취를 통한 예방, 치료제 등 코로나19는 인포데믹의 대형 종합 백화점을 운영하고 있다. 이곳에서는 온갖 허위 정보와 가짜 뉴스, 그리고 왜곡 정보를 판다. 78억 인구를 자랑하는 지구에서 별의별 짓을 다하는 군상의 인간들이 이 백화점에 들러 '짝퉁' 정보를 구입한 뒤 인터넷, 사회 관계망 서비스, 그리고 구전(口傳)으로 이를 자랑하고 다닌다.

여기에는 국가의 통제를 받는 미디어들이 주로 음모론과 관련해 깊이 개입한다. 유명인과 대통령 등 지도적 위치에 있는 정치인들도 가담한다. 상업적 목적 즉, 자신의 이익을 목적으로 가담한 것으로 보이는 사례도 눈에 띈다. 이는 주로 예방과 치료제와 관련한 것이 많다. 몇몇 종교 단체들은 교세 확장을 꾀하거나 신도들의 이탈을 막기 위해 자신의 믿음에 기반해 신이 치명적 바이러스로부터 신도들을 보호할 것이라는 주장을 펼친다. 사람들은 처음 들어보는 이런 정보에 솔깃해 자신의 뇌에 인포데믹 바이러스를 직접 넣어두고 이를 퍼트리는 좀비가 된다. 결국 세계보건기구는 코로나19에 대한 부정확한 정보의 '인포데믹'이 전 세계인의 건강에 위험을 초래하고 있다고 선언했다. 인도, 방글라데시, 에티오피아와 같은 일부 국가에서는 전염병에 관한 가짜 뉴스를 퍼트렸다는 이유로 언론인을 체포하기도 했다.

코로나19와 관련한 음모론은 앞에서 다루었기에 여기서는 코로나19 인포데믹 가운데 한국인이 관심을 가질 만하고 가져야 할 것에 대해서 좀 더 깊이 들어가보자. 코로나19바이러스는 동족이라고 할 수 있는 사스코로나바이러스, 메르스코로나바이러스처럼 박쥐에서 잘 지내다가 중간숙주를 거쳐 인간에게 전파된 것으로 알려져 있다. 영국 일간지 『데일리 메일 *Daily Mail*』과 러시아의 국영 국제방송인 RT는 중국 여성들이 박쥐 탕을 먹는 영상물을 보여주면서 우한시에서 촬영한 것이라고 소개했다. 우한시가 코로나19바이러스가 창궐하기 시작한 곳이고 각종 야생동물 요리를 만들어 파는 우한시 화난수산시장 상인들이 최초의 환자 집단으로 알려진 것 등과 연관시키려 이런 영상물을 올린 것으로 보인다. 이 영상은 즉각 세계 곳곳의 사람들에게 퍼져나갔다. 이 영상물에는 유명 중국 여행 블로거 왕명윤이 2016년 섬 국가인 팔라우에서 박쥐 수프를 먹는 장면도 들어 있었다. 그녀에게는 험담과 위협이 쏟아졌다. 이 사건은 아시아인들이 박쥐를 먹는다는 잘못된 정보를 확산시키고, 이 때문에 아시아인에 대한 혐오와 인종차별 감정을 갖도록 부추겼다. 실은 극히 일부 국가의 일부 사람들에게서 어쩌다 벌어지는 일인데도 말이다.

코로나19 최초 환자에 대한 가짜 뉴스도 나왔다. 박쥐 수프 사건과 더불어 최초 환자에 대한 이야기도 국내 언론들이 다룬 바 있다. 2020년 3월, 미군 예비군인 마제 베나시(Matje Benassi)가 코로나19 최초 환자라는 출처 불명의 이야기가 소셜 미디어 공간에서 소설처럼 퍼지기 시작했다. 중국 공산당의 통제를 받는 중국 매체들은 '얼씨구나' 하고 이를 앞다퉈 보도했다. 두 아이의 엄마인 그녀는 중국에서 코로나가 돌기 직전 우한에서 열린 2019년 세계군인대회에 참가했는데 그 때문에 이런 잘못된 소문의 주인공이 되었다. 유튜브에서는 그녀에 대한 근거 없는 이야기가 퍼져나갔다. 그리고 수십만 건의 댓글이 달렸다. 실은 그녀는 코로나19 증상을 경험한 적도 없고 바이러스 검사를 받은 적도 없었다. 베나시 부부는 소셜 미디어에서 댓글과 씨름해야 했고, 결국에는 계정을 폐쇄해야만 했다. 미국의 CNN은 최초 환자라는 낙인 때문에 그녀와 그녀 가족의 삶이 엉망진창으로 뒤틀렸다고 보도했다. 부부의 집 주소가 온라인에 게시되었고, 계정을 종료하기 전까지 음모론 신봉자들이 보낸 소셜 미디어 편지가 쏟아졌다.

특정 인종이 코로나19에 잘 걸리지 않는다거나 반대로 더 잘 걸린다는 이야기도 인포데믹의 단골손님이다. 코로나19뿐만 아니라 과거 사스, 후천성면역결핍증 등 세계적으로 퍼진 감염병 유행 때에도 이런 내용은 늘 활개를 쳤다. 후천성면역결핍증 유행 초기에는 아이티인과 동성애자가 이 감염병에 잘 걸린다는 이야기가 널리 퍼졌다. 후천성면역결핍증 유행 초기에 국내 언론은 "동양인은 안전하다", "한국인은 안전하다" 등 민족 우월성을 이야기하다 막상 환자가 나오고 늘기 시작하자 "동양인(한국인) 안전 신화 무너졌다" 식으로 자신들의 잘못된 보도를 덮으려 했다.

사스가 유행할 때는 한국인들이 김치를 많이 먹기 때문에 잘 걸리지 않는다는 근거 없는 이야기가 회자되기도 했다. 언론도 이를 흥미롭게 다루었다. 치명적 감염병이 유행할 때는 늘 자신이 속한 민족이나 인종의 우월성을 강조해 위안으로 삼으려는 기제가 작동한다. 다른 인종이나 민족의 열등함을 강조해 자기만족을 하는 것이다. 2차 세계대전 때 독일 나치가 펼쳤던 아리안 종족 우수성에 대한 주장이나 조선을 강제로 병탄한 일본이 조선인은 일본인에 견줘 열등하다고 주장한 것 등이 대표적인 사례이다.

2020년 2월 11일부터 페이스북에는 중국에 유학 온 카메룬 학생이 코로나19에 걸렸지만 아프리카인 유전자 때문에 완전히 치료됐다는 보고서가 급속하게 확산됐다. 하지만 3월 11일 케냐 보건부장관은 케냐의 첫 코로나19 환자를 발표하면서 "검은 피부를 가진 사람들은 코로나바이러스를 얻을 수 없다"는 소문은 가짜라고 반박했다. 인도인들은 다른 나라 사람들에 비해 자신들이 매우 독특한 생활양식을 가지고 있기 때문에 코로나19바이러스에 대한 면역력이 더 강하다는 '인도인 면역' 주장을 내세우기도 했다. 하지만 그 뒤 인도에서는 코로나19가 창궐했다.

인도에서는 채식주의자가 코로나19바이러스에 면역이 있다는 주장이 온라인에서 퍼졌다. 한때 트위터에서 "#NoMeat_

NoCoronaVirus, 고기를 먹지 않으면 코로나19바이러스도 없다"는 해시태그 퍼트리기가 유행하기도 했다. 물론 이런 주장은 일고의 가치도 없다. 코로나19바이러스가 동물(식물이 아니라)에서 왔기 때문에 채식주의자들은 자신의 가치 지향이 더 우수하다고 확신했던 것이다.

여기에 더해 많은 종교 종파들이 자신들은 신앙을 가지고 있기 때문에 코로나 감염병에 걸리지 않는다고 주장했다. 한국뿐만 아니라 세계 여러 나라에서 이와 유사한 주장과 행동들이 나타났다. 대구 신천지 교회를 중심으로 코로나19가 크게 유행한 뒤에도 신천지 신도들의 일그러진 행태들은 계속되었다. 신천지 교회의 지도자급 인사는 중국 우한시에서 코로나19가 창궐하고 있음에도 그곳에 있는 신천지 신도들은 단 한 명도 코로나에 걸리지 않았다며 이것은 우리의 신이 신도들을 보호해주고 있다는 증거라고 말했다. 그의 발언 뒤 한국에서 신천지 신도들에게 어떤 일이 벌어졌는지 모두가 다 알고 있다. 그런 내용을 강조한 신천지 교회 지도자와 당시 그런 발언을 들은 신도들은 지금 어떤 생각을 하고 있을까.

오랜 감염병 역사에서 신이나 종교가 감염병 자체를 좌지우지한 일은 없다. 성경에 나오는 전염병 관련 일화나 말씀은 대개 자신들의 종교 우월성을 과시하기 위한 상징적 언어 내지는 서사에 불과하다. 코로나19가 유행하기 시작한 뒤 이스라엘에 있는 초정통파 유대교에서는 "토라(유대교 율법)가 (우리를) 보호하고 구해주기" 때문에 회당과 신학교의 문을 닫으라고 하는 정부의 규제를 거부했다. 하지만 그곳에서 코로나19의 감염률은 일반 집단에 비해 8배나 높았다.

이슬람 국제 선교 단체인 타블리기 자마트(Tablighi Jamaat, 신앙을 전파하기 위한 협회)는 말레이시아, 인도, 파키스탄에서 대중 집회를 조직하면서 하나님께서 참여자들을 보호할 것이라고 주장했다. 하지만 그 후 이들 국가들에서 감염이 크게 증가했다. 심지어 대통령이 나서서 신앙인들이 기도하면 코로나19바이러스를 물리칠 수 있다고 말한 일도 있었다. 세계가 코로나의 확산을 막기 위해 집회를 금지하는 등 봉쇄 조치를 하는 것과 달리 탄자니아의 존 마구풀리(John Magufuli) 대통령은 사탄 바이러스는 오직 신앙으로만 물리칠 수 있기 때문에 신앙을 가진 사람들은 교회와 사원에 가서 기도하라고 권고했다. 그는 신앙인의 몸에서는 악마 바이러스, 즉 코로나19바이러스가 살아남을 수 없다고 했다. 우리나라에서도 신천지 교회 신도들에게서 코로나19가 기승을 부리자 일부 기독교인들이 '잘못된 믿음에 대한 하나님의 벌'이라며 참된 신앙으로 돌아올 것을 촉구하는 소자보를 광화문 거리 전신주 등에 붙이기도 했다.

소말리아의 보건 시스템은 지난 30년간 이어졌던 내전으로 붕괴되었다. 그만큼 코로나19에 취약했다. 그래서 정부당국은 코로나19로 인한 치명적인 영향을 피하기 위해 나름 애쓰고 있었다. 하지만 영국 일간지 『가디언 *The Guardian*』은 소말리아에서 코로나19가 확산되고 있는데도, 코로나19바이러스가 무슬림에게는 영향을 주지 못하며, 코로나19는 무슬림을 억압하는 비무슬림에 대한 형벌이라는 소문이 돌고 있어 정부당국이 우려하고 있다고 보도했다.

그리고 유럽에서도 본격적으로 코로나19 환자들이 나오기 시작했다. 하지만 그리스 정교회는 코로나19에 적극적으로 대처하지 않았고 그로 인해 많은 논란이 쏟아졌다. 그리스 정교회는 3월 9일 교회 성도들이 같은 성배에서 포도주에 담긴 빵 조각을 나눠 먹는 성찬식을 계속할 것이라고 발표했다. 성찬식이 질병 확산의 원인이 될 수 없으며 포도주는 그리스도의 피와 몸을 나타내기 때문에 외려 성찬식에 참석하는 사람은 누구든지 치유의 힘을 얻게 된다는 주장이었다.

그리스 교회의 이런 방침에 대해 그리스병원의사협회는 비과학적인 조치로서 방역의 걸림돌이 된다며 부정적인 입장을 보였다. 하지만 아테네 대학의 감염병학 교수인 엘레니 지아마렐루(Eleni Giamarellou)는 성찬식에는 아무런 위험이 없으며, 하나님에 대한 믿음으로 친교를 받아들이기 때문에 코로나에 감염될 수 없다고 밝혔다. 이에 대해 그리스병원의사협회는 과학적 진실 앞에 종교적 신념을 두었다고 비판했다. 그리스 정교회의 입장과는 달리 그리스 방역당국은 코로나19바이러스 확산을 막기 위해 전국 3개 주요 지역의 학교, 극장 등을 폐쇄하고 모임을 금지시켰다. 이는 그리스 정교회가 성찬식을 제한하지 않는 것에 대한 강력한 대응이었다.

그리스 정교회의 이런 태도는 한국 가톨릭 교회가 한동안 예배를 하지 않고 바이러스 확산의 원인이 될 수도 있는 성찬식을 하지 않은 것과 대조된다. 다행히 그리스는 정부의 노력 등으로 유럽 국가 가운데는 확진자와 사망자 수가 적은 편이어서 방역에 비교적 성공한 국가로 꼽힌다.

우리나라에서도 극우 선동가로 잘 알려진 전광훈 목사가 주로 고령층이 많은 자신의 추종자들에게 옥외에서는 대중이 모이는 군중 집회를 하더라도 코로나19바이러스에 감염되지 않는다는 허위 정보를 퍼트려 손가락질을 받은 바 있다. 이 사건은 외교 전문지 『디플로마트 *The Diplomat*』 등을 통해 국제사회에 알려지기도 했다.

가짜 뉴스와 인포데믹이 판을 치자 세계보건기구는 홈페이지에 '신화 파괴자들(Myth Busters)'이라는 코너를 만들어 인포데믹 확산 방지에 나섰다. 전 세계에서 벌어지고 있는 코로나19 감염병과의 전투를 진두지휘하는 데 전념해야 할 코로나19 세계연합군 사령부가 또 하나의 전쟁을 벌이고 있는 것이다. 세계보건기구는 코로나19 인포데믹과 관련한 다양한 질문과 답변들을 20개로 갖추려 올렸다. 이 스무고개만 잘 넘겨도 인포데믹의 포로가 되지 않을 수 있다.

가장 먼저 내세우고 있는 주제는 많은 사망자를 낸 알코올(메탄올) 섭취에 대한 것이었다. 세계보건기구는 술을 마시는 것은 코로나19로부터 우리를 지켜주지 못하며 오히려 건강이 나빠질 수 있다고 경고했다. 특히 메탄올은 독성 물질이어서 에탄올과 함께 물체 표면을 소독하는 데만 사용해야 한다고도 이야기했다.

두 번째 주제는 열상 카메라가 코로나19 감염자를 탐지해내지 못한다는 이야기에 대한 것이었다. 다시 말해 열 감지 스캐너는 정상 체온보다 높은 열이 나는 사람을 찾아내는 데만 효과가 있으며, 발열이 일어나는 것에 대해서는 여러 가지 원인이 있다고 밝혔다.

세 번째 주제는 코로나19 치료나 예방을 위해 현재까지 허가된 약은 없다는 사실이었다. 현재 몇몇 약물 임상 시험이 진행 중이지만 히이드록시클로로퀸 또는 다른 약물이 코로나19를 치료 또는 예방할 수 있다는 증거는 현재 없다고 강조했다. 또한 하이드록시클로로퀸을 잘못 사용하면 심각한 부작용과 질병을 유발할 수 있으며 심지어 사망에 이를 수도 있다고 경고했다. 그리고 현재 코로나19를 치료할 의약품을 개발하고 평가하기 위해 노력하고 있다고 덧붙였다.

네 번째 주제는 수프나 다른 음식에 후추를 넣어 먹는다고 해서 코로나19가 치료되거나 예방되지 못한다는 사실이었다. 후추는 맛을 내는 데는 좋을지 몰라도 코로나19 예방과 치료에는 아무런 도움을 주지 않는다는 것이다. 그리고 새로운 코로나19바이러스로부터 자신을 보호할 수 있는 가장 좋은 방법은 다른 사람과 최소 1미터 거리를 유지하고, 손을 자주 철저히 씻는 것이라고 밝혔다. 균형 잡힌 식사를 하고 수분을 자주 섭취하며 규칙적인 운동을 하고 잠을 충분히 잘 자는 것이 코로나19 예방에 도움이 된다는 사실도 강조했다.

다섯 번째 주제는 코로나19가 모기나 집파리를 통해 전염되지 않는다는 것이었다. 현재까지 코로나19바이러스가 모기나 집파리를 통해 전염되었다는 증거나 정보는 없다. 코로나19를 일으키는 바이러스는 호흡기 바이러스다. 감염된 사람이 주로 기침이나 재채기 또는 말을 할 때 나오는 비말 즉, 작은 침방울과 콧물 등을 통해 전파된다는 것이다. 그러므로 바이러스에 오염된 것으로 의심되는 물체를 만진 뒤 손을 씻지 않은 상태에서는 손, 코, 입을 만지지 말라고 했다.

여섯 번째 주제는 표백제 또는 소독제를 몸에 뿌리거나 바른다고 해서 코로나19에 걸리지 않는 것이 아니라는 것이었다. 그러므로 어떤 상황에서도 스프레이, 표백제, 소독제를 몸에 뿌리지 말 것을 당부했다. 이러한 물질이 피부와 눈에 닿으면 자극과 손상을 일으킬 수 있다는 것이다. 표백제와 소독제는 물체의 표면을 소독할 때 사용하는 것이기에 주의해서 사용해야 하며, 염소 표백제 및 기타 소독제는 어린이의 손이 닿지 않는 곳에 보관하라고 강조했다.

일곱 번째 주제는 5기가(G) 모바일 네트워크가 코로나19바이러스를 전파하지 않는다는 것이다. 앞서 말한 것처럼 코로나19는 감염된 사람이 기침이나 재채기, 말을 할 때 나오는 비말에 의해 감염될 뿐이지 전파 이동 네트워크에 의해서는 감염되지는 않는다. 이는 코로나19가 5G 모바일 네트워크가 없는 국가에서도 많이 확산되고 있는 것을 통해 알 수 있다.

여덟 번째 주제는 햇빛이나 섭씨 25도 이상의 온도에 몸을 노출한다고 해서 코로나19바이러스 감염이 예방되는 것이 아니라는 점이다. 제아무리 햇빛이 쨍쨍하거나 더운 날씨에도 코로나19에 걸릴 수 있다. 날씨가 더운 국가에서도 코로나19 감염 사례를 많이 찾아볼 수 있다.

아홉 번째 주제는 사람은 코로나19바이러스 감염병에서 회복할 수 있다는 점이다. 새로운 코로나19바이러스에 걸린다고 해서 평생 동안 약을 복용해야 하는 것은 아니다. 코로나19에 걸린 대부분의 사람들은 질병에서 회복하고 몸에서 바이러스를 없앨 수 있다. 질병에 걸리면 증상을 치료해야 한다. 대부분의 환자는 지지 치료 덕분에 회복됐다.

열 번째 주제는 한때 우리나라 사회 관계망 서비스 등을 통해서도 널리 퍼져나갔던 이야기로, 기침이 없거나 불편함 없이 10초 이상 숨을 참을 수 있다고 해서 코로나19나 다른 폐 질환이 없는 것은 아니라는 점이다. 코로나19 감염자에게서 가장 흔하게 볼 수 있는 증상은 마른기침, 피로와 발열이다. 또 어떤 코로나19 감염자는 폐렴과 같은 더 심각한 형태의 질병에 걸릴 수도 있다. 그러므로 코로나19바이러스가 있는지 없는지를 확인하는 가장 좋은 방법은 진단 기기로 실험실 검사를 시행하는 것이다. 앞서 말한 호흡 참기 등으로는 감염 여부를 결코 확인할 수 없다.

열한 번째 주제는 코로나19가 날씨 조건에 의해 창궐하거나 사라지거나 하지 않는다는 점이다. 코로나19바이러스는 고온 다습한 환경 속에서도 전파될 수 있으며 추운 날씨와 눈이 내릴 때도 전파될 수 있다. 일각에서 비가 잦고 무더운 여름철에는 바이러스의 생존력이 떨어져 코로나 유행이 잦아들 것이라고 예측하고 있다. 하지만 그런 날씨 환경을 가진 국가에서도 코로나는 창궐하고 있다. 외부 기온과 날씨에 상관없이 사람은 바이러스가 활동하기 딱 좋은 36.5도 안팎의 정상 체온을 유지하고 있다.

열두 번째 주제는 뜨거운 목욕을 한다고 해서 코로나19를 예방할 수 있는 것은 아니라는 사실이다. 뜨거운 물로 목욕하거나 사우나에서 몸을 씻는다고 해서 코로나19가 사라지지는 않는다. 인간의 체온은 항상 36.5~37도 안팎을 유지하기에 언제나 바이러스가 활동할 수 있다. 괜히 코로나19바이러스를 막겠다고 너무 뜨거운 물로 목욕하면 화상을 입을 수 있으니 주의해야 한다.

열세 번째 주제는 핸드 드라이어기가 코로나19바이러스를 죽이는 데 효과적인 방법이 아니라는 점이다. 코로나19바이러스로부터 자신을 보호하려면 알코올 손 세정제나 비누로 손을 깨끗이 자주 씻고 종이 휴지나 따뜻한 공기 드라이어로 손을 철저히 말리는 것이 좋다.

열네 번째 주제는 코로나19를 막기 위해 자외선 램프로 손이나 피부를 소독해서는 안 된다는 점이다. 자외선은 피부암 등을 일으키는 인체 발암 물질이며 피부 화상을 일으킬 수 있고 눈을 손상시킨다.

열다섯 번째 주제는 폐렴 예방접종을 한다고 해서 코로나19를 예방할 수는 없다는 것이다. 이런 가짜 이야기는 폐렴 백신이 바이러스 감염병인 코로나19에도 효과가 있을 거라는 추측에서 번진 듯하다. 현재 시중에 나와 있는 폐렴 구균 백신과 헤모필루스 인플루엔자(Haemophilus influenza) B형 백신은 모두 세균 백신이다. 따라서 결코 코로나19 예방에 도움을 줄 수 없다. 그리고 코로나19바이러스에 대한 효과적인 백신은 아직 나오지 않았다.

열여섯 번째 주제는 코를 식염수로 정기적으로 헹구어낸다고 해서 감염 예방에 도움을 주지 않는다는 점이다. 코로나19바이러스의 주요 침입 경로 가운데 하나가 코라는 사실을 가지고 이런 가짜 뉴스가 만들어진 것 같은데 이것은 어떤 과학적 증거도 없는 이야기이다. 일반 감기에 걸린 사람이 정기적으로 식염수를 사용해

코 안을 깨끗하게 씻어내면 좀 더 빨리 회복하는 데 도움이 된다는 몇몇 제한적 증거만 있을 뿐이다.

열일곱 번째 주제는 마늘을 먹으면 코로나19 예방에 도움이 된다는 것은 잘못된 정보라는 지적이다. 마늘은 약간의 항균 성질을 지니고 있지만 마늘을 먹어 코로나19가 치료되었다는 증거는 하나도 없다. 양파를 먹는 것도 마찬가지로 코로나19 예방에 도움이 되지 않는다.

열여덟 번째 주제로는 코로나19가 젊은 층에서는 잘 걸리지 않는다는 것이 잘못된 정보라는 점이다. 바이러스는 나이에 관계없이 사람들을 감염시킨다. 다만 천식, 당뇨, 심장 질환 등 기저 질환을 지닌 사람과 노인은 이 바이러스에 감염되면 중증 질환으로 이어질 위험성이 더 높기는 하다. 하지만 젊다고 해서 코로나19에 잘 안 걸리는 것은 아니다.

열아홉 번째 주제는 항생제가 코로나19 예방과 치료에 아무런 도움이 되지 않는다는 사실이다. 항생제는 세균에 듣는 약제이며 바이러스에는 아무런 효과가 없다. 코로나19에 걸려 병원에 입원하면 항생제를 투여받을 수 있는데 이는 환자에게서 세균 감염이 동시에 생겼을 때 처치하는 것이다.

스무 번째 주제는 아직은 코로나19바이러스에 대항할 수 있는 그 어떤 약물도 없다는 점이다. 그러므로 감염자를 치료하기 위해서는 다양한 방법을 사용해야 하며 중증으로 이어질 경우에는 산소 치료 등 최적화된 지지 치료를 시행해야 한다. 현재 세계 각국에서 특정 치료법들을 개발 중이며 임상 시험을 통해 테스트하고 있으니 우리 모두 희망을 가져보자고 세계보건기구는 말한다.

세계보건기구가 사례로 꼽은 문답 형식의 가짜 정보와 가짜 뉴스의 대다수는 2020년 2월부터 3월까지 다양한 인터넷 미디어를 통해 우리나라에서도 확산되었다. 정부, 신문사, 잡지사, 방송사, 의사협회는 팩트 체크를 하거나 뉴스와 보도 자료까지 내어 이런 가짜 정보에 일일이 대응하느라 힘을 뺐다. 방역에 모든 것을 쏟아도 모자랄 판에 이런 가짜 정보의 진위를 파악하여 국민들에게 알리느라 아까운 시간을 허비해야 했다. 내가 가입해 있던 단톡방 등에서도 이런 가짜 정보가 수시로 올라왔다. 대학과 대학원을 나온 지식인 층조차 코로나19에 대한 사실과 거짓을 제대로 구분하지 못했다. 나 역시 사회 관계망 서비스를 통해 코로나19에 대한 정확한 정보를 간단하게 설명하거나 모임에 참석해 말해주느라 시간을 할애해야 했다. 그만큼 인포데믹이 우리 사회에 끼친 악영향은 무척 크다.

이밖에도 코로나19 인포데믹과 관련한 가짜 정보와 가짜 뉴스는 많다. 이것들은 치명적 감염병이 돌 때마다 나타나 사람들을 혼란에 빠트리고 방역의 걸림돌이 된다. 첨단 과학기술 시대를 살고 있는 현대인들 사이에도 가짜가 여전히 큰 힘을 발휘하고 있다. 두려운 감염병이 돌고 있는 상황에서 지푸라기라도 잡고 싶은 사람들을 대상으로 흥미 위주의 정보를 올리거나 특정 개인이나 특정 기업의 이익을 추구하는 정보들을 올리는 사람들이 있다. 이렇듯 가짜 정보와 가짜 뉴스는 이를 활용해 돈을 벌려는 사람이나 기업들에 의해 증폭되고 유지된다.

예를 들어 '따뜻한 물을 자주 마시면 코로나 예방에 도움을 준다'는 가짜 뉴스는 그럴듯한 설명을 통해 널리 퍼졌다. 그리고 이 것은 사람들로 하여금 코로나19 예방에 물이 중요하다는 것을 각인시켰다. 이런 와중에 관련 기업들은 수소수, 자화수, 알칼리수, 이온수 등이 면역에 좋다며 사이비과학 홍보를 해댄다. 이렇듯 가짜 뉴스는 상업적 목적과 만날 때 잘 죽지 않고 끈질기게 살아남는다. 이러한 현상은 코로나19뿐만 아니라 다른 감염병 유행, 식품 위해 사건, 식수 오염 사건 등이 일어날 때마다 등장해 사람들을 혼란스럽게 만든다. 혼란에 그치지 않고 심각한 위험에 빠트리기도 한다. 이른바 라돈 침대 사건이 대표적이다.

이러한 인포데믹에는 진짜 정보와 가짜 정보가 섞여 있는 경우도 있다. 그리고 비상업적인 정보에 상업적 정보가 붙어서 퍼지는 경우도 있다. 예를 들면 '따뜻한 물을 마시면 좋다'는 비상업적 메시지에 '비타민C를 다량 섭취하면 코로나19가 예방된다'는 상업적 내용이 붙어 다니는 것이다. 비타민C가 코로나19 예방에 도움이 된다는 어떠한 연구 결과도 없지만 불안한 사람들에게는 솔깃한 정보가 될 수도 있는 것이다.

그러므로 이런 상업적 내용이 들어 있는 조언이나 정보를 접하게 되면 한 번쯤 의심해보는 것이 좋다. 그래야 엉뚱한 곳에 시간과 돈을 빼앗기지 않을 수 있다. 잘못된 정보를 그대로 믿고 일상생활에 무비판적으로 적용한다면, 코로나19를 예방하기는커녕 오히려 더 큰 위험을 감수해야 하는 일이 생길 수도 있다.

제 3 부

K-방역,
그것이
알고 싶다

+ 1장 끝까지 추적하는 셜록 홈스가 되어라

　　형사 콜롬보와 셜록 홈스는 사건을 해결할 수 있는 열쇠를 찾으면 범인을 잡을 때까지 끈질기게 그의 뒤를 쫓는다. 물론 여기에는 추적 과정에서 조금이라도 의문이 생기면 이를 그냥 넘기지 않고 의심에 의심을 보태 혼신의 힘을 다하는 성실과 노력이 함께한다. 이것은 코로나19 사태에도 그대로 적용된다. 누군가가 감염병에 걸리면 그가 어디서 감염병을 옮았는지, 또 누구에게 전파했을 가능성이 있는지 역학조사를 하는 것은 방역의 기본 중 기본이다. 코로나19처럼 증상 초기 내지는 증상 발현 직전에 감염을 일으킬 수 있는 바이러스의 경우라면 더욱 그렇다. 코로나19는 확진자를 얼마나 일찍 찾아내느냐와 그와 접촉한 집단이나 사람을 최대한 신속하게 파악하느냐에 따라 지역 확산 정도가 완전히 달라진다.

　　우리는 감염병뿐만 아니라 암과 같은 다른 치명적 질병에서도 조기 진단이 중요하다는 사실을 이미 익히 알고 있다. 그러므로 한국인의 사망 원인 1위를 오랫동안 굳건하게 지키고 있는 각종 암에 대해서는 국가는 물론이고 개인들도 조기 검진에 힘을 쏟으며 여기에 들이는 비용을 아끼지 않는다. 특히 발생률이 높고 치명률도 높은 일부 암에 대해서는 국민건강보험에서 검진 대상으로 삼는다. 이를 통해 매년 암을 조기에 찾아내 완치율을 높인다. 암으로 인한 사망을 줄이기 위해서는 물론 예방이 최선이다. 하지만 우리 주변에는 발암물질이 널려 있고 이를 피하기란 하늘의 별 따기처럼 어렵다. 현대인은 어쩔 수 없이 암과 함께 살아갈 수밖에 없는 처지에 놓여 있다. 암에 걸릴 위험을 줄이고 이를 통해 암 사망을 줄이는 것은 국가와 개인 모두 어느 정도 해낼 수 있다. 어떤 전략과 어떤 노력을 기울이느냐에 그 성패가 달려 있다.

코로나19와 같은 감염병도 마찬가지다. 지역사회에 단 한 명의 감염자나 환자가 남아 있어도 안심을 할 수 없다. 단 한 번의 방심으로 수십 또는 수백 명의 확진자가 일주일이나 열흘 사이 나올 수 있기 때문이다. 만약 우리가 마지막 한 명의 감염자가 누군지를 잘 모르는 상태라면 순식간에 바이러스가 퍼져 수천 명의 확진자가 나타날 수 있다. 이렇게 되는 데에 두 달도 채 걸리지 않는다는 사실을 우리는 중국 우한시와 대구·경북 지역의 감염자 확산 사태를 보면서 경험한 적이 있다.

따라서 코로나19 방역의 초점은 감염자가 나타났을 때 곧바로 그가 언제 어디서 누구와 어떻게 접촉했는지에 대한 역학조사를 시행하는 것에 있다. 이때 신속성과 정확성은 모두 중요하다. 접촉자의 감염 여부를 아무리 정확하게 확인해낸다 하더라도 그렇게 하는 데에 하루 이틀이 아니라 사나흘 또는 그 이상 걸린다면 그 사이에 엄청난 확산이 나타날 수 있다. 결국 확진자가 발생하면 접촉자에 대한 정보를 단 한 명도 빠짐없이 알아내는 것이 중요하다. 확진자가 자신의 증상이 발현하기 하루 이틀 전에 접촉한 사람과 방문한 곳을 빠짐없이 말한다면 좋겠지만, 확진자가 거짓말을 하거나 기억이 잘 안 난다고 할 경우도 있기에 역학조사관은 이를 염두에 두고 조사를 해나가야 한다.

코로나19가 국내에서 발생한 뒤 넉 달 이상이 지나면서 협조를 잘 해주는 확진자도 있었지만 그렇지 않은 확진자들도 많았다. 비협조적인 사람들은 자신으로 인해 다른 사람이나 지인들이 2주간 격리될 것을 두려워하는 경우도 있었고, 자신이 다녀간 곳이 노출돼 사무실이나 상점 등에 일시 폐쇄 등 불이익이 돌아갈까 봐 진실을 숨기는 경우도 있었다. 신천지나 사랑제일교회의 경우 교회가 곤경에 처할까 봐 거짓말을 하거나 교인 신분을 숨기는 경우도 상당수 있었다.

거짓말로 방역당국을 속여 코로나19 지역 확산을 조기에 막을 수 있는 기회를 가로막은 대표적 사례는 2020년 5월 초 연휴 시기 서울 이태원 클럽을 방문했다가 코로나19에 감염된 인천의 한 학원 강사를 꼽을 수 있다. 그는 방역당국의 역학조사에서 직업을 묻는 질문에 학원 강사이면서도 무직이라고 속였다. 학원 강사는 다수의 학생을 대상으로 가르치기 때문에 감염 시 코로나19를 전파할 가능성이 상대적으로 높은 직업군이다. 더군다나 그가 사회적 거리 두기를 잘 지키지 않고 마스크도 쓰지 않았다면 더욱 위험하다. 그 전에도 학원에서 여러 명에게 바이러스를 퍼트린 강사 사례가 있었다. 그의 잘못된 판단과 거짓말 때문에 그가 강의하던 학원에 다니던 고등학생 6명과 직장 동료, 개인 과외를 받은 중학생 쌍둥이 남매가 확진 판정을 받았고 이들과 접촉한 2차, 3차 감염자들이 거의 매일 나온 경우도 있었다.

2020년 5월 2일은 고3 학생들이 공식 등교를 하던 날이었다. 교육당국과 학부모 그리고 국민의 관심이 집중된 날이었다. 만약의 사태에 대비한 대응 시나리오도 만들어졌다. 모두 아무 일 없이 하루가 지나갔기에 사람들은 학생 가운데 더 이상 감염자가 나오지 않기를 기대했다. 그래야 이어서 고2 학생들과 고1 학생들 그리고 초등학생과 중학생도 순차적으로 학교에서 제대로 된 수업을 받을 수 있기 때문이었다.

하지만 이 기대는 학교 정상 교육의 시금석이 될 고3 등교 첫날부터 어그러졌다. 인천에 사는 고3 학생 두 명이 등교 전날 감염자로 확진 판정을 받은 것이다. 두 학생은 앞서 언급한 학원 강사한테서 감염된 수강생이 다녀간 코인노래방에 갔다가 감염이 되었다. 3차 감염이었다. 이 학교는 고3 학생 전원에게 등교하지 말 것을 긴급 통보했다. 이 학교와 가까운 인근 학교 등 66개 학교 고3 학생들은 대부분 등교했다가 교육당국이 뒤늦게 귀가 결정을 내려 이날 다시 집으로 돌아가야만 했다.

인천 학원 강사의 거짓말은 5차 감염자까지 나오게 했다. 경기 부천에서 있었던 돌잔치를 다녀온 인천 부평구에 사는 모자가 5월 23일 코로나19 확진자로 판정받았다. 이들은 돌잔치 뷔페 식당에서 앞서 학원 강사에게서 감염된 택시 기사와 함께 머문 것으로 확인됐다. 이 기사는 주말에 프리랜서로 사진사로 활동하며 돌잔치 등을 촬영해왔다. 이 택시 기사는 인천 학원 강사의 제자가 방문한 노래방을 아들과 함께 이용했다가 코로나에 감염됐다. 결론적으로 자신이 학원 강사인 것을 숨긴 인천 학원 강사로부터 시작된 코로나가 5차 감염까지 일어난 셈이다.

코로나19바이러스는 학원 강사에서 시작해 제자로 옮겨졌고, 제자가 방문한 노래방에서 택시 기사에게 옮겨진 후, 돌잔치에 참석한 부평의 43세 여성에게 옮겨간 이후 다시 아들로 옮겨간 것이다. 한 사람이 여러 사람에게 동시에 전파하는 슈퍼 전파도 문제였지만 이처럼 한 사람에서부터 꼬리에 꼬리를 물고 이어지는 이른바 'n차 감염' 또한 감염병 확산의 촉매제 구실을 했다. 이 촉매제의 핵심 성분은 바로 거짓말이었다. 거짓말은 방역당국으로 하여금 제대로 된 역학조사를 하지 못하도록 만든다. 한마디로 밀접 접촉자 추적을 하지 못하도록 만드는 것이다. 밀접 접촉자 가운데 다행히 감염자가 없으면 좋겠지만 이런 요행을 바라는 것은 그야말로 어리석은 태도다.

사태를 일파만파로 키운, 호미로 막을 것을 가래로도 막지 못하게 만든 문제의 이 학원 강사는 졸업을 한 학기 앞둔 대학생으로 신분을 정확하게 말하면 졸업과 취업에 불이익이 있을까 봐 거짓 진술을 했다고 뒤늦게 밝혔다. 정말 어처구니없는 변명이었다. 20대 초반이라고는 하지만 정상적인 상황 판단을 할 수 있는 성인으로서, 어느 정도 사회생활을 경험을 한 사람의 태도로는 볼 수 없는 일이었다. 인천 시는 그를 일벌백계해 두 번 다시 유사 사례가 생기지 않도록 하겠다는 의미로 감염병의 예방 및 관리에 관한 법률 위반 혐의로 경찰에 그를 고발했다. 이처럼 거짓말은 신속하고 정확하게 감염 여부를 판정할 수 있는 도구조차 무용지물로 만든다. 한마디로 거짓말은 공공의 적이며 감염병 예방의 걸림돌로서 방역에서 가장 경계해야 할 요소이다.

2020년 5월 20일, 트럼프 미국 대통령의 코로나19 대응을 비판하는 시민들이 "트럼프가 거짓말해 사람들이 죽는다"는 글귀가 새겨진 마스크와 피켓을 들고 시위를 벌였다. 이날은 코로나19로 숨진 희생자들을 추모하는 '전국 애도의 날'이었다. 당시 미국에서는 160만 명이 넘는 확진자와 9만 6천 명 이상의 사망자를 기록 중이었다. 이것은 세계 확진자와 사망자 수의 3분의 1에 해당하는 수치였다. 한마디로 이런 시위가 벌어지고도 남을 만했다. 이는 반정부 시위이기도 하지만 자신도 그런 처지가 될지 모른다는 절박감에서 나온 분노의 몸부림이었다. 그들은 트럼프 대통령이 사태가 이토록 심각한데도 이를 무시하거나 감추고 있다고 외쳤다. 그리고 치료제 등 엉터리 가짜 정보만을 퍼트린다고 비판했다.

또한 미국에서는 코로나19에 감염되지 않았는데도 자신이 코로나19에 걸렸다고 거짓말해 직장 폐쇄 등 회사에 손해를 끼친 것이 들통이 나 해고를 당해 법의 심판까지 받게 되는 사례도 발생했다. 애틀랜타에 있는 한 중견 기업에 다니고 있는 이 남성은 미국에서 코로나19가 본격 확산되기 시작할 무렵인 2020년 3월 19일에 회사에다가 자신과 함께 살고 있는 어머니가 코로나19 확진자와 접촉했다고 알렸다. 하지만 회사는 그가 감염될 위험이 낮은 수준이라고 판단하고 계속 근무할 것을 지시했다. 그러자 그는 그 뒤 이틀에 걸쳐 어머니에 이어 자신이 확진 판정을 받았다며 코로나19 진단서를 회사에 제출했다. 하지만 이것은 나중에 가짜로 드러났다. 처음에는 가짜 진단서인 줄 몰랐던 회사는 놀라 즉각 방역 소독을 하기 위해 사업장을 폐쇄했다. 그리고 그가 함께 일했던 동료 4명에게는 유급 휴가를 주고 자가 격리하도록 조치했다. 코로나19를 핑계로 일을 쉬고 싶은 하찮은 욕심 때문에 회사에 불필요한 손실을 끼친 경우이다. 그는 자가 격리된 동료들에게도 불안과 고통을 안겼다.

이처럼 혼란한 시기에 시민의 생살여탈권을 쥐고 있는 방역당국은 이런 사례에서 교훈을 얻어야 한다. 그리고 역학조사관은 감염 의심자에 대한 조사를 벌일 때 그 사람의 말투나 얼굴 표정 등에서 거짓을 의심할 수 있는 미세한 행동이 있는지 여부를 잘 살펴야 할 것이다. 이것을 사전에 교육하고 모의 실전을 통해 실습도 해야 할 것이다. 코로나19와 같은 감염병의 확산을 막기 위해서는 실상을 하루라도 빨리 파악해야 한다. 이 때문에 역학조사관은 조사 대상자들이 어떤 이유에서 거짓말을 할 가능성이 높은지를 알고 있어야 한다. 또 사람은 언제라도 거짓말을 할 수 있다는 전제하에 일을 해야 할 것이다.

감염병에 걸린 사람들은 자신이 피해자임이 분명한데도 마치 자신이 잘못해 걸린 것이란 생각에 자신이 가해자라고 생각할 수도 있다. 이런 생각은 가습기 살균제 참사에서도 나타난 현상이다. 진짜 가해자는 가습기 살균제를 제조 판매한 기업인데 마치 자신이 잘못 구매해 가족에게 사용하도록 해 자녀, 배우자, 부모 등이 숨졌다고 느끼는 것이다. 이들은 자신이 가해자라는 생각 때문에 가해 기업보다 더 괴로워하는 경우가 많았다.

그러므로 우리 사회는 코로나19 감염자들이 가해자라는 사고를 하지 않도록 배려해야 한다. 그렇게 함으로써 감염자들이 거짓 진술을 하지 않도록 힘써야 한다. K-방역을 구성하는 핵심 부품 가운데 하나인 '끝까지 신속 추적'이라는 부품이 정교하게 만들어져 제 성능을 발휘하려면 거짓말과의 싸움에서 이겨야 한다. 방역은 바이러스와의 싸움이 아니라 실은 사람과의 싸움이다. 바이러스를 뒤쫓는 것이 아니라 감염자가 타인과 접촉하기 전에 먼저 그를 찾아내는 것에 성패가 달렸다.

매일 정례 기자회견이 열리던 충북 오송의 질병관리본부 청사에는 2020년 2월 19일 평소와는 다른 긴장감이 흘렀다. 발표를 앞둔 정은경 질병관리본부장 겸 코로나19 중앙방역대책본부장을 비롯한 간부들의 표정에는 어두운 그림자가 엿보였다. 정 본부장은 국내 31번째 환자가 대구에서 나왔으며 그가 166명과 접촉했다고 발표했다. 지금은 우리 모두가 잘 알고 있는 신천지 대구 교회 60대 여신도였다. 그리고 이를 기점으로 대구·경북 코로나19 확진자와 사망자 폭증 사태가 일어나게 된다. 우리는 물론 방역당국도 눈치채지 못하고 있던 거대한 코로나19 빙산이 솟구치는 순간이었다.

정 본부장은 접촉자와 그의 동선에 대해 자세하게 설명했다. 접촉자 166명 중 128명은 그가 입원해 있던 대구 수성구의 한 한방병원의 의료진, 환자, 보호자들이었다. 정 본부장은 입원 환자들을 모두 대구의료원으로 옮기고 병원은 2월 18일에 이미 폐쇄했다고 밝혔다. 놀라운 사실은 이날 대구·경북 지역에서 확진 판정을 받은 18명 가운데 12명이 31번 확진자가 다니던 대구 남구 신천지 교회 신도였다는 점이다. 방역당국은 이 신천지 교회를 2월 19일 폐쇄하고 방역을 실시했다고 덧붙였다. 중앙방역대책본부가 이날 밝힌 31번 확진자의 동선을 보면 앞으로 벌어질 사태가 심상치 않을 것임을 짐작케 해주었다.

31번 확진자는 판정받기 10여 일 전인 2월 6일 오전 9시 30분쯤 본인 차량으로 동구 한 클럽에 출근했다. 이어 7일 오후 5시 한방병원에서 진료를 받은 뒤 16일까지 입원했다. 그는 입원 도중 9일과 16일 두 차례 걸쳐 대구시 남구 신천지 대구 교회를 방문했고, 또 15일 11시 50분쯤에는 동구 퀸벨 호텔을 방문했다. 병원 측은 폐렴 증세를 보이는 그에게 두 차례 코로나19 검사를 권했으나 따르지 않았다. 2월 17일 폐렴 증세가 심해지고 나서야 그날 오후 3시 30분 수성구 보건소를 찾아 대구의료원으로 이송돼 확진 판정을 거쳐 격리 치료를 받았다. 이날 중앙방역대책본부의 발표를 직접 듣거나 전해 들은 시민들은 '올 것이 왔구나'라는 반응을 보였다.

감염병 전문가라면 사태의 긴급성을 더욱 절실하게 느꼈으리라. 이재갑 한림대 강남성심병원 감염내과 교수는 이 소식을 전해 듣고 가만히 있어서는 안 되겠다는 생각을 했다. 그는 행동하는 의사였다. 2014년 아프리카에서 에볼라바이러스병이 대유행을 할 때, 가족의 만류에도 불구하고 대한민국 지원단의 일원으로 자원해 현존하는 감염병 가운데 가장 두렵다는 에볼라와의 사투 현장으로 달려간 인물이다. 에볼라에 견주면 코로나19 감염으로 인한 사망 위험성, 즉 치명률은 매우 낮기 때문에 전문가로서 코로나19가 두려워 현장에 가기를 꺼리지 않은 것이다.

이재갑 교수는 2월 20일 밤 대구로 내려가는 도중 밤 11시 30분께 대한감염학회 신종감염병위원회 정책 태스크포스(TF) 단톡방에 긴급하게 다음과 같은 글을 올렸다. "사태가 심상치 않아요. 빨리 대규모 진단 방안을 만들어야겠어요." 김진용 인천의료원 감염내과 과장은 이 메시지를 보고 감염을 막으려면 (코로나19 감염 의심자와 밀접 접촉자에 대해) 실내 공간이 아닌 병원 밖에서 검사를 해야 한다는 생각을 떠올렸다. 그는 하루 종일 코로나19 의심 환자를 보느라 몸과 마음이 매우 피곤한 상태였음에도 건물 밖에서 접촉자와 감염 의심자를 안전하고 효과적으로 진단할 수 있는 방안을 구상하면서 컴퓨터 작업을 벌였다. 그는 자동차 아이콘을 하나씩 붙여 자동차를 타고 검사를 받으러 온 사람들이 문진에서 검체 채취 그리고 다시 귀가하는 과정을 파워포인트를 활용해 모식도로 만들었다. 그가 '드라이브 스루'의 개념도를 완성한 시각은 그 다음 날 오전 3시 53분이었다. 그리고 곧바로 단톡방에 이를 올렸다. K-방역이 자랑하고 세계가 깜짝 놀라며 찬사를 보내고 있는 신무기 '드라이브 스루(DT, Drive Through) 선별진료소'는 칠흑 같은 어둠을 뚫고 이렇게 고고지성(呱呱之聲)을 울렸다.

아이디어가 아무리 좋더라도 이것이 실행되지 않으면 아무 짝에도 쓸모없는 것이다. 발명의 세계에서는 그런 일이 너무나 자주 일어난다. 하지만 김진용 과장의 아이디어는 너무나 반짝였다. 또 그때 우리는 썩은 동아줄이라도 쥐고 싶을 정도로 절박한 상황이었다. 우리나라 대부분의 의사들에게는 낯선 드라이브 스루라는 아이디어를 공개한 다음 날 김진용 과장은 권기태 칠곡 경북대병원 감염관리실장한테서 전화를 받았다. 권 실장은 몇 가지 내용을 물어본 뒤 그 다음 날 세계 최초로 드라이브 스루 진료소를 열었다. 속전속결이었다. 감염병과의 전쟁에서는 환자 추적, 검역 차단, 자가격리, 검사와 치료 등 모든 부문에서 신속성이 매우 중요하다. 권 실장은 이를 잘 알고 있었기에 즉각 이를 실천할 수 있었다. 김 과장의 드라이브 스루가 문서로서가 아니라 눈에 보이는 실체로 세상에 드러난 시간이었다.

드라이브 스루는 곧바로 대한민국의 코로나19 검사 시스템의 표준이 되었다. 그리고 전 세계는 이 새로운 방식의 검사 시스템에 호기심과 함께 박수갈채를 보냈다. 영국의 BBC 방송 등 외국 언론들은 일제히 이를 소개했고 미국, 유럽 등 세계 각국에서 한국의 방식을 벤치마킹했다. 즉 드라이브 스루는 코로나19와 관련해 한국의 위상을 또다시 크게 드높이는 히트 상품이 됐다.

드라이브 스루는 다음과 같이 이루어진다. 드라이브 스루 선별진료센터에서는 입구(접수), 문진표 작성, 체온 측정, 의사 진료, 검체 채취, 출구(검사 결과 통보 안내문) 등 일련의 과정이 검사 대상자가 차량을 타고 있는 상태에서 이뤄진다. 외부 공기가 차량 안으로 유입되고 차량 안 공기가 밖으로 빠져나가는 것을 막기 위해 자동차의 차량 공기 조절을 '내부 순환 모드'로 한 뒤 자동차가 진료소로 진입할 수 있다. 그 뒤 대형 모니터를 통한 검사 안내를 하고 의료진과 휴대전화를 이용해 대화한다. 서로 간 접촉을 최소화하기 위해서다. 체온 확인, 검체 채취 등도 창문을 5센티미터 정도만 최소한으로 내리고 시행한다.

경주 보건소에서 드라이브 스루를 하고 있는 모습이다.
출처 경주시

드라이브 스루가 지닌 장점은 너무나 명확했다. 가장 중요한 것은 실외에서 하기 때문에 실내 또는 준 실내 공간에서 검사할 때 생길 수 있는 검사 공간 오염을 막을 수 있다는 점이다. 많은 사람들이 검사하기 위해 모일 때 생길지도 모를 검사 대상자 간 감염 즉, 교차 감염을 예방할 수 있는 것도 장점이다. 검사를 받는 사람이 다른 사람에게 노출되지 않는 것, 사생활 보장도 큰 장점이다. 특히 사회적으로 잘 알려진 사람일 경우 더욱 그렇다. 신천지 교회 이만희 총회장도 자신의 검사 여부에 대한 질책과 지자체와 언론의 추적이 들어오자 과천시 보건소에서 드라이브 스루를 받은 바 있다.

또 검사를 받는 사람이 실제 감염자일 경우 바이러스가 의료진에 전파되는 것을 최대한 막을 수 있다. 거꾸로 의료진이 감염된 상태일 경우에 대비해 면 대 면 접촉을 최소화함으로써 의료진한테서 검사 방문자가 감염되는 것을 막을 수 있다. 또 드라이브 스루는 이렇게 안전 장치를 극대화함으로써 의료진, 검사 희망자와 대상자 모두가 코로나19 감염의 심리적 부담 없이 검사하고 검사받을 수 있도록 한다. 한 사람의 검체를 채취하는 데 걸리는 시간도 기존 30분 이상에서 10분으로 크게 줄어들었다. 한마디로 검사를 받는 사람과 검사를 하는 사람 모두가 만족해했다. 누이 좋고 매부 좋은 제도였다. 부담 없이 검사를 받을 수 있다는 것은 매우 중요하다. 검사를 기피하는 풍조가 만연할 경우 코로나19 감염자가 지역 사회에서 조용하게 전파하는 일이 계속 발생할 수 있기 때문이다.

영국 BBC 특파원은 우리 드라이브 스루 선별 진료소 시스템을 보고 놀라워했다. 그는 2월 26일 자신의 트위터에 드라이브 스루 선별 진료소 사진을 올리고 "한국 대구에 있는 놀라운 의사들이 우리에게 이 사진을 보내줬다"며 "코로나19의 새로운 진료 방식인 드라이브 스루다. 한국은 기발한 아이디어를 빨리 자리 잡게 했다"고 적었다.

국제사회에서는 드라이브 스루로 통하는 이 아이디어가 코로나19 팬데믹 시대에 한국에서 가장 먼저 등장할 수 있었던 원동력은 어디에 있는 걸까? 적어도 한국인이라면 드라이브 스루 원조 국가의 국민이라는 강한 자부심과 함께 이런 질문에 대한 답을 알고 싶어 할 것이다. 그 원동력은 어느 하나가 아니고 여러 가지가 있을 수 있다.

첫째, 2020년은 1980년대나 1990년대와 달리 자동차가 널리 보급된 '자가용 시대'이다. 만약에 30~40년 전에 코로나19와 같은 감염병이 대유행을 했더라면 드라이브 스루와 같은 아이디어는 나오지 않았을 터이다. 만약에 누군가가 그런 생각을 했더라도 이를 실행하려는 이가 없었을 것이다. 자신의 차를 타고 검사를 받고 싶어도 자가용이 없는 사람이 더 많거나 상당하면 드라이브 스루의 실효성이 크게 떨어질 것이기 때문이다. 하지만 지금은 거의 대부분의 가정에서 자동차를 한 대 이상씩 보유하고 있다. 2019년 12월 말 기준, 우리나라의 자동차 누적 등록 대수는 2천 367만 7,366대이다. 2020년 5월 지급하기 시작한 코로나19 긴급 재난 지원금 대상 가구 즉, 1인 가구를 포함한 우리나라 전체 가구 수가 2천 170만이므로 한 가구당 1대 이상의 차를 가지고 있다고 볼 수 있다.

둘째, 코로나19 유행이 중국에 이어 아직 유럽, 미국, 일본 등에서 본격 유행하기 전이었을 때 한국에서 코로나19가 급증하는 사건이 터졌기 때문이다. 다시 말해 대구 신천지 교회 신도인 31번 환자가 많은 사람들과 접촉했고 대구 신천지 교인들을 중심으로 속속 확진자가 나오기 시작했기 때문이다. 중국은 본격 유행을 하자마자 우한시 봉쇄라는 유례를 찾기 힘든 고강도의 차단 전략을 구사해 드라이브 스루와 같은 새로운 방식의 검사를 하려는 발상 자체가 힘들었다. 우리가 먼저 하지 않았더라면 그 뒤 코로나19의 세계적 유행 실태로 볼 때 다른 국가에서 도입했을 가능성이 물론 있다. 드라이브 스루 방식은 감염병 검사는 아니지만 생물 테러 등과 같은 다른 감염병 사건이 발생했을 때 치료제를 배부하기 위해 과학자들이 만들어놓은 적이 있다. 그러므로 이 분야의 전문가들은 다수가 이를 알고 있었을 것이다.

셋째, 우리나라 감염병 전문가들, 특히 젊은 의사들이 지닌 열정적 태도와 열린 자세를 꼽을 수 있다. 그들은 공동체가 위기에 처했을 때 몸을 사리지 않고 시민의 생명과 안전을 위해 자신의 몸을 던지는 자세를 보여주었다. 우리 보건의료인들은 메르스 등 국가 위기 상황에서 이를 피하지 않고 자신의 분야에서 묵묵히 최선을 다해왔다. 감염병 검사에 드라이브 스루를 세계 최초로 도입해 특허 아닌 특허권을 가지고 있는 김진용 감염내과 의사와 그가 곧바로 열정을 다하도록 도와준 이재갑 교수 모두 40대 중반으로 순발력이 뛰어나고 사명감으로 똘똘 뭉친 사람들이었다. 김진용 과장은 전형적인 얼리 어답터(early adapter)이다. 다시 말해 새로운 기술이나 신상품 등이 나오면 누구보다 먼저 이를 구매해 사용하거나 그 기술을 이용하는 유형의 사람이다. 중학교 때 고향인 전남 함평 읍내에 있던 컴퓨터 교습 학원을 다녔으며 고등학교 때는 컴퓨터 조립이 취미였다고 한다. 그는 드라이브 스루라는 아이디어를 어떻게 떠올리게 됐는가를 묻는 언론의 질문에 다음과 같이 답했다.

"2년 전 이재갑 교수와 생물 테러 때 세균에 노출된 사람들에게 예방적 항생제를 배포하는 방식을 연구하면서 드라이브 스루 배포를 고민한 적이 있습니다. 그때 2010년 미국 스탠퍼드 대학 연구팀이 인플루엔자 팬데믹에 대비해 드라이브 스루로 진단약과 백신을 배포하는 모델을 논문으로 발표한 게 있어서 힌트를 얻었어요.

차이라면 스탠퍼드 논문은 치료 백신이 있는 경우였고, 코로나19는 백신이 없는 고위험 병원체를 진단해야 한다는 거였죠. 전자가 아이디어 차원이었다면 우리는 현실에 적용했고요."

그가 말한 생물 테러 때 세균에 노출된 사람에게 예방적 항생제를 배포하는 방식을 고민하면서 드라이브 스루 방식을 고민한 적이 있다는 설명은 미국에서 발표된 논문을 보고 한 것으로 보인다. 감염병 유행과는 직접적인 관련은 없지만 생물 테러로 감염병이 발생해 예방약 배포가 필요할 때 드라이브 스루 방식을 활용하는 방안이 제시되기도 했다. 미국 IEM사의 프라시스 배컴(Prasith Baccam) 등이 『생물 안보 및 생물 테러 *Biosecurity and Bioterror*』 2011년 6월호에 기고한 '대량 예방약 배포 관련 : 다중 배포 지점의 교통과 공중의 접근성'에서 생물 테러 사건이 발생할 경우 여러 분배 지점을 도입하면 노출 후 예방약을 신속하게 나눠줄 수 있어 생물 테러에 노출되는 사람을 줄일 수 있으며 만약 이에 실패하면 심각한 공중보건 문제를 초래할 수 있다고 밝혔다. 이들은 다중 배포 지점 주변의 교통 흐름과 주차를 탐색하고 이러한 요소가 예방약을 나누어주는 요원들에게 어떤 영향을 미치는지 조사하기 위해 몬테카를로 시뮬레이션을 개발해 이상적인 조건을 찾아냈다는 것이다.

메이드 인 코리아 코로나19 드라이브 스루에 더 직접적인 영향을 끼친 것으로 보이는 논문은 이것보다는 2010년 『응급의학보 *Annals of Emergency Medicine*』 55권 3호에 실린 '드라이브 스루 의학 : 인플루엔자 팬데믹 시 환자의 빠른 평가를 위한 새로운 제안'이란 제목의 논문이다. 에릭 와이즈(Weiss EA) 등 네 명의 저자는 이 논문에서 "인플루엔자 대유행 동안, 응급실은 환자 방문 증가로 인해 넘쳐날 수 있으며 환자 간 서로 교차 감염이 발생할 수 있는 환경이 조성된다. 환자가 차량에 있거나 차량 근처에 있는 동안 환자를 신속하게 평가하기 위해 새로운 드라이브 스루 모델을 개발하고 테스트했다. 환자의 자동차는 전염병의 개인 간 확산을 완화하기 위한 사회적 거리 전략을 제공하게 될 것"이라고 밝혔다.

　2009년 전 세계를 휩쓴 신종인플루엔자 팬데믹과 같은 감염병이 다시 유행할 것에 대비해 드라이브 스루 아이디어를 처음 제시한 논문이다. 이 연구진들은 2009년 4월 최초의 신종인플루엔자(H1N1) 발병 중 스탠퍼드 병원 응급실에서 치료받은 인플루엔자 유사 질환이 있는 38명의 환자 차트를 사용하여 드라이브 스루 인플루엔자 클리닉에 대한 38명의 환자 시나리오를 작성해 드라이브 스루 인플루엔자 클리닉의 타당성을 테스트했다. 그 결과 환자의 총 체류 시간은 26분이었고, 훈련 중 의사는 실제 응급실 방문 동안 입원 및 퇴원한 환자를 100% 정확도로 식별할 수 있었다고 밝혔다. 이런 결과를 바탕으로 이들은 환자를 돌보는 시간을 더 단축할 수 있어서 인플루엔자 팬데믹 발생 시 드라이브 스루 모델이 사람이 걸어서 응급실 또는 병의원을 찾는 기존 방식 진료에 대한 대안이라고 제시했다. 또 환자의 차량이 사실상 격리실이 되기 때문에 드라이브 스루가 개인 간 전염병이 확산되는 것을 완화해주는 사회적 분산 전략이라고 덧붙였다.

　김 과장이 비교한 것처럼 스탠퍼드 논문의 드라이브 스루와 우리가 첫선을 보인 드라이브 스루의 차이는 치료 백신의 유무였다. 우리나라의 드라이브 스루는 아직 백신이 없는 현실에서 고위험 바이러스를 신속 검사한다는 것이었다. 또 스탠퍼드의 드라이브 스루는 실제로 적용된 것이 아니었다. 하지만 우리나라의 경우는 실전에 바로 배치되었다는 점이 다르다고 할 수 있다.

이 세상에는 무에서 유가 갑자기 등장하는 경우는 거의 없다. 완전히 새로운 것으로 보이는 것도 찬찬히 돌아보면 실은 그 이전에 약간의 성과나 유사한 사례 내지는 아이디어들이 있었음을 알 수 있다. 천동설을 무너뜨린 지동설의 등장이나 전염병의 미생물설, 제너의 우두법 등도 엄밀하게 따지면 이전에 있었던 유사 사례나 다른 학자 등이 예측하거나 일부 증명해놓은 것을 확실하게 하거나 완벽하게 입증한 것에 지나지 않는다. 드라이브 스루도 이미 패스트푸드 판매나 커피 판매 등에서 선보여 대중이 잘 알고 있는 것이다. 어찌 보면 감염병 검사에서 이와 같은 방식이 차용된 것이라고 볼 수 있다. 하지만 이런 차용은 아무나 할 수 있는 것이 결코 아니다. 청출어람(靑出於藍)이라고나 할까. 고민과 고뇌와 창발성이 있어야만 이런 것을 이루어낼 수 있다. 코로나19 드라이브 스루가 갖는 무게가 결코 가볍지 않은 것은 이 때문이다.

2020년 5월 31일 봄의 마지막을 알리고 여름의 문턱에 있던 일요일 여의도에 설치한 도보 이동형 선별 진료소는 종일 붐볐다. 서울 여의도에서 학원 강사 관련 확진자가 9명이나 나오면서 코로나19 검사를 받으려는 사람들의 발길이 바빠졌다. 검사 대상자만 수천 명에 이르다 보니 찾는 사람이 많을 수밖에 없었다. 주말 이틀

동안 검사를 받은 인원만 1천 명이 넘었다. 도보 이동형 선별 진료소는 어느덧 우리 사회에서 익숙한 풍경으로 자리 잡았다. 서울시가 외국에서 코로나19가 창궐해 국내로 들어오는 한국인이 많아지면서 잠실 운동장에 처음 도보형 이동 선별 진료소를 설치하려 할 때만 해도 일부 주민과 4·15 총선에 출마했던 여야 후보자들이 일제히 반대의 목소리를 낸 것이 격세지감으로 느껴졌다.

그 뒤 이태원 클럽 사태 등 집단 감염이 발생해 감염 여부 검사를 받아야 할 대상이 많아질 때마다 도보 이동형 선별 진료소가 해당 지역에 들어서 신속한 검사를 진행할 수 있었다. 드라이브 스루와 더불어 도보 이동형 검사는 대한민국 K-방역의 효자 노릇을 톡톡히 해왔다. 이곳을 찾은 시민과 검사를 맡은 의사와 간호사를 비롯한 의료진이 모두 만족하는 시스템이었다.

도보 이동형 선별 진료소 시스템, 즉 워크 스루(WT, Walk Through) 선별 진료소 시스템은 에이치플러스(H+) 양지병원이 전 세계에서 처음 도입했다. 이 검사 방식은 과거 1970년대부터 1980년대까지 우리가 많이 애용했던 공중전화 박스 크기의 부스 안에 환자가 들어가게 되면 의사와 간호사 등 의료진이 밖에서 안으로 향해 있는 특수 글러브(glove)를 이용해서 환자와 대면하지 않고 검삿감, 즉 검체를 확보함으로서 검사를 받는 사람의 안전을 최대한 보장하는 진료 환경 시스템이다.

부스 내부는 강력한 음압이 걸려서 감염자 또는 환자가 바이러스가 함유된 침방울(비말)을 내뿜더라도 의료진은 감염을 피할 수 있다. 또 음압 부스에 있는 음압기는 고성능(HEPA, 헤파) 필터가

장착돼 있어 비말을 효과적으로 제거해주고 또 소독과 환기가 꼼꼼하게 관리되는 특징이 있다.

감염 의심자를 직접 접촉하지 않고 안전하고 신속하게 검사하기 위해 에이치플러스 양지병원에 설치한 감염 안전 진료 부스이다.
출처: 에이치플플러스 양지병원

워크 스루 즉, 도보 이동형 선별 진료소 시스템은 한국이 '아이디어 특허권(?)'을 가지고 있다. 드라이브 스루가 자동차를 보유하고 이를 진료소까지 운전해올 수 있는 사람이 대상이라면 워크 스루는 자동차가 없거나 자동차를 몰고 올 형편이 안 되는 사람들을 위해 고안된 맞춤형 검사로서 매우 창의적이고 혁신적이라고 할 수 있다.

안전한 진료 환경을 만드는 것은 의료진이나 시민 또는 환자 모두에게 매우 중요하고 절박하다. 코로나19 유행이 장기화되면서 의료진들의 긴장도와 피로도는 매우 심해졌다. 이런 필요가 이런 시스템을 탄생시켰다. 필요는 발명의 어머니라고 했던가. 바이러스 등을 연구하는 실험실은 안전이 매우 중요하기 때문에 바이오 안전 등급을 매기고 있다. 4등급이 가장 안전도가 높은 실험실인데 치명적인 에볼라바이러스 등을 다룰 때 갖추어야 할 등급의 실험실이다. 미국 영화 〈아웃브레이크〉 등 감염병 재난 영화에서 생물 안전 4등급 실험실의 모습을 볼 수 있다. 우리나라에서는 4등급 실험실이 아직 없고 가장 높은 등급은 3등급이다. 에이치플러스 양지병원 김상일 원장은 생물 안전 3등급 정도의 진료 환경을 만들면 의료진들이 좀 더 안전하게 진료할 수 있지 않을까 생각해서 도보 이동형 선별 진료 시스템(감염 안전 진료 부스)을 만들었다고 한다.

이 진료소는 모두 디지털화돼 있다. 먼저 QR코드를 통해서 전자 문진표를 작성하게 되고 전자 문진표 작성이 끝나면 자동적으로 접수가 이루어진다. 개인 메신저를 통해서 자동 안내 순번 시스템에 따라 안내를 받아 부스에 들어가게 된다. 부스에 입장하면

의사와 직접적인 면 대 면은 아니지만 간접적으로 마주 보면서 진료 상담을 하게 되고 검체가 필요한 경우에 약 1분 만에 채취를 할 수 있다. 검체 채취가 끝나고 방문자가 나가게 되면 부스 내부를 철저하게 소독 환기하는데 약 10분의 시간이 걸린다. 물론 여러 개의 부스가 있어서 한 곳을 소독하고 환기하는 동안 다른 곳에서는 같은 방식으로 진료를 할 수 있다. 이 시스템은 이전의 부스 운영 방식보다 훨씬 더 안전하고 검사와 진료가 빨리 이루어져 매우 효율적이었다. 이전까지는 음압 시설이 갖추어진 넓은 컨테이너 또는 특수 천막 공간에서 의료진이 직접 얼굴을 마주하고 진료와 검체 채취를 하다 보니 소독과 환기에 많은 시간이 걸려 시간당 볼 수 있는 환자 수가 적었다. 과거에는 환자 한 명을 볼 때마다 방호복을 소독하거나 새로운 방호복으로 갈아입어야 했는데 도보 이동형 선별 진료소에서는 그럴 필요가 없어 방역 물자를 아낄 수도 있었다.

그러나 도보 이동형 선별 진료소 시스템의 주요 단점 중 하나는 음압 부스 설치 비용이 제법 들어간다는 점이다. 부스 하나당 280~300만 원이 필요하다. 또 부스 내부를 사람이 들어가 소독하고 환기를 해야 하기 때문에 안전한 소독에 대한 우려가 일부 있다. 한국의 도보 이동형 선별 진료소는 드라이브 스루 시스템과 더불어 많은 외국에서 깊은 관심을 보였고 실제로 도입한 나라도 많다.

김상일 양지병원 원장은 2020년 4월 『한국의과학지』에 도보 이동형 선별 진료소에 관한 논문을 실어 국내는 물론이고 외국에서도 누구나 이를 벤치마킹할 수 있도록 공유했다.

K-방역은 검사·확진, 역학·추적, 격리·치료로 이어지는 일련

의 과정이 완벽하게 이루어져야 하는 시스템으로 되어 있다. 검사·확진, 역학·추적은 돌고 도는 과정이다. 검사·확진, 격리·치료로 이어지기도 한다. 드라이브 스루와 도보 이동형 검사는 검사를 손쉽고 안전하게 할 수 있게끔 해주는 시스템이다. 실제 검사는 검사 시약과 검사 기기로 이루어진다. 이것이 국내 병원 등에 충분히 갖추어지지 않으면 앞서 드라이브 스루와 도보 이동형 검사를 통해 아무리 신속하게 검체를 확보한다 해도 아무런 소용이 없다.

우리나라는 코로나19 유행 초기였던 1월부터 한꺼번에 많은 물량의 검사 시료를 실시간 RT-PCR 검사법으로 바이러스 여부를 감별해낼 수 있었다. 미국과 일본 등 선진국에서는 3월이 되어서야 제대로 된 검사를 소화해낼 수 있었다. 한국이 두 달 가까이 빨랐던 것이다. 그 이면에는 국민건강보험이 있다. 우리는 일찍부터 바이러스 검사에 PCR 검사법을 적용해왔다. 특히 인플루엔자바이러스나 메르스 등 RNA바이러스에 대해서는 RT-PCR 검사법을 시행해왔다. 이 검사법은 한 명을 검사하는 데 들어가는 비용이 15만 원 안팎의 고가이기 때문에 전액 본인에게 부담을 지우면 이를 선뜻 하려는 사람이 많지 않게 된다. 미국에서는 초기 전액 본인에게 부담 지웠던 것이 큰 문제가 됐다. 하지만 우리는 일찍부터 코로나19 유사 증세와 감염 의심 등 특정 요건이 되어 검사를 받는 경우에는 국민건강보험 요양급여 항목에 집어넣고 국민건강보험에서 비용의 일정 부분(60%)을 떠안고 나머지는 국가가 맡는(40%) 식으로 환자나 의심 환자, 밀접 접촉자에 대한 검사를 확대했다. 이것이 주효해 환자뿐만 아니라 무증상 감염자까지 조기에 찾아내 격리 내지는 치료를 받을 수 있게 만들었다.

2009년 신종인플루엔자 유행 시 우리는 신종인플루엔자 A(H1N1) 확진 검사법으로 실시간 RT-PCR, 기존 RT-PCR, 멀티 플렉스 RT-PCR 검사 가운데 어느 것을 하더라도 건강보험으로 처리해주었다. 물론 모든 경우에 이를 적용했던 것은 아니고 급성 열성 호흡기 질환이 있으면서 입원 중인 환자(응급실 환자 포함), 신종인플루엔자 고위험군 환자, 그리고 신종인플루엔자A 진단 기준의 의심 사례, 추정 환자 또는 지역사회 감염이 의심되는 경우 등 의사가 검사 필요성을 인정한 경우에만 해당했다. 유행이 종결된 뒤에는 이 검사를 받으려고 하는 사람의 경우 전액 비급여로 본인이 부담토록 했다.

2015년 메르스 유행 때도 선별 진료소에서 시행하는 PCR 검사 기준에 들어가면 국민건강보험으로 RT-PCR 검사 비용을 국민건강보험을 적용해 처리했다. 37.5℃ 이상의 발열이 있고, 문진 결과 메르스 발생 병원을 들른 이력이 있는 경우, 메르스 확진 환자와 접촉력이 의심되는 상황에서 발열과 호흡기 증상이 나타나는 경우에 시행한 RT-PCR 검사 비용에 대해서는 국민건강보험을 적용하도록 했다.

PCR 또는 RT-PCR 검사 장비는 고가다. 한 대당 최소 1억 원이며 3억 원까지 한다. 우리나라는 국립보건연구원과 시도보건 환경연구원뿐만 아니라 국공립병원과 민간병원에서도 지난 10년 동안 이 장비를 꾸준히 구매해 사용해왔다. 바이러스 감염병 유행 시 이 검사 장비를 사용한 검사 비용을 국민건강보험에서 처리해주었기 때문에 검사 물량이 많아져 장비 도입이 경영에 걸림돌로 작용하지 않았기 때문이다. 국내 장비업체도 이 고가 장비를 국산화해 국내에 보급해온 것도 대량 검사 물량을 소화해내는 데 한몫했다.

이와 같은 K-방역의 발상과 성과를 살펴보면 이는 결코 우연이 아님을 알 수 있다. 준비가 된 국가에서만 해낼 수 있는 일이다. 이런 K-방역의 우수성을 우리가 계속 유지하고 전 세계에 알리려면 사회적 거리 두기, 개인 위생 수칙 지키기, 필요한 장소와 환경에서 마스크 쓰기 등 방역의 기본 수칙을 잘 지킴으로써 코로나19의 확산을 조기에 종식시키는 것 외에는 다른 방도가 없다. 아무리 K-방역 시스템이 뛰어나더라도 사람들이 코로나19바이러스를 마구 퍼트리고 다니는 한 큰 위력을 발휘하지 못한다. K-방역 시스템보다 더 중요한 것은 시민의 방역 의식과 올바른 의식에 따른 올바른 행동이다.

         세월호 참사는 우리 역사에 영원히 남을 아픔이다. 하지만 그 아픔을 단지 아픔으로만 간직할 때 우리 사회는 앞으로 나아갈 수 없다. 아픔을 딛고 생명과 안전이라는 희망을 쏘아 올릴 때 그 희생은 고귀한 것이 된다. 그렇게 세월호는 우리 마음에 영원히 '노란 리본'과 '노란 나비'로 새겨질 것이다.

         우리 사회는 코로나19라는 세계적 재난을 맞이한 상태에서 세월호 참사 6주기를 맞았다. 대구·경북 지역의 확산 고리는 어느 정도 끊겼지만 아직 유행이 완전히 끝나지 않아 정부 차원의 '세월호 참사 6주기 국민 안전의 날 행사'는 열지 못했다. 이날은 유독 세월호 유가족에게는 비통으로 다가오는 하루다. 하지만 자부심도 느낀다. 아이들의 희생이 우리 사회가 코로나19를 모범적으로 관리하는 데 밑알이 되었다고 보기 때문이다.

         장훈 4·16세월호참사가족협의회 운영위원장은 그런 생각을 했다. "정부가 투명하게 정보를 공개하고 신속하게 인력과 물자를 동원하는 방식은 세월호 참사 때 보지 못했던 일입니다. 이런 변화를 보면서 세월호가 우리 사회에 던진 화두가 분명 있다고 느낍니다. 아이들이 헛되이 가지 않은 것입니다"라고 말했다. 4·16세월호 참사가족협의회는 대구 시민들이 코로나19 확산으로 고통 속에 지내는 것을 외면하지 않고 3월 대구 지역 병원과 선별 진료소 등에 성금 500만 원과 함께 간식과 소독제 등 물품을 지원했다. 세월호 참사 이후 국민들로부터 따뜻한 위로와 연대의 사랑을 받았던 유가족들은 연대의 힘과 중요성을 잘 알기에 자그마한 정성을 보냈다.

세월호는 살아 있다. 세월호 참사가 준 교훈은 6년의 세월이 흘렀지만 여전히 우리들의 마음속에 살아 있다. 특히 세월호 참사는 정치인들에게 '마음의 빚'으로 남아 있어 안전 사회 건설을 위한 노력을 게을리하지 않게 만들었다. 그중에 대표적인 한 명이 바로 문재인 대통령이다. 그는 세월호 참사 6주기를 맞아 세월호 유가족들을 위로하는 글을 페이스북에 올렸다. "세월호의 아이들이 우리에게 공감을 남겨주었다. 코로나19에 대응하는 우리의 자세와 대책 속에는 세월호의 교훈이 담겨 있다. 국민은 '누구도 속절없이 떠나보내지 않겠다'는 마음으로 마스크를 쓰고, '사회적 거리 두기'와 '자가 격리'를 지키고 있다. '사회적 책임'을 유산으로 남겨준 아이들을 기억하며, 세월호 유가족께 깊은 위로를 전한다." 이 글만 보더라도 우리 사회가 세월호 아이들을 속절없이 떠나보낸 것에 대한 회한이 있음을 느낄 수 있다. 코로나19로 희생된 사람들도 원인만 다를 뿐 세월호 참사 희생자들과 같이 속절없이 어느 날 갑자기 우리 곁을 떠나간 이웃들이다. 문 대통령이 코로나19 사태를 대하면서 마음속에 세월호 참사를 깊이 담아두었음을 알 수 있는 대목이다.

이러한 자세는 정부 고위 관료들에게서도 나타났다. 강경화 외교부 장관은 세월호 6주기를 사흘 앞둔 4월 13일 프랑스 공영방송 프랑스24와 가진 인터뷰에서 "한국은 코로나19에 신속하고 선제적으로 대응했다. 이는 정부의 (국정) 철학인 동시에 최근 우리가 겪은 경험에 대한 성찰에서 출발한 것이다. 세월호 참사 당시 정부의 대응이 부적절한 탓에 304명이 숨졌다. (참사는) 한국인 전체에 집단적 트라우마를 남겼다. 2015년 메르스 사태 때도 초기 정부 대응이 불투명하고 (심각성을) 무시하는 듯해 강하게 비판을 받았다. 현 정부는 재난 상황에 대비하려는 강한 의지를 갖고 있다. 재난을 예방하기는 어렵지만 철저하게 대비해서 사람들의 고통을 최소화할 수는 있다"고 말했다.

강경화 장관이 '최근 우리가 겪은 경험에 대한 성찰'로 언급한 세월호 참사와 메르스 사태가 코로나19에 대응하는 정부의 자세에 큰 영향을 끼쳤을 것이라는 데 부인할 사람은 거의 없을 것 같다. 나는 이 둘을 사회적 백신이라고 부르고 싶다. 특정 감염병을 직접적으로 예방할 수 있게 해주는 것이 생물학적 백신이라면, 사회 재난 나아가 자연 재난에 신속 대응할 수 있게 해주는 것이 바로 사회적 백신일 것이다. 이렇듯 세월호 참사와 메르스 사태는 위기가 발생했을 때 우리 사회가 발 빠르게 대응하게 만드는 촉진제 구실을 했다고 볼 수 있다. 그뿐만 아니라 세월호 참사는 국민과 정부 그리고 정치인들에게 재난 신속 대응의 중요성을 일깨워주었다. 또한 국민의 생명과 안전을 도외시하는 정부는 국민의 힘으로 퇴출시킬 수 있다는 사실을 각성시켰다.

세월호 참사와 더불어 메르스 사태는 감염병 예방과 관리의 중요성을 전 국민에게 일깨워준 계기가 됐다. 보건의료인은 이 사건을 계기로 감염병 대응 매뉴얼을 정비하고, 신종 감염병 등이 지역사회에 유행하는 것에 대비한 응급실 시스템과 병실 방문 제도를 대폭 뜯어고치고, 선별 진료소를 확대하며 보건의료인을 대상으로 한 감염병 대응 역량 강화 교육을 꾸준히 실행했다. 이것이 바탕이 되었기에 우리나라가 코로나19 사태에 신속하게 대응할 수 있었다. 감염병 대응에는 두뇌의 역할과 손발의 역할이 매우 중요한데 메르스 사태는 우리 사회가 이런 감염병 대응 면역력을 가지도록 만들었다.

중동호흡기증후군, 즉 메르스는 2012년 세상에 처음 모습을 드러냈다. 2012년 6월 사우디아라비아에서 60세 남성이 원인 모를 급성 폐렴으로 숨졌다. 그해 11월 이 남성이 사스코로나바이러스와는 다른 신종코로나바이러스 감염으로 인해 죽었다는 사실을 이집트 바이러스 학자가 밝혀냈다. 중동 지역에서 새로 생긴 호흡기 감염병이라는 뜻으로 메르스라는 이름이 붙여졌다. 이 감염병을 일으키는 바이러스는 코로나바이러스의 일종으로 밝혀져 국제바이러스분류위원회가 2013년 5월 메르스코로나바이러스(MERS-CoV)란 이름을 지어주었다. 나중에 중동 국가들이 메르스란 이름이 중동 지역에 대한 혐오나 차별을 불러일으킨다는 이유로 이름을 바꾸어줄 것을 세계보건기구에 요구했으나 이미 굳어진 이름이라는 이유로 받아들여지지 않았다. 그 뒤 메르스는 사우디아라비아를 중심으로 중동 지역에서 지금까지 산발적 발생과 유행을 이어오고 있다.

2020년 1월 현재 세계보건기구의 집계를 보면 2,506명의 환자가 발생해 이 가운데 862명이 사망한 것으로 나타나 치명률 34%를 기록하고 있다.

우리나라는 메르스의 원인과 감염 경로 등 특징과 임상 그리고 중동 지역 여행 시 주의 사항 등을 질병관리본부 홈페이지 등에 소개했다. 하지만 중동 지역에서 유행하는 풍토병 정도로 보고 국민과의 소통은 소홀히 했다. 이는 중동 이외의 국가에서는 환자가 거의 발생하지 않거나, 발생하더라도 한두 명에 그치는 경우가 많았기 때문으로 볼 수 있다. 다가올 위험을 예측하는 것은 쉽지 않다. 재난은 예방 가능한 것이기는 하지만 현대 사회에서 재난을 완벽하게 막아내는 국가는 없다. 그것은 미래에도 그럴 것이다.

그리고 마침내 메르스코로나바이러스가 68세의 한국인의 몸 안으로 들어왔다. 그는 바레인, 사우디아라비아, 카타르를 차례로 16일 동안 여행한 뒤 2015년 5월 4일 귀국했는데 메르스코로나바이러스에 이미 감염돼 있었다. 그는 5월 11일부터 몸에 열이 나고 기침을 하는 등 호흡기 증상을 보였다. 그는 메르스에 대해 잘 몰랐다. 그저 감기 몸살이려니 여기고 그날 동네 병원을 찾았다. 증상이 상당히 좋지 않자 또 다른 병원을 찾아 5월 15일부터 17일까지 사흘간 입원했다. 그래도 병세가 나아지지 않자 18일 서울에 있는 대학병원으로 이송됐다. 그가 중동 지역을 다녀온 사실에 뒤늦게 주목해 바이러스 검사를 한 결과 20일 메르스에 감염된 것으로 드러났다. 그때서야 방역당국과 병원은 그를 격리하고 그동안 그와 접촉한 사람을 대상으로 역학조사를 벌였다. 하지만 이때는 이미 그가 열흘 가까이 많은 사람들과 의료진과 접촉하면서 바이러스를 퍼트린 뒤였다.

그때부터 우리나라는 메르스의 소용돌이에 휘말렸다. 시민들은 두려움에 떨었다. 지역사회에서 확산되는 것이 아니냐는 불안감 때문이었다. 다행히 메르스는 주로 병원 안에서 퍼졌다. 응급실과 입원 병실 곁에 있었던 다른 환자, 보호자, 간병인 그리고 의사와 간호사들이 바이러스의 목표물이 되었다. 이 메르스는 공기로 전파되지 않고 환자가 기침이나 재채기 등을 할 때 나오는 미세한 침방울이 다른 사람들의 호흡기로 들어가 감염을 일으켰다.

대한민국 최고의 병원이라 일컫는 삼성서울병원에서만 90명의 환자가 발생했다. 첫 환자가 입원했던 평택성모병원도 37명의 환자가 발생했다. 대전의 대청병원과 건양대병원에서도 각각 14명과 11명이 나왔다. 경기도 화성에 있는 한림대 동탄성심병원에서도 6명의 환자가 나왔다. 메르스는 사실상 병원에서 유행하는 감염병이었다. 경기 지역을 중심으로 수천 곳의 학교가 문을 닫았다. 이를 두고 지역사회 전파가 없으므로 학교 수업을 정상적으로 하는 것이 좋겠다는 보건복지부와 학부모들이 우려하기 때문에 어쩔 수 없이 휴교하는 것이 좋겠다는 교육부가 티격태격했다.

당시 박근혜 대통령은 국민 불안을 잠재우기 위해 메르스를 '중동 감기' 내지 '중동 독감'이라는 표현을 사용하며 별것 아닌 것처럼 말했다. 일부 시민들은 일부 감염자들이 지하철과 버스 등을 이용했다는 뉴스를 듣고 대중교통을 기피하기도 했다. 졸지에 대한민국이 사우디아라비아에 이어 두 번째 메르스 유행 국가로 전락

했다.

정부는 어느 병원에서 메르스가 확산됐는지 일체 함구했다. 전문가 자문단, 방역당국, 청와대, 언론까지 하나가 되어 환자가 대량 발생한 병원의 이름을 국민에게 알리지 않았다. 그럴 경우 그 병원에 다른 질병으로 입원하고 있던 환자들이 동요해 병원 운영에 심각한 타격을 줄 것을 우려했던 것이다. 이 때문에 메르스 환자로 밝혀진 사람과 같은 시간대에 같은 공간에 머물렀던 사람들이 제때 선별 검사를 받지 못했다. 치명적 판단 착오였다. 알고 보니 그 병원이 서울삼성병원이었다. 인터넷 언론사인 프레시안의 과학 담당 강양구 기자가 언론사의 담합을 깨고 용기 있게 삼성서울병원에서 환자가 급증하고 있다는 사실을 알렸다. 뒤늦게 다른 언론사도 병원의 이름을 공개했다.

대한민국의 심장인 서울에서, 그것도 최고 부자들이 모여 사는 강남에서, 더더욱 세계적으로 널리 알려진 삼성그룹이 운영하는 대한민국 최고의 병원에서 환자가 걷잡을 수 없이 나오기 시작하자 외국 언론도 앞다투어 한국의 메르스 유행을 대서특필하기 시작했다. 내가 독일의 유명 시사 주간지 『슈피겔 *Der Spiegel*』 특파원을 만난 것도 한국에서 유행이 확산되고 있을 무렵인 6월 중순께였다. 『슈피겔』의 한국 통신원 역할을 하던 사람한테서 특파원과 함께 만나자는 연락이 왔다. 프레시안과 오마이뉴스를 번갈아가며 내가 매일 쓰고 있는 칼럼을 열심히 보고 있다면서 이 때문에 연락을 하게 됐다는 것이다. 메르스로 현직 언론인보다 더 바쁜 날을 보내고 있던 나는 중동에서 먼 동아시아 국가인 한국에서 메르스가 유행하고 있는 것을 빗대어 '케르스(KERS, KOREA+MERS, 한국호흡기 증후군)'란 신조어를 만들어내었다. 당시 나는 역학조사관이 시도에 없거나 한 명밖에 없으며, 이들과 질병관리본부에 있는 역학조사관 등 30명이 실은 군복무를 대신해 잠시 와 있는 공중보건 의사라는 사실을 세상에 처음 알렸다. 아마 어느 언론사도 다루지 않았던 이런 사실을 이야기했기 때문에 독일 특파원한테서 연락이 오지 않았나 싶다.

연락을 받은 다음 날 서울시청 인근 식당에서 저녁 식사를 겸해 특파원을 만났다. 그는 상주하던 일본에 있다가 메르스 취재 때문에 한국에 왔다고 밝혔다. 그리고 2014년 세월호 침몰 때 한국에 온 적이 있고 이번에 다시 오게 됐다고 말했다. 나는 독일의 주간지 기자가 이렇게 특별 취재를 하러 한국에까지 온 이유가 궁금했다. 그는 내게 다음과 같이 말했다.

"서울은 특별한 곳입니다. 국제도시이고 이곳에서 감염병이 창궐하면 유럽과 독일도 안심할 수 없는 상황이 전개될 수 있어 한국에 와서 전문가들을 만나 실제 한국 상황을 직접 취재하게 됐습니다. 특히 감염병 예방이나 환자 치료 등 면에서 대한민국 최고로 알고 있는 서울삼성병원에서 무더기로 환자가 생기는 것을 보고 유럽에서도 충격을 받고 있습니다. 그래서 메르스 확산이 이루어지고 있는 정확한 원인을 알고 싶었습니다."

그는 나를 만나기 전에 시간을 내어 강북삼성병원과 서대문 적십자병원 응급실을 둘러보았다고 했다. 그리고 너무나 놀랐다고 했다. 환자와 의사, 보호자들로 뒤섞여 마치 시장에 온 느낌을 받았다는 것이다. 응급실 병상이 다닥다닥 붙어 손으로 커튼만 젖히면 옆에 있는 환자와 보호자가 코앞에서 보이는 것은 독일에서는 상상도 할 수 없는 일이라고 했다. 그런 모습을 보고 왜 한국의 응급실이 메르스 확산의 온상이 되었는지를 이해할 수 있었다고 덧붙였다.

독일 특파원의 지적 그대로 메르스는 우리나라 병원의 치부를 그대로 드러냈다. 『메르스의 영웅들』의 저자이자 위험 소통 전문가인 전상일 박사는 우리의 보건의료 실상을 자신의 책에서 다음과 같이 평가했다.

"메르스 사태는 우리나라 보건의료의 민낯을 드러낸 '끝판 왕'이었다. 도떼기시장을 방불케 하는 응급실, 감염병 환자를 일반 환자와 구분하지 않는 응급실 분류 체계, 외부인이 마음대로 드나들 수 있는 병실, 가족 및 친척 위주의 간병 문화, 유명무실한 주치의 제도, 대형 병원 편중 현상, 의사 쇼핑, 부적절한 감염병 진료수가 체계, 감염병에 취약한 병원 건물 구조, 다인 입원실, 매뉴얼에 의존한 경직성, 위기 소통 시스템 부재……. 오죽하면 메르스코로나바이러스의 숙주가 우리나라 '보건의료 체계'였다는 말까지 나왔을까. 덧붙여 우리가 자랑하는 세계 최고 수준의 최첨단 의료 시설과 인력이 최상의 의료 서비스를 보장하지 못할 수 있다는 점도 입증해 주었다."

메르스 사태는 '불량 병원 문화와 시설'과 함께 삼성 앞에만 서면 작아지는 정부와 비밀주의 그리고 전문 관료 위에 군림하는 행정 관료 사회 등이 얽히고설켜 빚어낸 불량품이었다. 그리고 불량품을 만들어낸 책임은 오롯이 질병관리본부의 방역 담당 전문 관료 즉, 의사 출신 공무원이 짊어져야 했다. 질병관리본부의 의사 출신 관료들은 메르스 유행 이후 무더기로 중징계를 받았다. 지금의 정은경 본부장도 포함됐다.

우리나라 메르스 유행은 인명 피해 규모만 보면 그리 크지 않았다. 186명의 환자가 발생했고 이 가운데 38명이 숨졌기 때문이다. 우리나라 메르스 치사율은 19.9%로, 사우디아라비아의 36.5%에 견줘 낮은 수준이었다. 국내 메르스 확산은 특히 슈퍼 전파에 의해 주로 이루어졌다. 감염 확산 가운데 83%가 5건의 슈퍼 전파 사건에 의해 일어났다. 유행이 2개월간 지속되는 동안 모두 1만 4천여 명이 14일 동안 격리되었다. 지금의 코로나19에 견주면 격리자 수가 비교할 수 없을 정도로 적지만 당시 14일간 격리를 처음 겪어보는 사람들로서는 엄청난 두려움과 스트레스라는 또 하나의 '적'과 싸워야만 했다. 2015년 5월 20일 첫 환자를 발견해내고, 6월 1일 첫 사망자가 나왔던 2015년 한국 메르스 유행은 2016년 1월 25일 마지막 사망자를 끝으로 막을 내렸다.

메르스는 우리로서는 처음 보는 신종 감염병이었던 데다 짧은 기간에 급속도로 확산되었다. 게다가 삼성서울병원이라는 최고의 병원에서 집단 감염이 일어나자 전국이 공포에 휩싸이면서 사람들의 몸과 마음이 얼어붙었다. 이로 인해 사람들의 경제 활동과 사회 활동이 크게 움츠러들었다. 그 파장은 실제 감염병 유행 규모에 견줘 매우 컸다. 백화점의 매출액이 전년 대비 16.5% 줄어들었다. 소매점의 매출도 3.4%나 떨어졌다. 한국을 찾는 관광객들도 급감했다. 최초 환자가 발생한 뒤 한 달도 되지 않아 10만 명의 관광객이 예약을 취소했다. 경제에 주름살이 지기 시작하자 한국은행은 2015년 6월 11일 기준 금리를 0.25% 포인트 내렸다. 2015년 2분기 경제 성장률은 0.4%에 그쳤고, 국내 관광 산업의 피해액이 3조 4천억 원, 국내총생산(GDP) 감소액이 4조 원으로 추정되어, 전체 손실액이 10조 원에 이른다고 보고되었다

후진적 의료 환경이 빚어낸 병원 내 집단 감염은 의사, 간호사 등 많은 보건의료 종사자들을 메르스 감염 위험에 노출시켰다. 메르스 국내 유행으로 인한 감염자 중 21%가 보건의료 종사자였다. 의사 8명, 간호사 15명으로 보고되었다. 특히 메르스 집중 관리 병원에서 근무하거나 직접 간호에 참여한 간호사의 안전을 위한 보호 조치가 초기에 미흡하게 진행되어 이들은 스트레스, 두려움, 걱정 등 부정적인 인식과 경험을 겪어야만 했다. 한림대 동탄성심병원 김현아 간호사는 『메르스의 영웅들』 공저자인 지근화 작가와 한 인터뷰에서 "그동안 무방비 상태로 노출돼 있었다고 생각하니 아찔했다. 몇몇 간호사들은 겁에 질려 울음을 터뜨렸고, 갓 돌이 지난 아기가 있는 간호사는 귀가를 포기했다"고 증언했다. 이로 미루어 당시 메르스 환자를 일선에서 직접 접촉하던 의료인들이 가졌던 마음의 부담을 가늠할 수 있다.

세월호 참사로 1차 타격을 받은 박근혜 대통령의 국정 운영 동력은 메르스 사태로 인해 힘이 더욱 떨어졌다. 박근혜 정부에 대한 국민 신뢰도 크게 금이 갔다. 이는 메르스 사태로 인해 국민이 직접 입은 인명 피해와 물질적 피해 때문이라기보다는 생활의 스트

레스 등 정신적 피해와 정부가 정보를 제대로 공개하지 않았다는 대응 절차의 문제에 대한 분노에서 기인했다. 위험 소통은 위기 대응에서 핵심적인 구실을 한다. 그 원칙 중 하나가 투명성이다. 한데 정부가 감염자가 방문한 병원의 이름을 늑장 공개하는 바람에 메르스가 여러 병원으로 확산되었고, 이를 지켜본 국민은 공포와 분노를 느꼈다. 세월호 참사에 연이어 발생한 감염병 재난에 또다시 정부가 허둥대는 등 부실 대응했다는 생각을 하는 국민들이 많아졌고 그만큼 정부에 대한 신뢰가 무너진 것이다.

메르스 충격은 보건의료 부문에서 오랫동안 곪아왔던 부분을 도려내게끔 하는 데 일정한 역할을 했다. 그 후 외부인의 병실 방문을 과거보다 엄격하게 제한했다. 응급실에 들어가는 보호자 수도 제한했다. 호흡기 감염 증상을 보이는 사람은 응급실에 바로 들어가게 하지 않고 별도의 공간에서 1차 진료를 받을 수 있도록 했다.

공중보건 의사로 역학조사관을 채웠던 것에 대한 비판을 수용해 정규직 의사를 채용해 체계적인 교육 훈련을 한 뒤 질병관리본부와 각 시도 등에 일선 배치했다. 국립중앙의료원은 전국 주요 병원과 보건소 등에서 근무하는 119 구조대원, 의사, 간호사 등을 대상으로 매년 수백 명씩 감염병 대응 교육을 실시했다. 보호복 착용 등 이론과 실무를 겸한 교육은 교육 참가자들한테서 상당한 호응을 얻었다. 이 밖에도 메르스 감염 여부를 신속하게 판정하는 데 유전자 검사법이 중요하다는 것을 알게 되었다. 그리고 그 뒤 새로운 바이러스 감염병이 생기더라도 이에 효과적으로 대응할 수 있는 광범위한 검사 체계를 민관 합동으로 구축했다. 이러한 것들이 한데 모여 코로나19에 대한 신속한 대응을 할 수 있게 만들었다.

우리 사회는 세월호 참사와 메르스 유행을 겪으면서 많은 아픔을 겪었다. 그리고 국가 운영 면에서 다양한 문제를 노출해왔다. 하지만 세월호 참사와 메르스 유행을 통해 두 번 다시 똑같은 실수를 되풀이해서는 안 된다는 사회적 합의가 이루어졌다. 그렇게 시민사회의 문화가 성숙하면서 코로나19 극복에 대한 의지가 강화되었고 방역 모범국으로 거듭나게 되었다. 위기가 기회가 된 것이다. 이 두 사건은 다른 대부분의 나라는 경험하지 못한 것이다. 따라서 K-방역이 나름대로 그리고 많은 국가들이 인정할 정도로 성공을 거두고 있는 배경에는 이 두 사회적 백신 접종을 결코 빼놓을 수 없을 것이다.

코로나 전쟁이 아직 전 세계 곳곳에서 치열하게 벌어지고 있다. 전쟁이 끝나지 않았기에 완전한 영웅을 들먹이는 것이 적절치 않을 수 있다. 하지만 전쟁 발발 6개월이 지났기에 어느 정도 전쟁의 윤곽은 드러나고 있다. 지금까지 벌어진 것을 1차전이라고 해두자. 대한민국은 코로나19와의 1차전에서 승리라고 평가할 만한 성과를 거두었다. 1차전에서 가장 활약을 한 인물 또는 집단은 누구(어디)일까? 평가자와 잣대에 따라 달라질 수 있겠지만 나는 대한민국 국민을 빼고 이야기하면 감염 의심자를 검사하고 환자를 돌본 의사와 간호사 등 보건의료인을 첫손가락에 꼽고 싶다. 그들은 모두 이름 없는 영웅들이었다. 전쟁에서 활약한 무명용사와 같다.

두 번째로는 일선에서 전투를 벌인 보건의료인을 늘 따뜻하게 격려하고 고통과 불안에 떠는 국민을 다독이며 언제 어디서나 국민의 생명을 최우선 가치로 삼으면서 국민과 진솔하게 소통하려고 애쓴 참다운 리더십의 표상을 보여준 문재인 대통령과 정은경 질병관리본부장을 꼽고 싶다. 이들은 진정한 리더십이 어떠한 것인지, 위기 소통과 위기관리 때 성실과 신뢰가 얼마나 중요한지를 온몸으로 보여주었다. 코로나19와의 싸움에서 단연 돋보인 국가 관리와 방역 관리라는 두 영역에서 두 책임자는 대한민국에서뿐만 아니라 전 세계에서 화제의 주인공이자 닮고 싶은 인물이 되었다. 코로나19가 물러나고 세계가 정상으로 돌아와 정신을 차릴 때쯤이면 이 두 사람은 주요 국가와 국제단체가 강연자로 섭외하고 싶은 1순위가 될 것이다. 아마 모르긴 몰라도 서로 모시려고 하는 러브콜이 쇄도하지 않을까 싶다.

코로나19와 인간의 싸움은 언제 끝날지 아무도 모른다. 우리는 1차전으로 끝낼 수 있었으면 하고 바라지만, 바이러스 특히 코로나19바이러스는 워낙 종잡을 수 없는 특성을 지녔기에 방심할 수 없다. 그러므로 전쟁 중인 지금에도 우리는 평가할 것은 평가하고 반성할 부분은 반성해야만 한다.

먼저 대구·경북 코로나19 집단 감염 사태가 벌어졌을 때 우리 사회는 다시 한 번 감동을 받았다. 대한민국의 많은 의사, 간호사, 자원봉사자들이 대구로 달려갔다. 어떤 보건의료인들은 자신이 살고 있는 지역의 병원과 보건소에서 봉사 활동을 벌였다. 이들은 자신이 하던 일을 잠시 접었다. 이들은 좌고우면하지 않고 코로나19와의 전투 현장에 뛰어들었다. 이는 6.25 전쟁 당시 수많은 학도병들이 나라를 지키기 위해 목숨을 초개같이 내던진 70년 전의 역사를 떠올리게끔 한다.

대구·경북 구하기에 나선 시민의 물결은 조선 후기에 일어난 동학농민운동, 일본 식민지 때 일어난 국채보상운동과 독립운동 그리고 3·1 독립 만세운동, 구제금융 위기 때 벌어졌던 금 모으기 운동, 허베이스피리트 호 기름 유출 사고로 인해 오염된 태안 반도를 깨끗하게 닦아냈던 자원봉사 활동, 이승만 독재에 항거해 목숨까지 내놓으며 저항했던 4·19 민주화 운동, 박정희 유신 독재 정권에 저항했던 부마항쟁, 5·18 광주민주화운동, 1987년 6월 민주 항쟁, 2016년 촛불혁명으로 이어지는 자랑스러운 역사를 만들어온 우리 국민의 힘을 보여준 또 하나의 사례가 되었다. 이것은 단군의 자손으로 은근과 끈기가 면면히 흐르는 우리나라 국민들의 국난 극복 DNA가 다시 한 번 빛을 발한 사건이었다. 그리고 이 힘으로 우리 국민들은 코로나19라는 듣지도 보지도 못한 침입자를 제거하기 위해 하나로 뭉칠 수 있었다.

모든 감염병은 세균이나 바이러스의 문제가 아니라 실은 사람의 문제다. 병을 일으키는 세균이나 바이러스는 도처에 있다. 인류 역사에서 이들은 늘 인간 사회에서 분탕질을 했다. 하지만 그들이 이렇게 하도록 만든 것은 결국 인간이다. 그들이 아무리 노략질을 하고 싶어도 사람만 똑바로 행동하면 바로 사라지기 때문이다. 보건의료인과 대통령 등이 아무리 열과 성을 다해 지혜를 짜내고 진두지휘를 하더라도 사회 구성원이 따라 주지 않으면 아무 소용이 없다. 신문과 방송에 이름 한 줄 오르지 못하는 사람일지라도 감염병과의 전쟁에서는 승리와 패배를 결정하는 중요한 요소가 된다. 병사 없는 군대는 없다. 코로나19와의 전쟁에서는 국민 한 사람 한 사람이 병사다. 대통령은 총사령관이며 질병관리본부장은 전략 사령관이라고 할 수 있다. 의사와 간호사 등은 군의관과 위생병이다.

사병에서부터 총사령관에 이르기까지 모두가 똘똘 뭉쳐 하나가 되어 전략 사령관이 경험과 지식으로 짠 작전 지시를 잘 따르고 실천하면 일부 지역 전투에서 희생이 따르더라도 궁극적으로는 승리할 수 있다.

코로나19바이러스가 기본적으로 펼치는 전술은 게릴라전이다. 하지만 경계를 게을리하거나 포기하면 곧바로 전면전에 들어간다. 2020년 1월 하순부터 한반도에서 게릴라전을 수차례 펼치던 코로나19바이러스는 드디어 대구와 경북에서 전면전을 선언했다. 치고 빠지는 그들의 능력과 전술은 그동안 감염병 역사에서 보아왔던 이전의 다른 코로나바이러스와 확연히 달랐다. 한 사람을 감염시킨 뒤 다시 다른 사람을 감염시키는 능력이 우리의 예상을 뛰어넘었다. 우리는 당황했다. 전투가 벌어진 대구 지역 사령관뿐만 아니라 바이러스와의 전투 경험이 많은 질병관리본부의 베테랑들도 마찬가지였다. 대구·경북 지역에서는 사망자와 부상자가 속출했다. 부상자들을 치료할 병실이 턱없이 모자랐다. 군의관과 위생병 그리고 이들을 도와줄 보조 인력도 마찬가지였다.

70년 전 한국전쟁 때 무슨 수단을 동원해서라도 낙동강 전선을 지켜내야 한다는 일념으로 버텨냈듯이 대구·경북 지역을 어떻게 해서라도 지켜내야 한다는 목소리가 퍼져나갔다. 이곳이 초토화되면 다른 지역도 제2의 대구·경북이 되기 때문이었다. 이 지역에서 코로나19바이러스의 준동을 하루빨리 막아내야 했다. 감염병과의 전쟁 뉴스를 다루는 언론은 일제히 보건의료인과 의로운 시민들이 대구·경북으로 몰려들고 있다는 반가운 소식을 연일 '빅 뉴스'로 전했다. 국민은 환호했다. 자신이 직접 가지는 못하더라도 마음으로 응원했다.

지인 가운데에도 자원해서 대구 전투 현장으로 달려간 사람이 있었다. 서울대 보건대학원 백도명 교수도 그 가운데 한 명이다. 그는 학자이면서 의사다. 의사 자격증을 딴 뒤 병원에 근무하면서 실제 환자를 진료하지는 않았지만 대학 시절 진료한 경험이 있기에 주말 등 짬을 내어 대구와 서울을 오갔다. 그도 선별 진료소에서 품을 거들었다. 지인 가운데 간호사를 아내로 둔 사람도 있었다. 가습기 살균제 피해자의 가족이며 사회적참사특별조사위원회에서 함께 활동하고 있는 강찬호 과장에게는 서울 시립 보라매 병원에서 일하는 아내가 있었다. 하지만 코로나19가 터진 뒤 아내는 집에 들어올 수 없었다. 코로나19와 싸우고 있는 아내는 만일에 대비해 남편과 딸이 있는 집에 오지 않고 병원에서 숙식을 해결하며 환자를 돌보았기 때문이다. 전투 현장에서 목숨을 걸고 전투를 벌이는 사람뿐만 아니라 그 가족 또한 불안과 불편함 속에 나날을 보냈다.

문재인 대통령을 비롯해 우리가 '덕분에 챌린지'에 동참하고 격려하는 것은 바로 이런 사람들이 있기 때문이다. 이 운동은 한국인들이 코로나19 전사들에게 따뜻한 마음과 응원을 열렬히 보내고 있다는 것을 전 세계에 알리는 대한민국의 자랑거리다. 2020년 4월 16일 중앙재난안전대책본부는 국민 참여형 의료진 응원 캠페인 '덕분에 챌린지'를 시작했다. 코로나19와의 지난한 싸움이 계속되고 있어 지쳐가는 의료진을 격려하고 국민의 자부심을 드높이기 위해 마련된 캠페인이다. 전쟁에서 승리하기 위해서는 사기가 매우 중요하다. 우리 중대본은 이를 잘 알고 있었던 것이다. 이 캠페인은 '존경'과 '자부심'을 뜻하는 수어 동작으로 캠페인의 상징 이미지를 제작했다. 또 누구든지 이를 따라 한 동작의 영상이나 사진을 개인 사회 관계망 서비스에 올리고 전파하여 운동에 동참할 수 있도록 했다. '덕분에 챌린지'는 '#덕분에캠페인', '#덕분에챌린지', '#의료진덕분에' 등 3개의 해시태그를 붙이고, 다음 참여자 3명을 지목하는 방식으로 이루어지고 있다. 4월 23일부터는 여기서 한 걸음 더 나아가 '덕분에 배지'를 제작하여 정부 공식 브리핑 등 행사에 착용했고, 의료진과 캠페인에 참여한 국민들에게도 추첨을 통해 전달했다. 텔레비전에 출연한 패널들과 방송인, 언론인, 국회의원, 공무원 등이 이 배지를 달고 있는 것을 우리 국민은 익숙하게 보았다.

K-방역에는 이름 없는 영웅이라고 부를 만한 많은 국민들이 참여해왔다. 그리고 여기에 더해 K-방역의 우수성을 증명하고 있는 두 인물이 있다. 바로 문재인 대통령과 정은경 질병관리본부장이다. 문재인 대통령은 코로나19를 극복하고 팬데믹 때문에 생긴 경제 위기 등에 대처하기 위해 밤잠을 설치며 일하고 있다. 그리고 정은경 중앙방역대책본부장은 코로나19 사태를 거의 매일 흐트러짐 없이 국민에게 상세하게 보고하고 있다.

이 두 사람 이야기를 본격적으로 하기 전에 영웅 반열에 오르지는 않았지만 화제를 모은 인물 이야기부터 먼저 하자. 코로나19 이후 환자 진료, 텔레비전 출연, 정부 자문, 칼럼 기고, 페이스북 글 올리기 등 전방위 활동을 펼치고 있는 한림대 의대 강남성심병원 감염내과 이재갑 교수다. 그는 '울컥' 교수로 통한다. 정부는 대한민국 정부 유튜브 채널에 사회적 거리 두기에서 생활 방역으로 전환한 것을 계기로 '국민 여러분 제발 부탁드립니다. 코로나 2차 유행 위기 속 의료진의 간절한 호소! 거리 두기 꼭 지켜야 하는 이유'란 영상을 제작해 2020년 5월 29일 올렸다. 이 영상에 이재갑 교수가 출연했다. 이 교수는 정은경 질병관리본부장에게 하고 싶은 말을 묻는 제작진의 질문에 "여러 번 일을 같이 했는데 이런 분이 없다는 생각이 든다"고 거듭 말했다. 그는 이 말을 하면서 "괜히 울컥하네요"라고 하며 북받치는 감정을 숨기지 못했고 그래서 잠시 촬영이 중단되기도 했다. 아마 코로나19로 밤낮없이 엄청난 고생을 하고 있는 정은경 본부장 생각에 갑자기 주체할 수 없는 연민의 감정이 생겼던 것 같다. 두 사람은 2015년 메르스 국내 유행 당시에도 감염병 확산 저지 최전선에서 담당 공무원과 자문을 맡은 전문가로서 함께 뛴 바 있다. 그는 영상에서 코로나19 상황을 우리나라가 이 정도로 통제할 수 있었던 이유는 정은경 본부장 인품 때문임을 강조했다.

이 교수는 코로나19가 국내에서 산발적으로 나오기 시작한 유행 초기인 1월 28일 유시민 노무현재단 이사장이 진행하는 유튜브 방송 〈알릴레오〉에 출연해 코로나19 사태를 언급하며 울컥하는 모습을 보여주었다. 이 교수는 "현장에 있는 분들이 고생을 많이 하고 있다"며 "질병관리본부 직원들은 거의 한 20일째 집에도 못 들어가고 있다. 건드리면 아무나 폭발할 수 있을 정도로 긴장한 상태"라고 말했다. '울컥'은 사람의 성격에 따라 잘 하지 않기도 하고 자주 하기도 한다. 가수의 애절한 노래를 듣고 펑펑 우는 사람, 울컥하는 사람, 미동도 보이지 않는 사람 등 다양하지 않은가. 그의 이번 '울컥' 영상은 조회 수에서 대박을 터트렸다. 신문과 방송도 일제히 이를 화제성 기사로 다루었다.

　나는 이 교수가 '울컥' 하는 영상을 보면서 이 교수가 말한 정은경 본부장의 인품에 관심이 쏠렸다. 정 본부장과 알고 지낸 지 20여 년이 됐지만 가까이서 함께 일한 적은 없다. 보건복지부와 국립보건원(지금의 질병관리본부) 출입 기자와 국립보건원의 전문 관료로서 주로 후천성면역결핍증 퇴치 등과 관련해 몇 차례 그리고 그 뒤 두어 차례 만난 적밖에 없어 그를 속속들이 알지는 못한다. 인품, 즉 그 사람의 품성을 아주 잘 알지는 못한다는 뜻이다. 그와 오랫동안 직접 얼굴을 맞대고 일을 해본 질병관리본부 출신을 포함한 의료인들을 만나 정 본부장의 성격 내지는 품성 그리고 자질에 대해 물어보았다. 한결같은 대답을 들었다. "꼼꼼하다", "차분하다" 등이었다. 이것은 정 본부장에 대한 나의 생각과 일치했다.

　정 본부장이 코로나19 일일 현황을 기자들에게 브리핑하면서 보인 태도도 그러했다. 코로나19 이후 가끔 만나는 사람들과 대화를 하면 그들도 거의 예외 없이 처음이나 나중에나, 확진자가 줄어들었을 때나, 크게 늘어났을 때 등 상황 변화가 생겨도 늘 흔들림 없이 차분하게 또박또박 설명하는 정 본부장을 보고 깊은 신뢰를 가지게 됐다고 말했다. 정 본부장은 오랜 기간 브리핑을 하면서 지금까지 단 한 차례도 마스크를 쓰지 않았다. 그는 언제 마스크를 써야 하는지, 쓰지 말아야 하는지를 몸으로 실천하고 있었다. 이는 브리핑을 할 때마다 마스크를 썼다 벗었다 하는 다른 장관이나 지역자치단체장의 행동과 대조를 이루었다.

위험 또는 위기 상황 시 이루어지는 소통에서 가장 중요한 대목은 말하는 사람 즉, 화자(話者, 스피커)의 일관된 메시지와 설명이다. 이 점에서 그는 만점에 가까운 점수를 받은 것 같다. 코로나19 상황이 시시각각으로 변하지만 정 본부장은 이를 잘 파악하고 있었다. 그러니 곤혹스러운 상황이 터졌을 때 언론인들이 날카롭게 던지는 질문에 대해 상대방이 원하는 답변을 내놓을 수 있었다. 정부의 고위층이 언론, 야당 정치인들과 입씨름하거나 부적절한 언행을 해 구설에 오를 때에도 정 본부장만은 흐트러지지 않았다. 이는 국내에서 일어난 여러 감염병 사건, 즉 후천성면역결핍증, 홍역, 사스, 신종인플루엔자, 메르스 등을 직접적, 간접적으로 두루 겪은 데다 메르스 때는 '희생양'이 돼 곤경에 처한 적도 있었기 때문이 아닐까 싶다.

정 본부장은 감염병과 관련해 단맛과 쓴맛을 모두 맛본 사람이다. 남에게 책임을 미루거나 아랫사람을 득달하는 성격이 아니다. 윗사람에게 아부하는 성격도 아니다. 자신의 일을 묵묵히 성실하게 최선을 다하는 성품을 지녔다. 코로나19와 같은 재난 대처에 가장 잘 어울리는 성품을 지니고 있다고 하겠다.

정은경 본부장은 일차 진료와 지역사회 의학에 관심이 많아 서울대 의대를 졸업하고 가정의학을 전공했다. 지역 보건소에서 관리 의사로 근무하면서 환자 진료와 함께 방문 보건이나 건강 증진 사업 등 보건 사업에 참여했다. 그러다 질병 예방 정책에 관심을 가지게 됐고, 대학원에서 예방의학을 전공해 질병관리본부에 특채돼

근무를 시작했다.

그는 대통령직속 정책기획위원회가 계간지로 펴내는 『열린정책』과 가진 인터뷰에서 질병관리본부와 보건복지부에서 근무하면서 겪은 일들을 담담하게 풀어놓았다.

"감염병 유행 대응 업무를 많이 담당했습니다. 1998년에 전국적으로 세균성 이질이 유행해 전국으로 역학조사를 하러 다녔고, 2000년부터 2001년까지는 홍역 대유행, 2003년에는 사스 유행, 그리고 2009년 신종 인플루엔자 대유행과 2015년 메르스 유행 시기까지 감염병 대응팀에서 일했습니다. 감염병은 그 특성에 따라 대응 방법이 모두 다른데, 매번 새롭고 갈수록 복잡하고 어려워지는 것 같습니다. 유행 당시에는 힘들고, 또 감염병을 극복할 수 있을까 하는 두려움도 있었습니다. 그렇지만 시간이 지나면 큰 보람으로 남는 경우가 많습니다. 2001년 홍역 유행 때는 캐치업(Catch-up) 예방접종(초·중·고교생 일제 접종), 초등학교 입학 시 예방접종 증명서 제출 제도 도입, 홍역 감시 체계 강화와 같은 홍역 퇴치 계획을 마련했는데요. 그로부터 5년 뒤에 홍역 퇴치 목표를 달성한 것이 가장 기억에 남습니다. 의사로서 감염병 퇴치에 일조할 수 있었다는 것이 무엇보다 큰 보람입니다."

그가 가장 기억에 남는다고 한 2000년대 초 홍역은 우리 질병관리본부(당시는 국립보건원)가 매우 잘 대응해 조기에 홍역을 종식했다고 세계보건기구로부터 칭찬받은 바 있다. 2000부터 2001년 사이 우리나라에서는 전국적으로 홍역이 유행해 확진자가 5만 5천 명을 넘어서는 등 대유행이 일어났다. 정부는 '홍역 퇴치 5개년 계획'을 세우고 본격적으로 백신 접종 강화 정책을 폈다. 그 결과 백신 접종률이 95%를 웃돌았으며 이는 2006년 우리나라의 홍역 발생률을 인구 100만 명당 0.52명으로 줄이는 성과로 이어지게 했다. 2014년 우리나라는 세계보건기구로부터 '홍역 퇴치 국가'로 인증받았다.

홍역 대유행 당시 국립보건원에는 전염병관리부가 처음 만들어졌으며 그 밑에 감염병조사과 역학조사과 등이 있었다. 2007년부터 2011년까지 질병관리본부장을 지낸 이종구 지금의 서울대 의대 교수가 당시 이 부서를 맡고 있었다. 역학조사과장은 메르스 때 질병관리본부장을 지낸 양병국이 맡고 있었다. 당시 정은경은 고운영 등과 함께 역학담당관으로 홍역 업무를 맡았다. 이종구-양병국-정은경으로 이어지는 서울대 의대 출신들이 홍역 유행 때 함께 손발을 맞추었고 나중에 차례로 모두 질병관리본부장까지 오른 것이다. 질병관리본부장 최장기 재임 기록(4년)을 가지고 있는 이종구 교수는 후배 정은경 본부장에 대해 다음과 같이 말한다.

"서울대병원에서 펠로우(전임 의사를 뜻함)로 있을 때 정은경 본부장이 당시 레지던트로 있어 이름 정도만 알고 있었는데 홍역 때 함께 일을 해보니까 너무나 치밀하고 꼼꼼해 깜짝 놀랄 정도였습니다. 특히 실행 계획을 세우는데 정말 치밀하고 정확했습니다."

정은경 본부장의 이런 성격은 본인도 인정하는 바이다. 그래서 그는 인터뷰를 할 때마다 차분한 성격에 대해 칭찬을 받으면 외려 활달하고 화끈한 성격이 부럽다고 말하기도 한다.

재난 상황에서 언론과 사회는 늘 영웅을 갈망한다. 없는 영웅도 만들어내 영웅으로 둔갑시키는 게 인간 사회다. 대한민국도 예외는 아니다. 하지만 그렇게 만들어진 영웅은 추락하게 마련이다. 한때 대한민국 과학계의 영웅으로 우리 사회가 떠받들던 황우석 박사가 논문 사기로 날개 없이 추락한 사건이 대표적인 사례라고 볼 수 있다. 하지만 정은경 본부장은 다르다. 이미 청소년이 가장 닮고 싶은 롤 모델이 되었다. 일각에서는 그를 거의 '위인' 수준으로 대접하고 있다.

정 본부장은 2020년 어린이날을 며칠 앞둔 4월 29일 충북 오송에 있는 질병관리본부 브리핑실에서 '어린이 특집 정례 브리핑'을 진행했다. 이날 브리핑은 '5월 가정의 달'과 '황금연휴'를 맞아 어린이가 궁금해하는 코로나19에 대한 질문과 답변이 오가는 형식으로 진행됐다. 대구와 경기 지역 어린이 기자단, 국민소통단의 자녀로부터 코로나19에 대한 질문을 듣고 답변했다. 언론은 매우 신선한 기획이라며 칭찬 일색이었다. 이어 어린이날 하루 전날인 5월 4일에는 정례 브리핑을 하면서 일 년 중 가장 즐겁게 마음껏 뛰어놀아야 함에도 그렇게 할 수 없는 상황이어서 안타까워하는 마음을 아이들과 부모들에게 표시했다. 정 본부장은 "며칠 전 중앙방역대책본부에서 소아청소년과 전문의를 모시고 어린이 브리핑을 할 때 어린이들이 '친구들과 모여 생일 파티를 할 수 있는지 또는 씽씽이를 타도 되는지' 등과 같은 질문을 했다. 아쉽게도 아직까지는 감염병의 위험이 남아 있는 시기이기 때문에 여전히 사회적 거리 두기를 지키고 개인 위생 수칙을 지키는 것이 필요하다"고 말했다. 그는 그렇게 공감을 표시하며 소통을 했다.

정 본부장에 대한 찬사는 국내 언론뿐만 아니라 외국 언론에서도 쏟아졌다. 미국의 한 칼럼니스트는『월스트리트저널 *The Wall Street Journal*』4월 4일자에 기고한 칼럼에서 정 본부장을 '진짜 영웅'이라고 극찬했다. 리더십 전문가인 샘 워커는 '침착하고 유능한 관료들이 있어 다행이다(Thank God for Calm, Competent Deputies)'라는 제목의 칼럼에서 "코로나19가 전 세계로 퍼지면서, 카리스마 있는 정치 지도자보다 전문 분야 관료직이 '진짜 영웅'으로 떠오르고 있다"라며 정 본부장을 비롯해 영국의 부(副) 최고 의료책임자인 제니 해리스, 케냐의 무타히 카그웨 보건장관, 미국의 앤서니 파우치 국립알레르기전염병연구소(NIAID) 소장 등을 꼽았다. 그는 특히 정 본부장을 가장 비중 있게 소개하면서 "정 본부장의 일관된 논리, 솔직한 정보 전달, 정확한 분석, 침착함과 인내심은 한국인에게 강한 신뢰감을 안겼다. (대구·경북 지역 유행 확산으로) 사회 분위기가 고조된 위기 국면에서도 사람들은 정 본부장을 신뢰하고, 그로 인해 불안감도 사라졌다"라고 호평했다. 그는 이와 함께 "'바이러스는 한국을 이길 수 없다'라는 정 본부장의 말은 한국인의 불안을 잠재웠다. 3주 전만 해도 정 본부장을 몰랐던 사람들은 이제 사회 관계망 서비스에 정 본부장의 건강을 걱정하는 글을 올리고 있다"라고 했다.

코로나19 사태를 맞이해서도 일본은 우리와 협력보다는 줄곧 서로 긴장 관계에 있다. 그런 일본의 유력 일간지『요미우리 読売新聞』신문도 '한국 코로나 대책의 영웅'이란 제목의 기사에서 "한국 감염증 대책의 사령탑인 질병관리본부를 이끄는 정 본부장이 주목받고 있다. 매일 열리는 기자회견에서 차분한 말투로 브리핑하는 모습이 국민의 신뢰를 얻고 있다"고 보도했다. 이 신문은 5월 10일 이태원 클럽 사태로 인한 코로나19 집단 감염 상황을 브리핑하면서 "신속하게 검사받지 않으면 본인 건강뿐 아니라 가족, 동료, 사회의 안전을 지킬 수 없는 점을 유념해 간곡하게 (자발적인 검사를 받기를) 부탁드린다"고 호소한 정 본부장의 말을 호의적으로 소개했다.

이 신문은 또 "정 본부장이 지난 1월 한국에서 첫 코로나19 감염자가 확인된 이후 거의 매일 오후 2시 기자회견을 열어 국내 감염 상황 등을 설명하고 있다"면서 "정 본부장을 세계보건기구 차기 사무총장으로 밀자고 하는 청원까지 청와대 홈페이지에 올랐다. 그럼에도 정 본부장은 공식 석상에서 '주위에 항상 감사하다'는 말로 자신을 향한 호평에 겸손해한다"고 덧붙였다. 『요미우리』는 『중앙일보』 등 한국 신문을 인용해 "정 씨는 서울대 출신으로 보건 석사 및 예방 의학 박사 학위를 취득하고 1998년에 보건복지부에 들어갔다. 메르스 유행 시 질병예방센터장을 맡은 경험 등을 가졌고, 2017년 7월에 최초의 여성 질병관리본부장이 되었다"고 정 본부장의 이력도 자세하게 소개했다.

외국 언론은 국내 언론의 반영이기도 하기 때문에 칼럼 내용이나 보도 내용 자체에 새로운 것은 없다. 하지만 외국의 주요 언론들이 이런 내용을 다룬다는 것 자체가 K-방역에 대한 찬사라고 볼 수 있다. 그리고 그 바탕에 정 본부장이 있다고 보는 것이 적절할 것 같다. 한국 역사상 감염병 방역과 관련해 모범 국가로 이렇게까지 칭송받는 일은 처음이다. 대한민국 국민으로서 정말 기분 좋은 일이 아닐 수 없다.

국내외 언론과 우리 국민 그리고 그와 가까운 사람들이 한결같이 증언하고 있는 정은경 본부장의 인품과 공감은 문재인 대통령의 '전매특허'라고도 할 수 있는 것이다. 문재인 대통령은 다른 것은 제쳐두더라도 타인과의 공감 특히 어려운 처지에 놓인 사람을 다독이며 진심으로 위로하는 공감 능력에서 매우 뛰어난 지도자이다. 대통령이 되기 전에도 그는 늘 생명을 아끼고 생명을 모든 것에 우선시했다. 경남 양산 자택에서 반려견과 반려묘를 기르며 그들과 함께했던 것도 생명 존중을 중요한 가치로 여기게끔 하는 데 일조를 했을 터이다. 그는 세월호 유가족들의 아픔과 가습기 살균제 참사 유족과 피해자들의 아픔을 진정으로 느꼈다.

그는 세월호 참사로 자식을 잃은 유민 군의 아버지 김영오 씨가 목숨을 건 장기 단식을 계속해 건강이 급속히 악화하기 시작하자 아들에 이어 아버지까지 생명을 잃을까 봐 그의 단식 중단을 촉구하기 위한 단식 행동에 들어갔다. 세월호 참사가 일어난 뒤 석 달가량 지난 2014년 7월 14일이었다. 세월호 유족들은 세월호진상조사위원회에 수사권과 기소권을 주는 내용의 특별법을 요구하며 집단 단식에 들어갔다. 15명의 유족이 참여했다. 시간이 가면서 유족들은 하나둘씩 탈진해 병원에 실려 갔다. 마지막까지 남은 유족이 김영오 씨였다. 당시 언론은 이를 제대로 다루지 않았다. 김영오 씨가 단식한 지 37일째가 되는 날 광화문 광장에는 그를 살려야 한다며 동조 단식하는 사람들이 하나둘씩 늘기 시작했다.

당시 야당이었던 민주당의 문재인 의원도 이날 김 씨를 살리는 것이 중요하다며 준비도 없이 바로 단식에 들어갔다. 8일째쯤 되는 날 광화문 이순신 장군 동상 뒤편에 있던 단식 천막을 찾아가보았다. 얼굴은 이미 초췌해 있었다. 하얀 머리칼에 흰 수염도 더부룩하게 나 있었다. 밤늦게 잠을 청해보지만 잠을 제대로 이룰 수 없다고 호소하는 이야기를 대화 도중 들었다. 광화문 세종대로는 새벽에도 차가 다니기 때문에 차량 소음 때문에 잠을 늘 설친다는 것이었다. 귀에 소음을 줄여주는 마개를 하고 자지만 근본적으로 소음을 막아주지는 못한다고 했다. 더 좋은 제품을 사서 주는 것이 좋겠다고 보좌진에게 조언한 기억이 새롭다. 당시 문 의원의 단식이 정국의 흐름을 바꾸어놓았다고 평가하는 정치 평론가도 있었다. 하지만 필자는 그런 정치적 계산에 의한 행동이라기보다는 결국 유민 군의 아버지가 단식을 중단하고 병원에 입원해 목숨을 건지도록 했다는 점을 높이 평가하고 싶다. 문재인 대통령이 김영오 씨의 생명을 구했다고 해도 틀린 말은 아닐 것이다.

사람들이 안타깝게 생명을 잃는 것에 대해 문 대통령은 마음 깊숙한 곳에서부터 진심으로 아프게 여긴다. 그는 광주민주화운동 유족들이나 제주 4·3 사건 유족 등 국가 폭력에 의해 스러져가신 분들과 그 유족들에 대해 남다른 관심을 보여왔다. 대통령이 되기 전이나 후에도 한결같다. 대통령이 된 직후인 2017년 8월 가습기 살균제 참사로 가족을 잃은 피해자 가족과 아직도 그 고통 속에 헤어나지 못하고 있는 이들을 청와대로 초청해 위로의 말과 함께 아픔에 공감을 한 것도 같은 맥락에서 받아들일 수 있다.

국민 모두가 아직도 생생하게 기억하는 한 장면이 있다. 문 대통령의 공감 DNA가 학습으로 만들어진 것이 아니라 타고난 것이 아니냐는 생각을 하게 만든 감동의 장면이었다. 2017년 대통령이 되고 난 뒤 처음 맞는 제37주년 5·18광주민주화운동 기념식에서 우리는 그의 공감 DNA의 진면목을 생방송으로 볼 수 있었다. 5월 18일 오전 10시 광주 국립 5·18 민주 묘지에서 열린 기념식에서 유가족 김소형 씨가 추모사를 했다. 이날 기념식에 참석한 문 대통령 앞에서 김 씨는 얼굴도 보지 못한 아버지에 대한 애틋한 마음을 담은 추모사를 울먹이며 읽었다. 대통령도 눈시울을 붉혔다. 그는 "아버지, 당신이 제게 사랑이었음을. 당신을 비롯한 37년 전의 모든 아버지들이 우리가 행복하게 걸어갈 내일의 밝은 길을 열어주셨으면. 사랑합니다. 아버지"라고 말하면서 눈물을 왈칵 쏟아냈다. 대통령은 손수건을 꺼내 눈물을 훔쳤다. 문 대통령은 추모사가 끝나자 벌떡 일어나 단상으로 뚜벅뚜벅 걸어갔다. 추모사를 마치고 자리로 돌아가던 김 씨는 대통령이 자신한테 오는 것을 보지 못했다. 행사요원이 김 씨를 걸어오는 대통령 쪽으로 안내했다. 그때서야 몸을 돌려 대통령과 만났다. 문 대통령은 김 씨를 꼭 안고 다독였다. 김 씨는 한동안 문 대통령의 어깨에서 다시 한 번 울먹이며 고개를 들지 못했다. 이 장면은 두고두고 많은 사람들의 입에 오르내렸다. 이일을 통해 문재인 대통령은 마음에서 우러나오는 소통과 공감의 자질을 지녔다는 것을 보여주었다.

소통에는 글과 말로 하는 언어 소통도 있지만 그 못지않게 중요한 것이 있다. 바로 눈과 표정, 손짓 그리고 온몸으로 표현하는 비언어 소통이다. 대통령이 하는 말과 글은 보좌하는 참모가 써준 것을 그대로 읽고 말하거나 자신의 생각을 보태 다듬은 뒤 하는 것이 보통이다. 하지만 문재인 대통령의 이런 행동은 설혹 참모가 조언한 다고 하더라도 마음에서 우러나지 않으면 어색한 티가 나게 마련이 다. 하지만 이날 문재인 대통령이 보여준 위로의 행동과 그 후 많은 곳에서 보여준 공감 능력은 진심에서 나온 것임을 누구나 느낄 수 있었다.

문 대통령은 선한 눈망울을 지녔다고들 한다. 그를 가까이서 본 많은 사람들이 그렇게 이야기하고 있다. 그런 사람들을 개인적 으로 많이 알기에 종종 그런 말을 들을 수 있었다. 눈은 거짓을 모른다. 눈은 소통에서 가장 중요한 표현을 해주는 신체 기관이다. 상대방에게 진심을 전달할 수 있는 최고의 신체 부위다. 선한 눈을 지녔다는 것은 타고난 복이 아니라 그가 어떻게 살아왔느냐를 보여주는 척도이다.

문재인 대통령은 정 본부장과 인연이 깊거나 잘 알지는 못했지만 전혀 모르는 사이는 아니었다. 2015년 5월 31일 '메르스 사태' 당시 문재인 새정치국민연합 대표가 질병관리본부를 방문했다. 그때 브리핑을 한 사람이 정은경 당시 질병예방센터장이었다. 2017년 문 대통령은 국장급이었던 정 센터장을 두 단계 위인 차관급 본부 장으로 승진 임명했다. 첫 여성 질병관리본부장이 탄생한 것이다. 당시는 정은경 본부장이 이를 고맙게 여겼을지 모르지만 지금은 거꾸로 코로나19를 잘 관리하고 있는 정 본부장이 문 대통령에게 정말 고마운 존재가 되었다.

질병관리본부는 30번 환자가 발생할 때까지만 해도 그럭저럭

코로나19에 잘 대응하고 있었다. 하지만 한순간에 무너졌다. 공든 탑이 무너질 때 찾아오는 허망감을 문 대통령은 알고 있었다. 2012년 대선 패배 때도 그런 허망함을 느꼈다. 대구 신천지 교회 신도인 31번 환자 발생 이후 코로나19의 불길이 거세져 조기 진압이 어려워진 것을 안 문 대통령은 청와대 참모들과 코로나19를 소재로 대화를 나누던 중 정 본부장에 대한 애틋한 마음을 드러내며 격려했다. "(정은경 본부장이) 좀 허탈하지 않을까. 보통 이런 상황이면 맥이 빠지는데, 체력은 어떤지. 어쨌든 계속 힘냈으면 한다"고 말했다. 문 대통령은 2020년 3월 17일 코로나19 사태로 어려움을 겪는 서울 남대문 시장 상인들을 찾았을 때 구입한 홍삼을 정은경 본부장 등 질병관리본부 직원들에게 보낸 바 있다. 방역당국 일꾼들이 홍삼으로 기운을 차려서라기보다는 자신들을 생각해주는 대통령의 각별한 관심에 힘을 얻어 젖 먹던 힘까지 내어 '피로야 가라'고 외치면서 코로나19와 싸우지 않았을까.

코로나19와의 전쟁에서 늘 영광의 순간만 있었던 것은 아니었다. 특히 문재인 대통령은 마스크 수급 정책의 실패로 한동안 마스크 대란의 수렁에 빠져 곤욕을 치렀다. 대통령은 두 차례나 국민에게 이에 대해 송구하다는 사과를 해야만 했다. 이와 관련해 책임 있는 부처에 대해 따끔한 질책도 했다. 마스크 대란은 공적 5부제 요일별 배급 제도를 도입하고 이 새로운 시스템이 정착되면서 먹구름이 걷혔다. 지금은 언제 그런 일이 있었느냐는 듯이 평화롭기만 하다. 마스크를 사재기하려거나 마스크 구입 때문에 불편을 느끼는 사람은 거의 없다. 문 대통령의 사과는 현실을 외면하고 부정하려는 트럼프 대통령과 아베 총리의 언행과 비교되며 큰 반향을 불러일으켰다. 솔직하고 잘못을 인정할 줄 아는 지도자라는 인상을 국민에게 깊게 각인시켰다. 위험 소통에서 지켜야 할 원칙 가운데는 '잘못이 있으면 이를 즉각 인정해 사과하고 그 실수를 되풀이하지 말라'는 것이 있다. 문재인 대통령은 이를 너무나 잘 지켰다. 그는 마스크 대란을 막지 못한 실패자가 아니라 그 위기를 재빨리 극복한 승리자다.

코로나19와의 전쟁을 치르면서 우리 국민들이 고맙게 여기는 두 사람, 즉 문재인 대통령과 정은경 본부장은 생명과 사람에 대한 깊은 애정과 관심, 말보다는 성실한 실천력을 보여주었고 그것이 통했다. 정은경 본부장은 K-방역 능력을 세계에 각인한 대한민국의 대표 선수다. K-방역의 우수성은 정은경 본부장 이하 방역 관계자, 공무원, 전문가, 의사, 간호사 등 보건의료인, 방역 소독 노동자, 그리고 수많은 시민들의 희생과 헌신 그리고 협조가 만들어낸 것이다. 정은경 본부장은 이들을 대표한 상징 인물이라 할 수 있다.

우리나라 역사상 감염병과 관련하여 우리 사회에서 이름이 널리 알려진 대표적 인물은 지석영과 이호왕 정도일 것이다. 구한말 고종 때 지석영 선생은 종두법을 도입해 전국을 누비며 당시 마마라 불리던 두창에서 백성들을 구하기 위해 온몸을 던졌다. 바이러스 학자인 고려대 이호왕 교수는 한국전쟁 당시 국군과 미군 등 유엔군을 괴롭힌 괴질 출혈열의 정체를 밝히기 위해 한탄강 등 휴전선 일대를 누비고 다녔다. 그리고 결국에는 한타바이러스 가문에 속하는 한탄바이러스와 서울바이러스 등 지금은 신증후군출혈열이라고 하는 감염병의 원인 바이러스를 세계 처음으로 1976년 발견해 한국 감염병 연구의 위상을 드높였다. 감염병과 관련해 그 다음으로 유명해진 사람이 정은경 본부장이 아닐까 싶다.

이름 없는 대한민국 국민 영웅이든, 문재인 대통령이나 정은경 본부장과 같이 이름 있는 영웅이든 코로나19 영웅들의 이야기는 아직 미완성이다. 코로나19가 아직 끝나지 않았기 때문이다. 마라톤에서 초반에, 그리고 반환점을 돌 때까지 세계 기록을 세웠더라도 그가 마지막까지 이를 유지하며 골인하지 않으면 마라톤 영웅이 될 수 없듯이 우리나라 코로나19도 어떻게 전개될지 그 누구도 예측하기 쉽지 않다. 코로나19의 확산을 막기 위해 더욱 우리의 몸과 마음을 다잡고 코로나 전쟁에 임해야만 최후의 승자가 되어 승전가를 부를 수 있을 것이다. 최후의 영웅은 그때 나타날 것이다.

정은경 질병관리본부장이 코로나19 감염증에 관한 브리핑을 진행하는 모습이다.
출처: 질병관리본부

제 4 부

코로나19,
아직 끝나지
않은 이야기

"지금 당장 또는 가까운 장래에 인류는 그 어느 때보다도 엄청난 생태적 격변을 겪을 것이 분명하다. 따라서 가까운 과거에 그랬듯이 가까운 미래에도 안정된 생태계를 기대하기 힘들며 미시 기생과 거시 기생 사이에 균형이 수시로 흔들리면서 극심한 변동이 이어질 것으로 예상된다. 과거에 무슨 일이 있었는가 하는 것뿐만 아니라 미래에 무슨 일이 있을지를 생각할 때는 전염병이 해온 역할을 결코 무시해서는 안 된다. 창의력과 지식, 조직이 아무리 진보했다 해도 기생 생물의 침입에 인류는 확실히 취약한 존재라는 것은 숨길 수 없는 사실이다. 인류가 출현하기 전부터 존재했던 전염병은 앞으로도 인류와 운명을 함께할 것이며, 지금까지 그랬듯이 앞으로도 인간의 역사에 근본적인 영향을 미치는 매개 변수이자 결정 요인으로 작용할 것이다."

이것은 미국의 역사학회장을 지낸 역사가 윌리엄 맥닐의 역작 『전염병의 세계사』 마지막 부분에 나오는 내용이다. 마치 코로나19 팬데믹이 발생해 대유행을 한 것을 보고 난 뒤 쓴 것 같다는 생각이 들 정도로 맥닐의 통찰력은 정말 놀랍다. 맥닐이 1975년에 이 책을 펴냈으므로 그가 30여 년 전에 우리에게 들려준, 감염병이 인간에게 끼칠 영향에 대한 분석에는 소름 돋을 정도의 깊은 혜안이 담겨 있다.

감염병이 인간에게 끼칠 영향에 대한 통찰력을 논한다면 맥닐과 함께 또 한 사람의 석학을 빼놓을 수 없다. 한글 찬양가로 한국인에게 잘 알려져 있고 1997년 퓰리처상의 영광을 안은『총, 균, 쇠 *Guns, Germs, and Steel*』의 저자 재레드 다이아몬드(Jared Diamond)다. 그는 이 책에서 인류 역사에 치명적인 영향을 끼친 병원균에 대한 이야기를 풀어놓았다. 이 책을 쓸 당시 그는 캘리포니아주립대 의대 생리학 교수였다.『총, 균, 쇠』는 "무기류, 기술, 정치 조직 등의 우월성만을 가지고 유럽인들이 비유럽인들을 정복할 수 있었던 건 아니다. 그러나 만약 유럽이 다른 여러 대륙에 사악한 선물-유라시아인들이 오랫동안 가축과 밀접하게 살았기 때문에 진화된 각종 병원균-을 주지 않았다면 그러한 정복은 이루어지지 못했을 것이다." 여기서 '사악한 선물'은 두창바이러스이다. 그리고 정복당한 이들은 아스텍, 잉카, 북미 원주민들이다.

이 밖에 인류를 위협한 전염병과 그것이 바꾼 세계의 역사에 관한 저서들은 여럿 있다. 역사학자 셸던 와츠(Sheldon Watts)의『전염병과 역사 *Epidemics and History*』, 과학저술가 아노 카렌(Arno Karlen)의『전염병의 문화사 *Man and Microbes*』, 독일 출신의 의사이자 역사학자인 로날트 D. 게르슈테(Ronald D. Gerste)가 쓴『질병이 바꾼 세계의 역사 *Wie Krankheiten Geschichte machen*』와 연세대 원주의대 교수인 의사 예병일이 쓴『세상을 바꾼 전염병』등이 대표적이다. 이들 책에서 다루는 감염병은 한결같이 인류와 인간 사회에 엄청난 타격을 준 감염병들로서 대동소이하다.

카렌은 "기생과 감염은 자연의 기본적인 현상이며, 질병들은 생명 자체만큼이나 오랜 세월 진화해왔다"고 말하며 자신의 책이 "새로운 전염병과 생존 그리고 동료 여행자인 미생물들과 우리가 함께하는 '상호 적응의 무도회'에 관한 이야기"임을 스스로 밝혀놓았다. 게르슈테는 두창, 매독, 콜레라, 독감, 결핵, 후천성면역결핍증 등 세계를 휩쓴 감염병을 다루면서 알렉산드로스 대왕(Alexandros the Great), 헤겔(Hegel) 등 저명한 역사적 인물에 초점을 맞추는 형식으로 이야기를 펼쳤다. 예병일은 "감염병이 일상이 될 수 있는 시대를 맞아 필요 이상의 공포감이나 자신감 모두를 배제하고 감염병을 일으키는 미생물을 퇴치하는 것이 아니라 함께 살아갈 방법을 찾는 것이 21세기를 살아가는 인류에게 필요한 태도"라고 설파한다.

이 밖에 감염병을 주제로 한 많은 저작들은 새로운 감염병 또는 재출현 감염병을 맞닥뜨린 인간 세상에서 벌어진 다양한 일들을 조명하며 이를 극복할 수 있는 역사적 교훈을 이야기하고 있다. 2020년 인류는 이들 저작이 나온 뒤에 등장한 코로나19로 혼돈과 두려움의 나날을 보내고 있다. 재레드 다이아몬드 등 세상을 바꾼 감염병에 대한 해설가 내지 평론가들이 코로나19에 대해 어떤 이야기를 할지 궁금해지기도 한다.

인류 역사 전체를 조망해볼 때 코로나19는 두창, 결핵, 후천성면역결핍증, 콜레라, 발진티푸스, 홍역, 흑사병, 인플루엔자 등에 견줘 아직까지 환자나 사망자 수 측면에서 '애송이 감염병'에 지나지 않는다. 하지만 코로나19는 아직 현재 진행형이다. 그 끝이 언제가 될지, 또 이들과 같은 반열에 오를지는 아무도 모른다. 코로나19가 부유한 나라와 가난한 나라, 동양과 서양을 가리지 않고 인류에게 주고 있는 충격파는 엄청나다. 이미 경제, 보건의료, 노동, 교육, 문화, 스포츠, 여행, 정치 등 거의 모든 분야에서 '게임 체인저' 구실을 하고 있다.

감염병 학자들과 역사학자들은 인류 사회를 바꾼 대표적 감염병으로 주저하지 않고 두창과 흑사병을 꼽는다. 중세 흑사병의 대유행으로 당시 봉건제도를 밑바닥에서 떠받치던 농노들이 엄청나게 희생되어 더는 기존 사회 체제를 유지할 수 없게 됨으로써 사회 변혁이 일어났다. 코로나19가 가져올 사회 변화를 지금으로서는 중세 흑사병과 맞비교하는 것이 부적절할 수 있다. 하지만 벌써부터 '포스트 코로나' 시대를 이야기하는 사람들이 많다. 그들은 코로나가 조기 종식되지 않으면 모든 분야에서 사람과 사람이 직접 마주하지 않는 '언택트(untact) 사회', '언택트 문화' 시대로 바뀔 것이라고 예견하고 있다.

감염병이 경제와 사회에 엄청난 악영향을 끼친다는 사실은 코로나19 사회에서 살고 있는 우리들에게 상식으로 통한다. 20세기 이후 코로나19 팬데믹 시대를 맞이하고 있는 지금까지 통틀어 가장 많은 피해를 준 감염병은 단연 1918년부터 1919년까지 세계적인 대유행을 한 스페인 독감일 것이다. 실제 유행은 1920년에도 미국의 뉴욕 등 일부 지역에 있었지만, 감염자가 소규모였고 사망자도 적어 1918년부터 1919까지의 플루 팬데믹이라고 한다. 스페인 독감은 당시 세계 인구의 3분의 1에 해당하는 5억 명을 감염시켜 이 가운데 최대 5천만 명을 숨지게 한 것으로 추정되고 있다. 20세기 최악의 감염병으로 부르는 까닭이 여기에 있다.

이때도 전 세계인들이 마스크를 쓰고 다녔다. 감염병 마스크 시대의 문을 연 감염병이었다. 물론 그 이전에도 더 무서운 감염병이 유행한 적이 많이 있었다. 하지만 스페인 독감처럼 경제와 사회에 끼친 영향이 세세하게 기록돼 있지는 않다. 스페인 독감 유행 때에는 미디어, 특히 신문들이 발행됐기 때문에 당시 상황을 자세하게 전하고 있다. 미국도 스페인 독감의 대유행을 피하지 못했다. 이름만 스페인 독감이지 환자가 처음 발생한 진원지는 미국이었다. 만약 굳이 국가 이름을 따서 이름을 붙이는 것이 맞다고 한다면 미국 독감이 되는 것이 순리였다. 미국은 지금 코로나19 사태를 맞이해서도 최대 피해국이 됐듯이, 스페인 독감 유행 당시에도 최대 피해국의 목록에 이름을 올렸다. 85만 명이 숨진 것으로 기록됐다. 미국의 신문을 통해 당시 스페인 독감 유행이 경제와 사회에 얼마나 큰 피해를 입혔는지 가늠할 수 있다.

미국 『아칸소 가제트, *Arkansas Gazette*』, 『더 커머셜 어필, *The Commercial Appeal*』 등을 비롯한 각 신문에는 거의 매일 독감 환자 수와 사망자 수가 중계 방송되듯이 보도됐다. 그리고 교회, 학교, 영화관 폐쇄 소식과 근거가 의심스러운 치료법 등이 소개됐다. 경제에 끼친 영향에 관한 기사는 이들보다는 덜 다루어졌다. 『아칸소 가제트』 1918년 10월 19일자 4면에는 "인플루엔자가 비즈니스에 어떤 영향을 미치고 있는가"라는 기사를 다루었다. 리틀록(Little Rock)의 상인들은 매출이 40%나 줄었다고 밝혔다. 어떤 상인들은 70%나 감소했다고 추정했다. 아마 이런 차이는 업종별로 차이가 있어 어떤 업종의 영업을 하느냐에 따라 발생한 것으로 볼 수 있다. 소매 식료품점도 매출이 3분의 1로 줄었다. 한 백화점은 하루 매상이 1만 5천 달러(2006년 환산 가격으로 20만 달러 상당)였는데 감염병으로 인해 그 절반의 매상도 올리지 못한다고 밝혔다. 당시 미국 정부는 독감 치료법이 없기에 걸리면 침대에 누워 쉬라는 권고를 했다. 이 때문에 침대와 매트리스 수요가 급증했다. 리틀록에서 호황을 누린 곳은 딱 한 군데 약국뿐이었다.

1918년 12월 모두 마스크를 착용하고 있는 미국 시애틀 경찰의 모습이다.
출처: 위키피디아

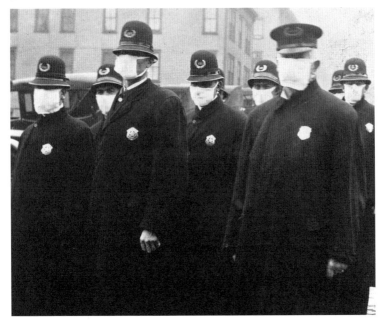

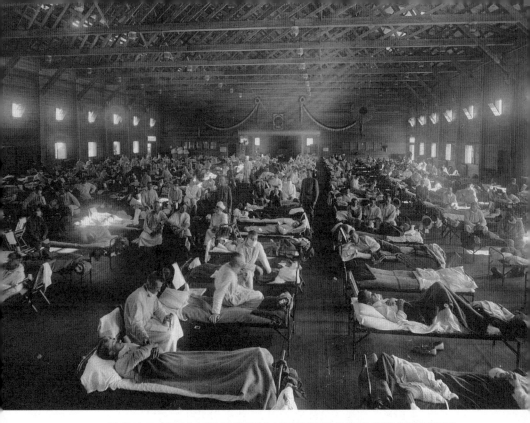

미국 캔사스 포트 릴리에서 스페인 독감에 걸려 후송된 군인들을 펑스턴 캠프에 마련한 한 임시 병원에서 집단 수용해 치료하고 있는 모습이다. 출처: 위키피디아

『더 커머셜 어필』도 1918년 10월 5일자 7면에서 "멤피스 기업들을 마비시키는 인플루엔자"라는 제목으로, 10월 18일자 12면에서는 "테네시 광산이 폐쇄될 듯"이란 제목으로 각각 스페인 독감이 준 경제 충격을 전했다.

연구자들은 스페인 독감이 당시 사회에 준 경제 충격을 각종 자료로 분석한 결과 그 영향은 단기적이었다고 밝혔다. 많은 산업 분야 특히 서비스업과 엔터테인먼트 산업이 두 자릿수의 손실을 입었으며 반대로 헬스케어 제품은 이익이 증대된 것으로 나타났다. 우리나라에서는 건강기능식품의 매출이 코로나19 이후 늘었다고 한다. 일부 학술 연구에서는 스페인 독감 유행으로 사망자가 많아 노동력이 필요한 업종에서 일시적 임금 상승이 있었지만 전반적인 경제 활동 상실과 인명 손실 등을 감안할 때 이익이 결코 비용을 능가한다고 볼 수는 없다고 지적했다.

우리는 그때보다 훨씬 더 빨리, 훨씬 더 많이 실시간으로 전세계 모든 나라에서 벌어지고 있는 코로나19의 확산 속도, 확진자 수, 사망자 수를 알고 있다. 이뿐만 아니라 어느 나라에서 얼마나 많은 실직자가 생기고 경제적 피해가 있는지도 알고 있다. 나라마다 봉쇄와 격리, 사회적 거리 두기의 강도와 신규 발생 확진자와 사망자 수, 그리고 그로 인한 경제 사회 양상은 조금씩 다르기는 하지만 세계 곳곳에서 대동소이한 현상이 동시에 벌어지고 있다.

코로나19로 인해 세상은 변하고 있다. 직장 구내식당에서는 서로 마주 보지 않고 식사를 한다. 직장 회식 문화도 거의 사라졌다. 도시락을 싸서 출근하거나 도시락을 배달시켜 나 홀로 식사를 한다. 결혼식도 가족끼리 조촐하게 하는 경우가 많다. 장례식 참석도 꺼리고 음식 대접도 하지 않는다. 계좌로 축의금과 조의금을 보낸다. 대학교는 물론이고 초중고와 학원에서도 사이버 강의가 일상화된다. 식당을 찾아가 외식을 하는 횟수가 대폭 줄어들고 대신 집에서 음식을 해 먹거나 식당에 배달 주문을 해 해결하는 사람이 늘어난다. 집에서 '혼밥', '혼술'하는 문화가 확산된다. 북적거리는 대형 커피점 등보다는 '테이크아웃'을 해 사무실로 가서 조용히 커피를 즐긴다. 재택근무가 대폭 늘어난다. 외출 시에는 마스크를 착용해야 탈 수 있는 지하철이나 버스 대신 자가용을 예전보자 더 자주이용한다. 극장이나 공연장, 축구, 야구 등을 관람하고 좋아하는 팀을 응원하기 위해 경기장을 찾는 대신 집에서 치킨과 맥주를 사다 놓고 '치맥' 응원을 하는 사람이 늘어난다. 유료 사이버 공연이 정착한다. 100인치 또는 그 이상 크기의 대형 텔레비전이 가정의 필수품이 된다.

서울 중심가에 내걸린 신종코로나바이러스 감염증 예방 수칙 안내 현수막이다. 출처: 위키피디아

각종 증명 발급을 받거나 국민연금, 국민건강보험, 고용보험, 각종 세금 문제 등과 관련해 상담을 할 때도 민원 창구를 직접 찾지 않고 모두 인터넷에서 해결한다. 회사나 정부의 각종 회의도 화상 회의로 하는 경우가 크게 늘어난다. 비대면 문화는 각종 과학기술도 크게 바꾸어 정보통신 기술과 로봇 기술이 크게 발전한다. 사람이 많이 모이는 대형 극장, 대형 공연장, 대형 회의장, 호텔의 '그랜드볼룸' 등도 다른 용도로 개조된다. 국내 학술 대회와 국제 학술 대회, 각종 토론회와 세미나도 사이버로 진행된다. 이른바 웹 세미나가 새로운 표준, 즉 '뉴 노멀(New Normal)'이 되고 있다. 많은 사람이 모여 관람하고 제품과 구직 등을 상담하는 각종 전시회, 박람회 등은 사양길로 접어든다.

국내선 공항과 국제선 공항은 모두 텅텅 비었다. 김포공항은 아예 문을 닫았다. 세계 각 나라가 사실상 국경을 봉쇄했기 때문이다. 부분적으로 다시 빗장을 풀고 서서히 문을 열고는 있지만 언제 완전 개방을 할지, 재유행에 따라 언제 또다시 빗장을 걸어 잠글지 예측하기 힘들다.

주거 문화도 변화할 조짐을 보인다. 많은 사람들이 모여 살고 승강기를 사용해야 하는 아파트보다 전원 주택과 개인 주택 등 단독 주택을 선호하는 문화가 확산될 수 있다. 귀농귀촌이 촉진될 수도 있다. 사람들이 북적이는 놀이공원보다는 한적한 공원이나 산에서 여가를 즐기게 된다. 많은 사람이 함께 모여서 댄스, 요가, 헬스를 하지 않고 체력 단련 기구를 사두고 집에서 혼자 운동을 즐기는 사람이 늘 것이다.

코로나19 이후에 빠른 속도로 에너지 전환을 이루어내어야 한다는 목소리도 높아지고 있다. 임성진 에너지전환포럼 공동대표는 "코로나19 팬데믹이 지구온난화로 인해 발생한 위기"라고 분석했다. 물론 나는 코로나19 발생이 지구온난화와는 직접 관련이 없다고 본다. 그보다는 외려 "코로나19 사태는 인간에 의한 서식지 파괴와 무분별한 포획이 인간의 생명과 안전에 대한 위험으로 되돌아온 것"이라는 조명래 환경부 장관의 지적이 타당하다고 본다. 우리는 코로나19 발생 이전에도 '그린 뉴딜', '저탄소 사회', '재생 에너지 사회로의 패러다임 전환', '탄소 제로 경제 체제' 등을 지향하며 이를 위한 실천에 동참하기를 촉구해왔다.

코로나19가 경제와 노동 시장을 뒤흔들고 있는 것은 그 누구도 부인하지 못할 사실이다. 실직자들이 계속 쏟아져 나오고 있다. 항공업계, 여행업계, 식당, 카페 등을 경영하는 자영업자의 몰락과 위기는 비단 한국뿐 아니라 코로나가 창궐한 적이 있거나 창궐하고 있는 거의 모든 국가에서 벌어지고 있는 현상이다. 국제노동기구(ILO)는 2020년 2분기에만 2억 명이 실직했다고 발표했다. 우리나라에서도 코로나19 사태로 실직자가 급증해 2020년 5월 한 달 동안 고용노동부가 실직자들에게 지급한 구직 급여가 사상 처음 1조 원을 넘어서 1조 162억 원을 기록했다. 이는 지난해 같은 달 7,587억 원과 비교해 33.9% 늘어난 것으로 구직 급여 지급액이 1조 원을 넘어선 적은 이번이 처음이었다. 실직자가 확산되고 있다는 확실한 증거였다. 특히 청년 실업이 문제가 되고 있다. 마이너스 경제 성장이나 경기 침체 등을 말해주는 여러 지표들이 있지만 이 실직자 통계 하나만 보더라도 경제 상황이 어떻게 전개되고 있는지는 충분히 짐작할 수 있다.

코로나19바이러스는 빈부 격차, 동서양, 인종, 국적, 남녀노소를 차별하지 않고 기회만 주어지면 사람의 몸으로 들어간다. 하지만 일단 사람 몸에 들어가면 차별이 생긴다. 미국의 경우 보건의료 혜택에서 소외되어 있는 흑인과 가난한 사람들이 가장 위험하다. 이들은 백인과 부자에 견줘 상대적으로 면역 상태가 나쁘고 사회적 거리 두기를 하기 어려운 경우가 많다. 따라서 차별이 일어나고 있다. 코로나19는 또 다른 사회 불평등을 야기하고 이로 인해 사회 갈등을 증폭시킨다. 코로나19 이후에 우리나라를 비롯해 전 세계가 힘을 쏟아 해결해야 할 부분이 바로 이것이다. 감염병 불평등 사회의 모순을 해결하기 위한 제도적 장치를 마련하는 것이다.

긴급 재난 지원금은 임시방편이다. 급한 불을 끄기 위한 조치에 지나지 않는다. 코로나19 이후 벌어질 문제에 대비하기 위해 기본 소득제 도입과 고용보험 확대를 주장하는 사람들이 나오고 있다. 이들은 서로 자신의 대책이 현실적이며 최선이라고 말한다. 코로나19로 세상이 바뀌는 것도 있지만 많은 부분은 우리가 바꿔나가야 하는 것이다. 질병관리청 신설과 공공 의료 확충, 원격 의료 도입 등도 코로나19가 가져다주는 필연이 아니라 우리 사회가 그 지향에 합의해 새로 만들어갈 공중보건 및 보건의료 시스템인 것이다.

세계 체제의 대변혁을 이야기하는 전문가들도 있다. 이들은 달러 기축 체제의 붕괴, 유럽연합(EU) 해체 가능성, 미중 두 강대국

(G2) 시대의 몰락, 금융 위기 등을 말한다. 이러한 전망은 어디까지나 여러 가능한 시나리오 가운데 하나에 불과하다. 미래 예측만큼 어려운 것은 없다. 언젠가는 석유 등 화석 에너지 시대가 끝날 것이라는 예측은 가능성이 아니라 필연이다. 화석 에너지는 유한하기 때문이다. 화석 에너지의 조기 종말을 바라는 사람들은 그 시점을 2040년대, 2050년대 등으로 말하지만 그것은 단지 희망일 뿐 정확하게 그 시기가 언제가 될 것인가는 예측하기 어렵다. 이와 함께 앞서 말한 유럽연합 붕괴, 달러 기축 체제 붕괴가 코로나19 사태 때문에 조만간 일어날 것이라고 말하는 것 또한 섣부른 판단일 수 있다. 변수가 너무 많기 때문이다. 코로나19 확산으로 국경 없는 유럽이 잠시 무너지긴 했지만 조만간 확산세가 완화되면 다시 국경 없는 체제로 돌아갈 수 있다. 또 달러의 힘과 미국의 힘이 함께 무너질 수도 있지만 지금 당장은 아닐 가능성이 외려 높다. 그 힘이 서서히 약화될 가능성은 물론 높다. 두 강대국이 몰락하고 한국을 비롯한 보통 국가들의 연합 시대가 펼쳐질지도 모른다는 예상도 우리의 희망이 섞인 미래 예측이라고 할 수 있다.

예를 들어 코로나19 사태로 팬데믹 선언과 마스크 착용 권고 등과 관련해 판단 오류와 늑장 대응으로 거센 비판에 직면한 세계보건기구가 코로나19를 계기로 그 위상이 약화할 것이라고 말하는 이들이 있다. 하지만 외려 세계보건기구의 중요성이 더 커질 것으로 보는 이들도 있다.

성경륭 경제인문사회연구회 이사장은 2020년 5월 7일 '문재인 정부 3주년 국정 토론회-포스트 코로나 시대의 위기와 기회'에서

"한국 사회와 세계는 코로나19 창궐로 인해 건강, 경제, 사회, 국제 관계 등 삶의 모든 영역에서 전대미문의 복합적 충격을 겪고 있다. 마치 지구의 표면이 거대한 지진으로 흔들리고, 그 위에 있는 모든 건축물과 사람들이 함께 흔들리듯 세계 어느 곳도, 어느 누구도 안전하지 않은 대격동이 진행되고 있다"고 말했다.

코로나19가 일으킨 대지진은 계속되고 있으며 언제 여진이 올지, 더 큰 2차 지진이 일어날지 아무도 모른다. 대격동이 언제 멈출지 아무도 모른다. 이는 코로나19가 세상을 어디까지 바꿀지 아무도 모른다는 것을 뜻한다. 이 모든 것은 인간의 손에 달려 있다. 호모 사피엔스, 즉 현명한 인간이란 이름 그대로라면 규모가 더 큰 지진, 쓰나미가 몰려오지 않도록 서로 힘을 보태지 않을까.

+ 2장 무엇이 국가 방역의 성공과 실패를 갈랐나?

　　흔히들 실패는 성공의 어머니라고 한다. 하지만 이 말이 늘 맞는 것은 아니다. 코로나19처럼 세기의 감염병에 대처하는 데 실패하면 많은 사람들이 죽고, 기업이 망하고, 경제가 망가지고, 체제가 붕괴될 수 있다. 그 수렁에서 헤어나지 못해 오랜 세월 고통 속에 지낼 수 있다. 실패는 나쁜 것이다. 개인이든 국가든.

　　대런 애쓰모글루(Daron Acemoglu)와 제임스 A. 로빈슨(James A. Robinson)은 자신들의 저서 『국가는 왜 실패하는가 *Why Nations Fail*』에서 가난, 부정부패, 문맹, 범죄 등으로 신음하고 있는 실패한 국가들을 살펴보았다. 그들은 역사 속에서 실패한 국가와 성공한 국가를 가르는 결정적 차이가 무엇인지를 알아보았다. 그리고 국가의 성패를 가르는 결정적 요인은 지리적, 역사적, 인종적 조건이 아니라 '제도'라는 답안을 내놓았다.

　　세상을 아수라장으로 만들고 있는 코로나19 팬데믹을 맞아 각 나라들은 실패 국가가 되지 않기 위해 몸부림치고 있다. 그래도 실패하는 국가는 있기 마련이다. 세계는 지금 크게 코로나19 대응 실패 국가와 성공 국가로 나뉜다. 물론 아직 코로나19의 창궐이 끝난 것은 아니기에 특정 국가를 실패와 성공이라는 두 잣대로 평가하기에는 이른 감이 있다. 하지만 중간 평가를 해야 실패와 성공을 가른 결정적 요인이 무엇인지를 알아낼 수 있으며, 그를 통해 하루빨리 코로나19바이러스가 쳐놓은 '개미지옥'에서 탈출하기 위한 길을 찾아낼 수 있을 것이다. 성공 국가라고 해서 계속해서 그 지위를 유지할 수 있는 것도 아니다. 코로나19가 언제 끝날지는 아무도 모르는 상황이다. 1차 유행이 끝난다 하더라도 2차, 3차 유행이 올 수도 있고 그때 더 심각한 상황이 벌어질 수 있다. 실패 국가와 성공 국가에 대한 해부는 그래서 중요하다.

먼저 성공 국가에 대해 살펴보자. 한국이 방역 모범국으로 꼽히고 있는 것은 누구도 부인하지 않는 사실이다. 우리는 여기에 K-방역이라는 상표를 붙여 국민에게 자긍심을 불어넣고, 우리가 최근까지도 부러워하며 롤 모델로 삼았던 유럽 국가에까지 이를 수출하고 있다. 하지만 우리보다 훨씬 더 훌륭한 모범국이 가까이에 있다. 바로 대만이다. 대만은 한때 우리와 매우 가깝게 지내며, 경제 교류, 문화 관광 등을 펼쳐온 형제국이다. 1992년 우리가 중국과 수교를 한 뒤 점차 멀어져 지금은 옛날 같지는 않지만 말이다.

2020년 5월 20일 대만 총통부(우리의 청와대) 중앙홀에서는 조촐한 국가 행사가 열렸다. 차이잉원(蔡英文) 대만 총통 취임식이었다. 그는 앞서 1월 11일 치러진 선거에서 재선에 성공했다. 코로나19로 미국, 유럽, 브라질, 러시아 등 많은 국가에서 대혼란이 벌어지고 있던 때 열린 최초의 국가 원수 취임식이어서 이날 취임식은 전 세계의 주목을 받았다. 차이잉원 총통은 취임식 직후 타이베이호텔

야외무대로 이동해 특별 초청한 정관계, 재계, 군부 등의 인사와 외국 축하 사절 등과 함께 간소한 축하연을 가졌다. 코로나19에서 헤어나지 못하고 있던 나라와 그 나라 국민들에게는 정말 부러운 장면이었다.

인구 2,300만 명인 대만에는 몇 명의 확진자와 사망자가 발생했을까. 이 수치는 계속 변하기 때문에 정확한 수치보다는 인구에 비해서 얼마나 적은 확진자와 사망자가 나왔는지 그리고 전 세계 국가 가운데 얼마나 방역에 모범을 보였는지를 눈여겨볼 필요가 있다. 나는 세계 각국의 코로나19 현황을 상세하게 매일 업데이트하고 있는 월드오미터스 사이트(https://www.worldometers.info/coronavirus)에 들어가 보았다. 2020년 7월 5일 확진자 발생 수는 미국, 브라질, 러시아, 인도, 페루, 스페인, 칠레, 멕시코 순으로 많았다. 한 달 전 미국, 브라질, 러시아, 스페인, 영국, 이탈리아, 인도, 독일, 페루, 터키 순과 비교해보면 인도와 칠레, 페루 등 남미 국가의 확산세를 엿볼 수 있다. 사망자 수는 미국, 브라질, 영국, 이탈리아, 멕시코, 프랑스, 스페인 순으로 많았다. 한 달 전과 비교해 큰 순위 변동은 없으며 브라질과 영국이 순위가 바뀌었고 멕시코가 5위로 올라온 것이 눈에 띈다.

전 세계 확진자, 사망자 순위 가운데 단연 눈에 띄는 국가는 대만이었다. 환자 수로는 155위로 449명이고 사망자는 7명이었다. 한 달 전, 다시 말해 6월 5일 기준으로는 145위를 기록했고 확진자 443명에 사망자는 7명에 지나지 않았다. 한 달 사이에 사망자는 단 한 명도 추가되지 않았고 확진자만 6명 더 늘어난 것에 그쳤다. 정말 입이 벌어질 정도로 놀라운 성과다. 한국은 6월 5일 52위로 1만 1,629명의 확진자에 273명이 사망한 것에서 7월 5일 63위로 1만 3,091명의 확진자에 283명의 사망자를 기록했다. 한 달 사이에 1,462명의 확진자가 추가됐고 사망자는 10명 더 늘어났다. 다른 나라에 견주면 한국도 방역을 잘 하고 있는 것으로 평가할 수 있지만 대만에 견주면 크게 못 미친다. 대만은 인구 기준으로 보면 세계 톱 수준이다. 한국이 대만보다 인구 수가 2.5배가량 많으므로 이를 보정해서 계산하면 대만의 확진자 수는 한국의 12분의 1 수준이고 사망자 수는 16분의 1 수준이다. 대만을 방역 모범국 중의 모범국이라고 평가하는 것이 결코 과장된 말이 아닌 셈이다.

　　대만의 이런 놀라운 코로나19 대응 능력은 어디서 나온 걸까. 딱 한 가지 요인으로 설명하기는 어렵다. 우리나라가 2015년 메르스란 홍역을 겪고 난 뒤 방역 종사자 교육을 계속하고 매뉴얼을 재정비하는 등 방역 시스템을 개선했다면, 대만은 2003년 사스로 37명이나 사망하는 호된 신고식을 치른 뒤 방역 시스템을 정비했다. 그래서 감염병 유행 단계별로 124개 행동 지침을 만들고, 매년 보완해왔다. 코로나 사태 이전에 국민건강보험과 환자의 해외 여행 이력 정보를 통합했다. 의료 기관이 감염병 의심 환자가 왔을 때, 실시간으로 감염 위험 지역 여행 여부를 조회할 수 있도록 했다. 이를 통해 감염병 확산을 막는 데 위력을 발휘하는 조기 발견, 조기 격리가 가능했다.

　　여기에다 2016년 차이잉원 총통 정권이 들어선 뒤 방역 최고 책임자 등 정부 핵심 관리에 전문가를 두루 배치한 것도 일조를 했다. 또한 잘 정비된 전국민건강보험 체계를 가지고 중국에서 코로나19 사태가 터지자마자 곧바로 대응 준비를 한 것이 주효했다. 대만은 확진자가 단 한 명도 나오지 않았던 시기인 2020년 1월 20일 중앙전염병지휘본부를 가동했다. 또 나흘 뒤인 1월 24일에는 보건용 마스크의 수출을 금지했고 2월 6일에는 중국인 입국을 전면 금지했다. 우리나라는 2월 23일 중앙재난안전대책본부를 가동했고 대만보다 한 달여 더 늦은 2월 26일 마스크 수출 제한 조치를 내렸다.

우리에게 정은경 질병관리본부장이 있다면, 대만에는 천젠런(陳建仁) 부총통이 있었다. 그는 공중보건학 분야에서 세계 최고의 명문으로 꼽히는 미국 존스홉킨스대 보건대학원에서 역학 전공으로 박사 학위를 받은 뒤 귀국해 국립대만대 교수로 있다가 2016년 차이잉원의 러닝메이트로 부총통이 되었다. 대만에서는 그를 우리나라의 정은경 못지않은 영웅으로 떠받들고 있다.

그는 2003년 사스 때에도 큰 활약을 한 인물로 평가된다. 천 부총통은 2002년부터 2003년까지 사스가 유행할 때 위생복리부 부장(우리의 보건복지부 장관)을 지냈고, 이후 감염병 대응 시스템을 손질하고 설계했다. 천젠런은 2020년 5월 20일 4년의 임기를 마치고 박수갈채를 받으며 물러났다. 대만은 중국의 견제로 세계보건기구 회원국에서 탈퇴해야만 하는 수모를 받았다. 하지만 코로나19로 세계가 큰 혼란에 빠져들 때 대만은 감염병 전문가인 천 부총통의 지휘 덕에 세계 최고의 코로나 방역 모범국으로 우뚝 서면서 중국과 세계보건기구의 코를 납작하게 만들었다.

그는 코로나19 팬데믹 이후 차이잉원 총통 옆에서 줄곧 미디어 브리핑을 주도해왔다. 대만인들은 천젠런을 '따거(大兄)'라고 살갑게 부른다. 그만큼 대만인들의 사랑을 듬뿍 받는다는 증좌이다. 대만에는 천 부총통과 함께 치과 의사 출신으로 건강보험위원회에서 활동해온 또 다른 전문가 천스중(陳時中) 위생복리부장이 있었다. 천 부총통과 2인 3각이 돼 코로나19 대응을 이끌었다.

대만의 성공적인 코로나19 방역은 국제사회에서도 인정받았다. 이를 상징적으로 보여준 사건이 있는데 바로 차이잉원 총통이 미국의 시사주간지 『타임』에 대만의 성공적인 방역 시스템에 대한 스토리를 기고한 일이다. 2020년 4월 16일 차이잉원 총통은 "우리나라가 어떻게 코로나19의 대폭발을 예방했는가"라는 글을 기고해 대만의 방역 성공 비결을 전 세계에 알렸다. 세계보건기구도 대만이 방역 모범국이라는 사실을 인정했다. 마이클 라이언(Michael J. Ryan) 세계보건기구 긴급준비대응 사무차장은 5월 17일 코로나19 정례 브리핑을 하면서 "대만은 칭찬받을 만하다. 그들은 매우 뛰어난 공중보건 대처를 했다. 숫자에서 그것을 볼 수 있다"고 말했다. 5월 19일에는 코로나19 사태 이후 중국과 더욱 갈등 관계에 있는 미국의 폼페이오 국무장관이 "최근의 코로나19 팬데믹은 왜 대만의 팬데믹 대응 모델이 모방할 가치가 있는지 국제사회가 알 수 있는 기회를 제공했다"고 대만을 높이 평가했다.

코로나19 방역 모범국으로 아시아에는 대만이 있다면 유럽에는 그리스가 있다. 그리스 하면 우리는 다른 유럽 나라들에 견줘 상대적으로 낙후된 경제 시스템과 낮은 소득의 국가를 떠올린다.

하지만 적어도 코로나19와 관련한 한 그리스는 유럽의 모범국으로 꼽을 만하다. 월드오미터스의 집계를 보면 2020년 7월 5일 그리스는 확진자 수 3,511명, 사망자 수 192명으로 확진자 수에서 세계 96위로 나타났다. 그리스 인구는 1,042만 명이므로 인구 수를 보정해 인접 국가인 이탈리아와 스페인 등과 비교하면 그리스가 코로나19 방역을 얼마나 효과적으로 잘 해왔는지를 가늠할 수 있다. 이들 나라는 모두 그리스보다 훨씬 잘 사는 국가이다.

스페인은 확진자 수에서 세계 6위로 확진자 297,625명, 사망자 28,385명이고, 이탈리아는 10위로 확진자 241,419명에 사망자 34,853명으로 집계되고 있다. 계산을 해본 결과 스페인은 인구당 확진자와 사망자 수가 그리스보다 각각 18.9배와 32.9배 더 많은 것으로 나타났다. 이탈리아는 인구당 확진자 수와 사망자 수가 각각 14.6배와 25.4배 더 많은 것으로 분석됐다. 이로써 우리는 그리스가 얼마나 코로나19에 잘 대처해왔는지를 충분히 가늠할 수 있다. 1인당 GDP가 2배 이상 더 높고 인구가 1,159만 명으로 그리스와 엇비슷한 벨기에와 비교하면 모범국 그리스의 위상을 더 확연히 알 수 있다. 벨기에는 2020년 7월 5일 확진자 수 61,838명으로 세계 28위로 기록하고 있다. 사망자는 9,771명이다. 그리스가 벨기에에 견줘 확진자 수는 18분의 1 수준이고 사망자의 경우는 더욱 차이가 나 51분의 1수준이다. 그리스의 인구당 확진자 수는 우리나라와 비교했을 때는 조금 많은 편이고 사망자는 3배 남짓 높은 편이다.

코로나19가 유럽에 상륙해 퍼지기 시작할 무렵 유럽 국가들은 그리스의 소득 수준과 보건의료 체계 등을 감안해 그리스가 신종 감염병에 취약할 것이라는 분석을 많이 내놓았다. 잘 알다시피 그리스는 10년 넘게 심각한 경제 위기를 겪어 국력이 바닥난 상황이었다. 따라서 열악한 의료 시스템, 정치적 불안정, 부패 등이 겹쳐 바이러스가 일단 유입되면 통제가 어려운 상황으로 갈 것이라는 우려가 지배적이었다.

목마른 사람이 우물을 파듯이 치명적 감염병이 들이닥치면 큰일이다 싶었던 그리스는 발 빠르게 움직였다. 코로나19 초기 중국의 은폐 등 때문에 대부분의 유럽 국가는 심각한 감염병이 아닐 것으로 판단해 대응을 느슨하게 하고 있을 때 그리스는 대응 매뉴얼을 점검하기 시작했다. 2월 27일 첫 확진자가 나오자 경보 단계를 최고로 높여 최대 축제인 카니발 취소, 전국 모든 학교 휴교령, 음식점, 술집, 카페 등 폐쇄, 외출 금지령 등의 강력한 조처를 내렸다. 그리고 외국에서 오는 사람은 자국민과 외국인을 불문하고 14일간 의무 격리토록 했다. 바이러스가 퍼지면 집단감염과 함께 사망자가 속출할 수 있는 노인 요양 시설에 외부인이 드나드는 것을 엄격하게 통제했다. 조직 경영 내지 기업 경영에 즐겨 활용하는 SWOT 분석(조직, 팀, 개인의 역량 등 기업 내부의 강점과 약점 그리고 외부 환경 요인인 기회, 위협 요인을 분석 및 평가하고 이들을 연관시켜 전략을 개발하는 도구) 전략을 코로나19 대응에 적절하게 때맞춰 적용한 것이다.

세상에는 음과 양, 흑과 백, 슬픔과 기쁨이 있듯이 성공과 실패가 있다. 이 둘은 동전의 양면과 같다. 백지 한 장 차이로 성패가 갈리기도 한다. 순간의 판단 착오로 실패의 길로 접어들기도 한다. 하지만 실패에는 다 이유가 있다. 나라마다 코로나19에 사활을 걸고 부딪쳐보지만 많은 국가들이 실패해 환자가 속출하고 많은 사람들의 생명줄이 끊겼다. 한국, 대만, 그리스, 베트남, 뉴질랜드처럼 성공한 나라보다 실패한 나라가 훨씬 많다. 하지만 이들 국가들을 일일이 다 살펴볼 겨를은 없다. 가장 많은 환자와 사망자가 나온 미국과 복지 국가로 이름 높고 소득 수준이 높아 당연히 모범국이 될 것으로 예상했음에도 뜻밖에 최악의 실패 국가로 낙인이 찍힌 스웨덴의 사례를 돌아보자.

먼저 스웨덴은 인위적 집단면역(herd immunity)이라는 정말 어처구니없는 비상식적 아이디어 때문에 실패 국가의 첫 페이지에 등장하게 됐다. 보건학이나 의학을 배우는 사람에게는 가장 기초적인 개념인 집단면역은 감염이나 예방접종을 통해 집단의 일정 비율 이상에서 항체가 생겨 감염병에 저항할 수 있는 면역을 가진 상태를 말한다. 지역사회에서 다수가 면역을 가지고 있으면, 감염병의 전파가 이루어지지 않거나 전파 속도가 느려지게 된다. 그 비율은 높을수록 좋지만 대개 60~80% 이상이면 집단면역의 효과를 볼 수 있다.

스웨덴은 보건학 교과서에 나와 있는 집단면역을 코로나19 확산 저지를 위한 방편으로 바로 들고 나왔다. 우리나라를 비롯해 세계 많은 감염병 전문가들은 그것이 가져올 무시무시한 파장을 우려했다. 나도 그 가운데 한 명이었다. 아무리 정교하게 전략을 세워 실행에 옮긴다 해도 상당한 희생 없이 집단면역 효과를 단기간에 볼 수 있을 정도로 한 국가 안에서 집단면역을 형성하는 것은 사실상 불가능했다. 한데 스웨덴 정부당국과 전문가들은 무엇에 홀렸는지 집단면역을 시도했고 반대의 목소리에도 아랑곳하지 않고 강행했다. 영국의 경우 유행 초기 국민의 60% 이상이 코로나19에 감염되도록 방치하는 집단면역 전략을 도입한다고 했다가 반대 목소리가 높아지자 이내 거둬들였다.

스웨덴 공중보건국의 한 역학 전문가가 2020년 6월 3일 스웨덴 라디오에 출연해 사상 유례가 없는 감염병 집단면역 실험이 실패했음을 인정했다. 그는 코로나19가 노년층에서 발생하면 치명적이어서 매우 많은 사망자가 나올 수 있다는 것을 잘 알고 있었고, 그래서 노인 요양 시설 등에 대한 집중 관리를 했음에도 예상과 달리 바이러스가 너무 쉽게 퍼져 감당하기 어려울 정도가 됐다고 밝혔다. 게다가 그는 언론 인터뷰에서 집단면역에 대한 미련을 완전히 버리지 못하고 사망자 수를 줄일 수 있는 확실한 방법만 있다면 앞으로 다시 이를 도입하는 방안을 고심하겠다고 덧붙였다. 그런 확실한 방법이 있었다면 다른 나라들도 앞다퉈 집단면역을 시도했을 것이다. 스웨덴은 한마디로 탁상공론을 한 것이다. 탁상에서 이루어진 도상 모의실험 결과와 실제 현실은 완전히 딴판일 수 있다. 인간이란 존재에 대해 잘못 판단한 것이다. 인간의 행동은 예측 불가능하다. 바이러스 감염병은 바이러스가 전파하는 것이 아니라 사람이 전파한다. 그래서 한 사람의 몸에서 다른 사람 몸으로 옮겨가는 바이러스의 행보 또한 예측 불가능하다.

세계에서 유일하게 집단면역 실험을 했던 스웨덴의 피해는 매우 컸다. 글로벌 통계 사이트 월드오미터스에 따르면 2020년 7월 5일 누적 확진자 수는 71,419명으로 한 달 전 40,803명보다 무려 두 배 가까이 늘어났다. 세계 25위를 기록했다. 사망자는 6월 4일 4,524명에서 7월 5일 5,420명으로 늘었다. 이는 인접 국가이자 인구가 스웨덴의 절반이 조금 넘는 덴마크의 누적 확진자 12,832명, 누적 사망자 606명, 그리고 노르웨이의 누적 확진자 8,926명, 누적 사망자 251명과 비교할 때 엄청나게 많은 것이다. 특히 사망자 수의 차이가 눈에 띈다. 인구 1,000만 명 남짓한 스웨덴은 1인당 GDP가 5만 달러가 넘는 북유럽 국가의 대표적 복지 국가로, 우리나라 사람들도 가서 살고 싶은 나라로 늘 꼽아왔다. 몇 달간에 걸친 집단면역 실험 결과는 소득도 없고 영광도 없이 상처만 가득했다. 수도 스톡홀름 시민들의 항체 형성률을 조사한 결과 7.3%에 지나지 않았다. 집단면역 개념의 최소치인 60%에는 턱없이 모자란다. 스웨덴이 중도 포기를 할 수밖에 없었던 이유 가운데 하나이다.

스웨덴의 집단면역 시도는 애초 노인을 보호하기 위한 전략이었다. 하지만 실제로 벌어진 것은 노인들의 집단적 사망이었다. 스웨덴의 코로나19 사망자 절반 이상이 요양원에서 나왔다고 한다. 집단면역 실험 설계를 한 국가의 입장에서 나름의 자위를 한다면 집단면역 실험 기간 다른 나라에 견줘 비교적 자유롭게 일상생활을 했다는 것이다. 하지만 이제 그 일상도 상당 기간 지키지 못하게 됐다. 이뿐만 아니라 이웃 국가로부터도 냉대를 받았다. 이웃 국가인 노르웨이와 덴마크가 6월 들어 국경을 개방하면서 스웨덴에는 통제를 그대로 적용하겠다고 발표했기 때문이다. 잘못된 판단과 이를 고집스럽게 밀고 나간 정부와 전문가들은 어떤 책임을 질지 궁금하다. 모르긴 몰라도 상당한 후폭풍이 불 것으로 보인다.

한국에서도 이런 집단면역 실험을 들고 나온 전문가들이 있었다. 대구·경북 지역에서 코로나19가 급속하게 퍼지고 그 불길이 잦아들지 않고 있던 무렵인 2020년 3월 23일 국립중앙의료원에서 열린 '신종감염병 중앙임상위원회 기자회견'에서 중앙임상위원장을 맡고 있던 오명돈 서울대 의대 감염내과 교수는 코로나19 팬데믹의 이해와 대응 전략을 발표하면서 우리나라도 집단면역을 검토할 필요가 있다는 취지의 발언을 했다. 그는 코로나19 백신이 1년 안에 나오기 어렵기 때문에 코로나19 유행 장기화에 대비해 인구의 60%가 면역력을 지니게 하려면 스웨덴처럼 집단면역 시도를 검토할 필요가 있다고 본 것이다. 이날 기자회견에 함께 참석한 정기현 국립중앙의료원장도 "집단면역이 (코로나19 대응에) 하나의 수단이 될 수 있다"고 밝혔다.

이들의 이런 주장을 당시 언론이 일제히 다루었지만 방역당국과 대다수 다른 전문가들이 시큰둥한 반응을 보이거나 비현실적인 제안이라고 일축해 더는 우리 사회에서 논의가 이루어지지 않았다. 정말 다행이다. 당시 이 뉴스를 보면서 1990년대부터 후천성면역결핍증 퇴치 운동에 관여하면서 잘 알고 지냈던 오명돈 교수가 생뚱맞게 왜 이런 이야기를 했을까 의아한 생각이 들었다.

코로나19 대응에 실패한 으뜸 국가는 미국이다. 여기에 토를 달 사람은 전문가든 일반인이든 거의 없을 것이다. 아마 미국인에게 물어보아도 트럼프 대통령의 열혈 지지자를 빼곤 모두 "그렇다"고 대답하지 않을까. 미국은 세계 최고의 의료 기술과 과학 기술을 자랑하고 있다. 미국의 질병통제예방센터와 식품의약국이 지닌 권위와 전문성은 이 분야 전문가들이 이구동성으로 인정해왔다. 왜 그런 미국이 코로나19 방역에 철저히 실패했을까. 월드오미터스의 코로나 현황을 보면 2020년 7월 5일 기준으로 전 세계 확진자 수는 11,387,499명으로 한 달 전인 6월 4일 6,698,370명과 견주어 무려 1.7배가량 늘어났다. 사망자는 393,142명에서 533,621명으로 1.4배가량 증가했다. 이 가운데 미국이 단연 1등이다. 미국의 확진자는 2,935,982명으로 한 달 전에 견줘 100만 명 더 늘어났다. 사망자도 132,318명으로 한 달 전보다 22,000명 더 증가했다. 전 세계 확진자와 사망자 수의 4분의 1가량 되는 수준이다. 어쩌다 미국이 이 지경에 이르렀을까.

물론 여기에는 여러 원인이 있을 수 있다. 하지만 무엇보다 우선적으로 꼽고 싶은 것은 지도자 리스크다. 트럼프라는 매우 독특하고 괴팍한 지도자의 일그러진 감염병 리더십이 빚은 대참사가 아닐까 싶다. 감염병과의 싸움은 전쟁과 같다. 총력전이어야 하고 최고 사령관의 의지와 지혜가 무엇보다 중요하다. 만약에 승기를 잡기 위해 고지를 점령하면서 부하들을 독려해 고지에 다 오르고 난 뒤 "여기가 아니네"하며 다시 내려갔다가 또 다른 고지를 점령하러 올라가고 또 아니라며 내려가기를 반복한다면 어느 부하가 그를 따를 것이며 국민이 지지를 하겠는가. 트럼프 대통령이 그런 꼴이다.

트럼프 대통령은 감염병과 방역에 관한 한 문외한이다. 트윗 정치를 좋아하는 트럼프 대통령이 코로나19와 관련해 몰두하는 것은 '자기 책임 회피', '중국 때리기', '자화자찬', '엉뚱한 아이디어 내놓기' 등이다. 코로나19 방역에 걸림돌이 되는 것만 내놓는다. 자신이 잘 모르면 잘 아는 전문가를 전면에 내세워 그에게 전권 내지는 많은 권한을 줘 코로나19 방역을 지휘하도록 하면 된다. 한데 그는 모든 일을 자기 위주로 처리하는 방식이다 보니 방역의 배가 산으로 가고 있다. 전문가가 없어서 미국이 방역을 제대로 못 하고 있는 것이 아니다. 문재인 대통령이 코로나19바이러스에 대해 알면 얼마나 깊이 있게 알겠는가. 한두 달 관심 가지고 노력한다고 해서 감염병의 세계를 깊이 이해하기 힘들다. 하지만 문 대통령은 방역 전문가들이 열심히 일하도록 지원하고 격려하며 아래에서 올라오는 건의 등을 잘 새겨들어 처리하는 스타일이다. 이것이 대한민국 K-방역이 날개를 달 수 있도록 하는 데 든든한 뒷배가 되었다. 반면 트럼프 대통령은 방역 지원군이 아니라 방역 훼방꾼이 됐다. 그 대표적 사례가 "폐에다 바이러스를 죽이는 소독제를 넣으면 어떨까?"라고 말한 것을 들 수 있다.

미국에서 코로나19 확산으로 사회 혼란이 가중되고 있을 무렵인 2020년 4월 24일 트럼프 대통령은 코로나 태스크포스 브리핑에서 "소독제가 코로나19바이러스를 1분 안에 없애는 효과가 있습니다. 사람 몸 안에 이걸 주사하는 방안을 실험할 수 있지 않을까"라고 말했다. 너무나 황당한 발언이었다. 자외선을 몸에 직접 쬐고 소독제를 주사하자는 황당 발언에 미국 민주당은 '돌팔이 약장수 쇼'라고 원색적인 비난을 퍼부었다. 스티브 한 미국 식품의약국 국장은 소독제를 몸 안으로 집어넣는 것을 절대로 권장하지 않는다고 수습에 나섰다. 트럼프 대통령의 발언 이후 미국에서는 정확한 사례 집계는 하지 않았지만, 실제 소독제를 몸에 뿌려 부작용을 겪은 사례가 나왔다고 한다.

　이와 함께 그가 말라리아 치료제인 하이드록시클로르퀸을 매일 복용하고 있다는 발언을 한 것에 대해서도 많은 비판과 조롱이 이어졌다. 그는 5월 18일 "이 약에 대해 좋다는 이야기를 많이 듣고 코로나 예방을 위해 하이드록시클로로퀸과 아연 보충제 등을 열흘가량 매일 복용해왔다"고 말해 논란을 빚었다. 심지어는 이 약을 '신의 선물'이라고까지 극찬했다. 미국의 대통령이 복용할 정도면 정말 효과가 있는 게 아니냐는 생각을 하는 사람들도 있을 수 있다. 하지만 그는 이 발언으로 부작용과 효과 논란이 거세게 일자 며칠 뒤 복용을 중단했다. 병원체가 바이러스가 아니라 원충인 말라리아 치료제가 코로나19바이러스에 효과가 있다는 이야기를 누구한테서 들은 것인지는 모르겠지만 근거가 희박한 내용이다. 이 분야의 전문가도 모르는 내용을 이 분야 문외한인 대통령이 알고 실천한다는 것이 이상하다. 미국의 의사와 약사도 모르는 내용을 그만 알고 있다는 것이 정말 이상하지 않은가. '웃픈' 일이다. 미국의 국가 품격과 대통령의 위신을 떨어트리며 대중을 혼란에 빠트리는 언행을 계속 일삼는 트럼프 대통령을 '묻지 마' 지지자 외에는 누가 따르겠는가.

　코로나19라는 거대한 위기를 맞아 국민과 투명하게 적극 소통해도 모자랄 판에 엉터리 '인포데믹'의 진원지 노릇이나 하는 대통령, 위기가 코앞에 다가오고 있는데도 별것 아니라면서 준비를 소홀하게 한 대통령, 이런 대통령을 모시고 어느 방역 장수와 병사가 능력을 발휘할 수 있겠는가.

미국에는 세계 최고의 감염병 전문가들이 많다. 코로나19바이러스와 맞장을 뜰 수 있는 베테랑 노장도 있다. 미국 국립보건원(NIH) 산하 국립알레르기전염병연구소를 37년째 이끌고 있는 앤서니 파우치(Anthony Fauci) 소장과 같이 핵심을 꿰뚫고 소신 있는 발언을 하는 사람도 있다. 그는 미국에서 2020년 3월 코로나19가 급속하게 번지기 시작하자 CNN 방송과 가진 인터뷰에서 "미국에서 수백만 명이 코로나19에 감염되고 사망자는 최대 20만 명에 달할 수 있다"고 경고했다. 그가 이 발언을 할 당시 미국의 코로나19 확진자는 13만 명, 사망자는 2천 명을 넘어섰다. 그리고 7월 5일 3백만 명에 육박하는 확진자와 13만 명이 넘는 사망자가 나왔다. 그의 예측이 거의 현실로 다가오고 있다. 실현되는 것은 시간문제다. 이 책이 나올 즈음엔 확진자가 4백만 명가량 되고 사망자도 20만 명을 향해 달음박질칠 것이다. 앤서니 파우치 소장은 백신과 치료제 개발에 대해서도 섣부른 낙관론을 경계하는 목소리를 소신 있게 내오고 있다. 그는 백신과 치료제 개발은 계획대로 총력을 기울여 진행하되, 지금 당장은 시민들이 사회적 거리 두기와 손 씻기 등 방역 수칙을 잘 지키면서 방역당국이 감염자 접촉자 추적과 신속 정확한 진단으로 환자를 조기에 찾아내 2차, 3차 전파를 막고 조기 치료로 사망에 이르는 사람을 최소화해야 한다는, 가장 기본적인 코로나19 대응 전략으로 돌아가야 한다는 것을 처음부터 줄곧 견지하고 있다.

이런 정확한 판단을 하는 유능한 장수를 곁에 두고도 트럼프 대통령은 오로지 11월 대선 승리만을 위한 '마이 웨이'를 외치고 있다. 코로나19와의 전쟁에서 승리해야만 자신도 승리할 수 있다는 것을 망각하고 있다. 그는 한국에서 2020년 4월에 치른 4·15 국회의원 선거의 결과가 어떠했는지, 감염병 위기 대응 성공이 정치에 얼마나 중요한지를 까마득하게 잊고 있는 모양이다. '코로나 버스터즈'가 되지 못한다면 선거 승리도 없다.

　　코로나19 대응에 성공한 나라와 실패한 나라의 차이가 엄청나게 있는 것은 아니다. 잘못된 것을 바로잡고 시스템과 전략을 새로 짜서 코로나19에 맞서면 실패한 국가도 위기에서 얼마든지 벗어날 수 있다. 또 지금은 성공한 국가로 평가되지만 방심을 해 언제 어떻게 갑자기 실패 국가로 전락할지 아무도 모른다. 코로나19 세계 범유행 시대를 맞아 실패 국가든 성공 국가든 러시아의 대문호 도스토예프스키(Dostoevski)가 남긴 명언을 마음에 새기는 것이 좋겠다. "사람에게 가장 중요한 일은 실패했다고 해서 낙심하지 않는 일이며, 성공했다고 해서 기뻐 날뛰지 않는 일이다."

감염병이 우리 일상을 좌지우지한다. 매일 코로나19 감염자 수와 동선을 방역당국이 발표하고 언론은 이를 생중계를 한다. 코로나19는 우리를 과거와는 완전히 딴 세상에서 살게 만들었다. 사람들은 오늘 몇 명의 확진자가 나왔는가에 관심을 쏟고 이를 소재로 대화를 한다. 이를 잘 모르면 시대에 뒤떨어진 '비정상인' 취급을 받는다. 마스크를 쓰지 않고 거리를 다니면 주변에서는 '이상한 놈'이라며 눈총을 준다.

역학이 우리 일상에 들어왔다. 코로나19 세계적 범유행의 산물이다. 이제 역학이란 말은 과학적이고 학술적 용어라기보다는 일반 용어가 됐다. 거의 매일 듣는 역학조사나 역학조사관이란 말을 통해 역학이란 말은 우리의 뇌 속에 '껌딱지'처럼 붙어 있다. 물론 여기서 말하는 역학(疫學)은 물리학이나 공학 등에서 말하는 역학(力學)이나 역술에서 말하는 역학(易學), 그리고 천체의 운동을 관측해서 책력을 연구하는 학문인 역학(曆學) 등 발음이 같은 '역학'보다 더 친숙하고 현대인이 꼭 알아야 할 말이 됐다. 역학은 지역이나 집단 내에서 감염병을 포함한 질환이나 건강에 관한 사항의 원인이나 변동 상태를 연구하는 학문이다.

이제 우리는 역학을 잘 모르면 감염병 시대를 제대로 살아가는 시민이 아닌 것처럼 여기는 사회에 살고 있다. 하지만 그 용어만 자주 들었지 역학 속에 담긴 무궁무진한 지식과 이야기에 대해서는 잘 모르고 있는 것 또한 사실이다. 역학을 알아야 감염병에 걸리지 않는다. 코로나19와 같은 감염병 시대에는 역학을 잘 아는 것이 좋은 친구와 이웃을 두는 것과 신을 모시는 일보다 더 중요할 수 있다. 우리가 사회적 거리 두기를 강조하고, 손 씻기와 기침 예절 그리고 마스크 착용을 강조하는 것 등 방역의 필수 수칙은 기실 역학에서 얻은 산물이자 지혜이다. 역학에서 말하는 역(疫)은 역질, 역병을 뜻한다. 우리 조상들이 역질, 역병, 온역 등으로 불렀던 것은 오늘날 감염병 내지 전염병에 해당한다.

역학은 감염병을 일으키는 원인체가 세균이나 바이러스와 같은 미생물이란 사실을 잘 모르던 시절부터 병의 원인과 확산 과정을 보여주는 일등공신 노릇을 했다. 영국의 존 스노(John Snow)는 역학의 아버지로 불린다. 그는 콜레라의 역사뿐만 아니라 감염병의 역사를 다룬 책이나 교과서에서 어김없이 등장하는 인물이다. 존 스노는 마취과 의사였다. 한마디로 매우 잘나가던 의사였다. 그는 새로운 마취 기술을 이용해 여성들의 최대 고통 가운데 하나인 분만 고통을 해결했다. 클로로포름이란 마취제를 무통 분만에 사용한 것이다. 당시 사회에서는 세상의 모든 '이브(여성)'는 출산 때 하나님이 주신(?) 고통을 겪어야 한다는 사고가 지배하고 있었다. 하지만 스노는 이를 받아들이지 않았다. 그리고 1847년부터 무통 수술법 연구에 몰두했다. 다양한 약물을 가지고 통증 완화를 연구했다. 선구적이고 실험 정신이 뛰어난 의사나 학자들이 종종 그랬듯이 자기 자신을 대상으로 실험하기도 했다. 마침내 가장 적합한 약물을 찾아냈다. 그게 우리가 잘 알고 있는 클로로포름이었다. 그는 마취과 분야의 '슈퍼 닥터'로 우뚝 섰다.

영국 왕실에서도 그의 명성을 들었는지 그를 불러들였다. 1853년 여덟 번째 아기를 출산하려던 서른네 살의 빅토리아 여왕은 출산의 고통을 그동안 많이 겪었던지라 이번만큼은 그 고통에서 벗어나고 싶었다. 그리고 존 스노 덕분에 아이를 큰 고통 없이 쑥 낳을 수 있었다. 빅토리아 여왕은 열여덟 살 때부터 64년 동안 영국을 통치하면서 식민지 건설에 매진해 영국을 '해가 지지 않는 제국'으로 만들었다. 마취 의사가 전혀 관계가 없을 것 같은 콜레라 역병 해결에 뛰어든 것을 의아해할 수도 있으나 그럴 만한 까닭이 있다. 당시 콜레라는 세계적 유행을 거듭했다. 영국도 예외는 아니었다. 1831년에도 영국에서 콜레라가 유행했다. 당시 그는 열여덟 살의 외과 견습생이었다. 런던 왕립의학교에 입학 시험을 치르려고 준비하고 있던 그는 킬링워스(Killingworth) 콜릴리(Colliery) 지역에 콜레라가 돌아 환자가 속출하자 그들을 도왔다. 지금으로 치면 자원봉사자였던 셈이다. 그는 그곳에서 분명 콜레라의 위중함과 이로 인한 극심한 고통을 겪다 스러지는 사람들을 보았을 것이다. 청년의 마음에 그것이 분명 각인됐을 것이다.

1854년 런던에서 다시 콜레라가 유행했다. 3차 유행이었다. 당시는 전염병의 원인이 악취나 나쁜 공기라고 시민은 물론이고 의사들도 의심 없이 믿었던 시절이다. 무통 분만이 가능하다는 신념으로 효과적 마취제를 찾아내 여왕의 출산까지 도왔던, 혁명적 사고의 이 의사는 그로부터 1년 뒤 또 한 번의 도전을 한다. 콜레라 유행의 근원을 찾아내겠다는 것이었다. 그는 장기설을 의심했다. 그는 합리적 회의주의자였다. 발로 뛰었다. 콜레라 환자가 속출하던 런던 소호(Soho) 지역을 밤낮없이 발로 뛰며 환자가 발생한 곳을 지도에 점으로 표시했다. 소호는 자신이 살고 있던 곳에서 그리 멀지 않은 지역이었다. 그의 이런 방식은 매우 창의적인 것이었다. 그해 8월 젊은 엄마가 아기 기저귀를 집에서 빤 뒤 불과 몇 미터 떨어진, 식수 펌프 물을 퍼 올리는 운하에 내버렸다는 사실을 알아냈다. 아기와 그 이웃 몇몇이 그로부터 며칠 뒤 숨졌다. 그는 환자의 장 배설물에 있는, 살아 있는 어떤 세포가 먹는 물이나 음식을 오염시켜 전염병이 확산되고 있다는 것을 확신했다.

부지런한 발품과 꼼꼼한 기록을 통해 그는 펌프 손잡이를 통해 전염병이 확산된다는 것을 깨달았다. 그리고 보건당국에 펌프 손잡이를 없애라고 주문했다. 공무원들은 며칠 뒤 이를 받아들여 손잡이를 제거했다. 그러자 놀랍게도 콜레라의 확산이 소호 지역에서 잦아들었다. 당시 영국은 3차 콜레라 유행으로 2만여 명이 목숨을 잃었다. 존 스노는 이 일로 콜레라의 영웅으로 떠올랐다. 그는 4년 뒤 마흔다섯의 나이에 안타깝게도 숨지고 말았다. 콜레라균은 그로부터 30여 년이 지난 뒤 분리돼 동정(同定, identification)이 이루어졌다. 이처럼 역학은 설혹 원인균이나 원인을 모른다 하더라도 감염병의 특성을 파악해 예방해줄 수 있다. 물론 원인 병원체를 정확하게 밝혀내고 그 병원체의 특성까지 죄다 파악하면 예방 내지는 확산 방지를 더 확실하고 수월하게 할 수 있다.

역학이 비단 감염병 분야에서만 위력을 발휘하는 것은 아니다. 대항해 시대, 즉 영국이 제국주의의 기치를 올리며 배를 타고 세계 곳곳에 식민지 건설에 열을 올릴 때 영국의 해군 군의관으로 활약했던 제임스 린드(James Lind)는 비타민C가 발견되기 오래전인 18세기 중엽에 괴혈병이 신선한 야채와 과실의 섭취 부족으로 발생한다는 사실을 알아내 해군 장병들의 식사에 이것들을 반드시 포함하도록 권고했다. 당시 괴혈병은 식민지 건설에 막대한 걸림돌이었다. 제임스 린드는 해군 군의관과 고스포트(Gosport)에 있는 헤이즐라 해군 병원 의사로 일했다. 그리고 괴혈병, 장티푸스, 이질에 걸린 수천 명의 환자와 그런 병을 일으키는 배 안의 위생 상태를 관찰했다. 이런 조사와 연구를 바탕으로 그는 1754년 『괴혈병에 관한 논문 A Treatise on Scurvy』를 발표했다. 그 당시에는 전투에서 전사한 영국 수병보다 괴혈병으로 죽은 수병들의 수가 더 많았다. '영국 해군 위생법의 창시자'라고 불리는 그는 질병의 역사에서 이름을 남긴 인물이 됐다.

역학은 직업병의 원인을 규명하기도 한다. 1988년 우리나라에서 발생한 국내 최대의 직업병 사건인 원진레이온 이황화탄소 참사에서도 역학은 힘을 발휘했다. 당시 원진레이온 피해 노동자들과 유가족들은 엄격한 인정 기준 잣대 때문에 직업병 피해를 입고도 인정을 받지 못했다. 당시 우리나라 역학의 대가였던 서울대 보건대학원 김정순 교수(현 명예교수)는 1991년 원진레이온 전직 그리고 현직 노동자 1천여 명을 대상으로 역학조사를 벌였다. 그리고 이황화탄소에 급성 또는 만성 중독될 경우 생길 수 있는 증상을 상세하게 파악했다. 이를 토대로 새로운 인정 기준이 마련됐고 노동자들의 억울함이 대부분 풀렸다.

이처럼 역학은 감염병뿐만 아니라 산업 역학, 만성병 역학 등 다양한 분야에서 역할을 할 수 있다. 그 활용도 또한 보건의료 인력 교육, 의학 및 보건 분야 연구 방법에 대한 정보 제공, 새로운 질병 진단, 치료 예후에 대한 정보 제공, 연구자들에 대한 기초 정보 제공 등 다양하다. 또 정확한 질병 발생률, 유병률, 치명률, 사망률 등 집단 내 사건 빈도의 요인별 분포를 알 수 있게 해준다. 감염병이 창궐할 때 일반인들이 가장 관심을 가지는 것 가운데 하나가 그 질병이 얼마나 위험하며 얼마나 잘 걸리는지가 아닌가. 또 어떤 연령과 직업, 성(性)이 더 잘 걸리는지도 역학은 보여준다. 지리적 특성, 다시 말해 도시 또는 농촌에서 유행할지, 전 지구적 유행을 할지, 국소적 유행으로 그칠지에 대한 것과 기후와 온도에 따른 유행 특성 등 지리적 특성에 따른 감염병의 발생과 확산 정도에 대해서도 말해줄 수 있는 것이 역학이다. 전문가뿐만 아니라 일반 시민들이 역학에 대한 기초 지식을 어느 정도 알고 이를 바탕으로 생활하고 실천하는 것은 감염병 시대에서 무엇보다 중요하다.

우리는 감염병 등 질병 발생을 큰 틀의 역학적 개념에서 살펴야 한다. 유해 물질이나 병원체에 노출된다고 해서 모두 중독되거나 감염돼 환자가 되는 것도 아니다. 독성 물질이나 병원체가 우리 몸에 들어오더라도 방어 체계 즉, 면역 체계 등이 잘 작동해 이를 무력화시키면 질병에 걸리지 않는다. 병을 일으키는 요인(감염병의 경우 병원체)이 활개를 칠 수 있는 환경에서 인간이라는 숙주는 훨씬 더 위험하다. 역학에서는 이를 역학의 3요인이라고 한다. 생명체의 작동에서는 DNA와 RNA 그리고 단백질이 3요인이다. 이 세 요인이 서로 어우러져 생명체를 유지한다. 우리는 이를 센트럴 도그마(Central Dogma), 즉 중심 원리라고 한다. 가톨릭에서 성부와 성자 그리고 성신의 삼위일체 성호를 몸에 긋거나 기도할 때마다 늘 말하는 것과 같다. 센트럴 도그마가 생명에 관한 것이라면, 삼위일체는 신에 관한 것이다. 역학의 3요인이 얼마나 중요한지를 잘 알 수 있는 비교라고 할 수 있다.

사람(숙주)이 감염병에 어떻게 걸리는지를 큰 얼개에서 역학의 3요인으로 설명해보겠다. 감염병이 사람에게서 발생하는 것은 감염성 병원체와 감수성 있는 숙주 즉, 사람 사이의 접촉 확률에 영향을 주는 요인에 달려 있다. 다시 말해 이 가운데 어느 하나라도 감염병을 발생시키기에 부적합하다면 감염은 일어나지 않는다. 또는 감염이 일어나더라도 환자로까지 진행되지 않는다. 병원체를 지닌 사람, 즉 감염자의 기침, 재채기, 설사, 체액 등에 병원체가 있더라도 외부로 그 양을 충분히 배출하지 않으면 감염은 일어나지 않는다. 보통 감염자의 증상이 심할수록 앞서 말한 몸 밖으로 병원체를 배출하는 기전이 격렬하게 작동한다. 사스가 그랬고 메르스도 그랬다.

한데 코로나19바이러스의 경우 이와는 달리 감염 초기에 바이러스를 많이 배출하는 것이 정설로 돼 있다. 본격 증상이 나타나기 전에도 상당한 전파력을 지닌다는 것이다. 방역당국이 누군가가 바이러스 검사에서 양성으로 확진 감염 판정이 나면 주요 증상이 나타나기 이틀 전부터 접촉한 사람을 파악해 그 사람의 감염 여부 등을 추적, 조사하는 까닭이 여기에 있다.

감염자에게서 분비 또는 배출되는 병원체의 수가 얼마나 되는가도 매우 중요하다. 그 수가 적으면 인체 감염 경로 즉, 눈, 코, 입 등으로 들어온다 하더라도 별 문제가 되지 않는다. 숙주를 감염시킬 수 없다는 뜻이다. 사람이 기침을 한 번 할 때 나오는 비말의 개수는 대략 3천 개에서 4만 개가량 된다. 비말당 들어 있을 수 있는 바이러스의 수는 1백 개에서 10만 개가량 된다. 병원체가 인체에 들어와 감염을 일으킬 수 있는 최소한의 숫자를 최소 감염수라고 한다. 이는 바이러스마다 다르다. 인플루엔자는 3천 개, 사스는 5백 개라고 한다. 병독성이 강할수록 최소 감염수는 적다.

병원체가 생체 밖에서 생존하는 데 영향을 주는 환경 조건도 중요하다. 예를 들어 체액과 혈액 등에 들어 있다가 성 접촉 등으로 타인에게 전파되는 인간면역결핍바이러스는 몸 밖으로 나오면 생존 능력이 확 떨어진다. 환경 중에 남아 있다가 호시탐탐 숙주를 노리는 일은 있을 수 없다. 바이러스는 대체적으로 생체 밖으로 나오면 생존 능력이 떨어진다. 일반 환경에서는 하루만 버티고, 특수한 환경에서는 사나흘 버틴다. 하지만 세균은 다르다. 세균 가운데 탄저균과 같은 종류는 매우 끈질기다. 일반 환경 중에서 온도 등 조건이 나쁘더라도 포자(胞子, spore)라는 형태로 변신하면서 수년 내지 수십 년을 죽지 않고 동면에서 깨어나기를 기다린다. 그리고 마침내 죽은 듯 보이던 놈은 부활하기 좋은 환경이 되면 어느 날 '드라큘라'처럼 깨어나 사람을 공격한다. 아니 세균의 처지에서 보면 자손을 불릴 수 있는 기회를 잡게 되는 것이다.

숙주에 대한 침입 경로도 중요하다. 세균이나 바이러스, 원생동물 등은 숙주에 마구 들어가지 않는다. 전용 통로가 있다. 어떤 종은 하나의 출입문으로 들어가지만 어떤 종은 여러 출입문을 통해 숙주 안으로 들어갈 수 있다. 이 문을 통과하지 못하면 병원체로서는 말짱 '꽝'이다. 유해 물질도 마찬가지다. 독감이나 사스, 메르스, 코로나는 호흡기 감염병 바이러스이다. 호흡기 바이러스는 주요 출입 통로가 눈, 코, 입이다. 이곳에는 점막 세포가 발달돼 있다. 점막 세포는 세포 안으로 아무나 들어가지 못하도록 자물통을 걸어 잠그고 있지만 이들 바이러스는 이를 열 수 있는 특수 열쇠를 지니고 있다. 인간면역결핍바이러스의 경우는 항문이나 질 등 생식기의 점막 세포를 통해 사람 몸속으로 들어간다. 우리는 눈으로 보는 것만으로 누가 병원성 바이러스를 지니고 있는지 단박에 알 수 없다. 마스크를 쓰고 눈가리개를 쓰는 까닭이 여기에 있다. 후천성 면역결핍증의 경우 예방을 위해 마스크를 쓰지 않는다. 인간면역결핍바이러스에 감염되지 않으려면 안심할 수 없는 상대와는 성관계를 하지 않는 것이 최선이며 차선은 콘돔이나 페미돔(여성 콘돔)과 같이 바이러스를 차단해줄 수 있는 도구를 사용하면 된다.

역학에서는 인간 숙주 말고도 병원체가 생존할 수 있는 대체병원소(原巢所, reservoir)가 있느냐, 또 얼마나 되며, 어떤 종류의 병원소인가 하는 것도 매우 중요하게 여긴다. 사람 외에 병원소가 없으면 인간으로서는 가장 환영할 만하다. 사람에게서만 그 병원체를 잡아 족치면 되기 때문이다. 병원체로서는 가장 좋지 않다. 그 대표적인 것이 인류를 가장 혹독하게 괴롭힌 감염병의 '대마왕' 두창이다. 두창바이러스는 사람만 공격한다. 대체 병원소가 없었다. 그리하여 인간이 만든 두창 백신 때문에 1977년 10월 마지막 한 사람을 아프리카 소말리아에서 감염시킨 뒤 지구상에서 사실상 사라졌다. 두창바이러스는 모든 생명체의 본질적인 임무인 자손 불리기에 실패한 것이다. 두창바이러스 입장에서 보면 대체 병원소를 가지지 못한 것이 비극이었다. 반면 수많은 죽음 앞에 공포에 떨던 인간으로서는 쌍수를 들고 환영하는 대축제의 시간이었다. 하지만 대체 병원소가 여럿 있고 그 병원소가 인간이 없애기 어려운 것이라면 고민은 깊어질 수밖에 없다. 특히 대체 병원소에서는 질병을 일으키지 않아 그 숙주를 죽이지 않는다면 더욱 낭패다. 영구적인 병원소를 병원체가 확보하고 있기 때문이다. 메르스코로나바이러스는 박쥐와 낙타를 멸종시키지 않는 한 늘 호시탐탐 인간 숙주를 노린다. 코로나19바이러스 또한 박쥐와 천산갑 등이 병원소로 확인됐거나 유력하기 때문에 설혹 치료제와 백신 개발에 성공한다 하더라도 두창처럼 끝을 내기가 쉽지 않다.

감수성이 있는 숙주 즉, 병원체에 감염될 수 있는 숙주가 있고 그 숙주(인간)가 인구 집단 안에서 이동하고 접촉할 경우 감염은 사라지지 않는다. 감염병 역사상 가장 강력한 지역 봉쇄, 국가 봉쇄 등을 했음에도 코로나19가 대유행을 한 것은 사회적 경제적 동물인 인간 집단의 활동을 잠시 막을 수는 있어도 6개월이나 1년씩 장

기간 막을 수는 없기 때문이었다. 또 후천성면역결핍증과 같이 봉쇄가 의미 없는 감염병의 경우나 두창의 경우처럼 효과적인 백신을 개발하지 못하는 한 앞으로 수십 년이 아니라 수백 년, 수천 년 동안 사람 간 전파가 계속 이루어질 수밖에 없다.

감염과 질병의 발생은 숙주의 상태, 특히 면역 상태에 따라 숙주 간 큰 차이를 보인다. 코로나19가 확산되자 언론, 사회 관계망 서비스, 인터넷 등 곳곳에서 면역력을 높여주는 식품이나 건강식품 등이 소개됐다. 관련 회사들은 일제히 자신들의 제품이 면역력을 높여준다는 광고를 하면서 매출 확대에 나섰다. 이들이 이렇게 하는 까닭은 바로 똑같은 양의 바이러스가 몸에 들어오더라도 사람의 면역력 정도에 따라 감염 여부가 갈리고 감염되더라도 중증으로 발전하는 여부도 갈린다는 전문가들의 조언 때문이었다. 대부분의 사람들은 면역력을 높여만 준다면 지갑을 열 준비가 되어 있다. 면역력이 중요한 것이기는 하지만 아무리 건강하고 면역력이 강한 사람이라도 많은 수의 바이러스가 몸 안으로 들어오고 그 바이러스의 독력(毒力)이 강하면 감염을 피할 수 없다. 따라서 면역력을 절대요인으로 여기는 것은 곤란하다. 면역력이 강한 사람은 약한 사람에 견줘 상대적으로 덜 감염되고 덜 중증으로 발전된다고 생각하는 것이 지혜롭다.

역학의 3요인과 그 중요성을 대략 설명했다. 코로나19 감염병 때문에 이를 설명했지만 우리나라 국민 사망 원인 1위로 현대인이 가장 관심을 가지는 문제인 암과 관련해서도 3요인과 연계해 알아두는 것도 도움이 될 것이다. 암 발생은 발암물질 등 발암 인자에 노출되는 빈도와 노출량, 사람의 유전 내지 면역 상태에 따른 감수성의 영향을 받는다. 발암물질 가운데에서도 사람에게 암을 일으키는 것이 확실한 인체 발암물질, 즉 그룹1 발암물질에 노출되지 않는 것이 중요하다.

　인체 발암 요인에는 자외선 등 물리적 요인과 B형 간염바이러스를 포함한 발암성바이러스, 헬리코박터 파일로리와 같은 일부 세균 등과 같은 미생물 요인, 석면, 벤젠, 카드뮴 등 인체 암을 일으키는 광물 분진과 유해 화학 물질, 중금속 등이 있다. 잦은 야간 교대 근무를 하는 일부 직업도 암 발생과 관련이 있다. 암에 걸리지 않으려면 이런 발암 요인에 전혀 노출되지 않는 것이 최상이다. 하지만 현대인이 발암 요인에 전혀 노출되지 않는 것은 불가능하다. 따라서 차선책으로 이런 발암 요인에 노출되는 환경에 놓이지 않도록 힘쓰는 것이 중요하다. 이를 위해서는 어떤 환경에서 어떤 발암 요인이 있는지를 아는 것이 우선이다. 그리고 그런 환경에 노출되지 않거나 발암물질이 들어간 음식물 섭취를 삼가는 것이 중요하다.

　특히 암은 사람의 유전 인자와 밀접한 관련이 있다. 특정 발암 유전자를 가진 사람이나 가계는 그렇지 않은 사람이나 가계에 견주어 몇 배 내지 몇십 배 더 특정 암에 걸릴 위험이 크다. 유방암, 대장암 등 여러 암이 여기에 해당한다. 이들은 특히 발암물질 노출에 주의하고 정기적인 암 검진을 받는 것이 필요하다.

　질병을 일으키는 데 관여하는 세 가지 요인에 대해 한 걸음 더 들어가보자. 먼저 병인은 질병을 일으키는 요인이라고 할 수 있다. 크게 생물학적 요인과 영양 요인, 화학적 요인, 물리적 요인으로

나뉜다. 생물학적 요인은 감염병을 일으킨다. 감염병을 일으키는 생물은 크게 후생동물, 원생동물, 곰팡이, 박테리아, 리케차, 바이러스가 있다. 광우병과 변형크로이츠펠트야곱병(vCJD) 등을 일으키는 프리온(Prion)도 여기에 포함할 수 있다. 다세포인 후생동물은 십이지장충, 회충, 주혈흡충처럼 사람에 기생해 빈혈 등을 일으키는 기생충이다. 단세포인 원생동물은 아메바 등으로 이질과 말라리아 등을 일으킨다. 불완전균류인 곰팡이는 칸디다증이나 무좀을 일으키고 박테리아는 구균, 막대균, 나선균 등 다양한 형태를 하고 있으며 식중독, 폐렴, 장티푸스, 결핵, 콜레라, 매독, 임질 등 다양한 감염병을 일으킨다. 세균은 바이러스와 더불어 감염병을 일으키는 생물학적 요인계의 G2이다. 리케차는 바이러스처럼 살아 있는 생물 숙주 안에서만 생존하며 세균보다는 작지만 바이러스보다는 크다. 그리고 발진티푸스 등을 유발한다. 끝으로 가장 작아 전자현미경으로만 볼 수 있는 바이러스는 현대인을 괴롭히는 으뜸 미생물이다. 헤르페스, 간염, 홍역, 후천성면역결핍증, 에볼라, 독감 등 최근 인간을 위협하는 병원체 가운데 가장 두려운 존재이다. 이 가운데 코로나바이러스와 감기바이러스, 인간면역결핍 바이러스 등은 자신의 모습을 계속 바꾸어 '변신의 귀재'로 꼽히며 백신 개발을 무력화하고 있다.

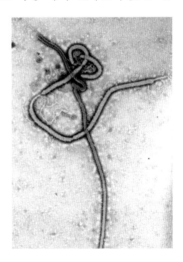

에볼라바이러스를 전자현미경으로 본 모습이다.
출차: CDC/ Dr, Frederick A, Murphy

두 번째 요인은 영양이다. 식량 부족 시대에는 영양 결핍이 문제가 됐지만 영양 과잉 시대에는 과다가 문제가 된다. 콜레스테롤 과다 섭취와 같은 영양 과다는 비만과 함께 동맥경화증, 심혈관 질환 등을 유발한다. 반대로 비타민과 단백질 섭취 부족 등으로 인한 영양 결핍은 성장 발육을 늦추고 각기병, 펠라그라와 같은 질병을 일으킨다. 영양 결핍은 주로 전쟁, 가뭄, 작물 병충해 등으로 식량 부족 사태가 빚어질 때 생긴다. 감자 역병에 따른 흉작으로 인해 1845년부터 1852년까지 있었던 아일랜드 대기근이 대표적 사례다. 대기근과 함께 역병이 돌아 이 기간 동안 대략 1백만 명의 사람들이 죽고 1백만 명이 아일랜드를 떠나 미국 등 해외로 이주하였다. 이로 인해 아일랜드의 인구가 20~25% 감소했다고 하니 그 참상을 짐작할 수 있다.

화학적 요인은 현대인들이 가장 많이 노출되는 요인으로 꼽을 수 있다. 우리 일상은 화학 제품으로 넘쳐나기 때문이다. 우리 사회에서는 가습기 살균제 참사가 화학적 요인의 질병 위험을 가장 끔찍하고 두려운 방식으로 보여준 상징적 사건이 되었다. 화학 물질 사용 증가와 함께 진드기, 꽃가루, 각종 의약품과 땅콩 등 식품으로 인한 알레르기 유발 물질 노출로 생기는 알레르기 질환도 오늘날 매우 빈번하게 발생하고 있다.

물리적 요인은 원전 폭발, 엑스레이 등 방사선 기기에서 나오는 방사선과 방사능 물질, 방사성동위원소 등을 꼽을 수 있으며 이들은 백혈병 등 여러 암을 유발하고 면역 질환을 일으킨다. 고온과 자외선 등 온열 질환과 암을 일으키는 것도 물리적 요인 가운데 하나이다.

3요인 가운데 숙주 요인 또한 매우 중요하다. 이 사실은 전문가들이 이미 익히 알고 있었지만 이번 코로나19 대유행을 통해 일반인에게도 널리 알려졌다. 심혈관 질환이나 콩팥 질환, 당뇨 등 기존에 지니고 있던 대사 질환 등 기저 질환자의 경우 코로나19바이러스에 감염돼 위중한 상태로 발전하거나 숨지는 사람이 그렇지 않은 사람에 견줘 매우 많았기 때문이다. 국내뿐만 아니라 이탈리아, 스페인, 미국 등에서 희생된 절대 다수가 노인이면서 기저 질환을 가진 사람들이었다. 나이가 많고 기저 질환까지 있으면 코로나19에 매우 치명적이다. 숙주 요인이 중요하다는 사실은 코로나19뿐만 아니라 과거 많은 감염병 유행에서도 드러났지만 이번에는 이것이 사회 구성원들에게 더욱 확실하게 각인됐다. 이밖에도 숙주 요인으로는 성, 인종, 유전, 임신 등 신체 상태, 면역 상태, 흡연과 비만, 개인위생 등 보건 행태 등이 포함돼 있다. 전립선암은 남성만 걸리고 자궁경부암은 여성만 걸린다. 남자와 여자의 신체 구조가 다른 데서 오는 대표적인 차이라고 할 수 있다. 유전 요인이 질병에 끼치는 보기로는 낫 모양(겸상, 鎌狀) 적혈구 빈혈증을 꼽을 수 있다. 이 유전 질환은 헤모글로빈의 구조 이상이 두 염색체에서 모두 발생할 때, 헤모글로빈의 산소 결합 능력이 떨어지고 적혈구가 낫 모양을 나타내면서 빈혈을 유발한다.

숙주, 즉 사람이 흡연을 하느냐의 여부와 질병 이환과 치명률은 관련이 매우 깊다. 석면 질환 가운데 석면 폐암과 흡연은 매우 나쁜 상승 작용을 일으킨다. 흡연자가 라돈 등 방사성 물질에 노출될 때도 똑같은 현상이 나타난다. 흡연은 거의 모든 질병과 상극이다. 코로나19 유행에서도 비만과 더불어 흡연자들이 바이러스에 감염될 때 더 치명적인 결과를 가져다준다는 사실이 입증됐다. 우리나라에서는 이로 인한 금연 결심이나 금연 확산이 이루어지지는 않았지만 일부 국가에서는 이런 정보를 접하고 담배를 끊는 사람들이 크게 늘어났다는 뉴스가 보도된 적이 있다. 우리 방역당국도 이런 내용을 발표해 잠시 관심을 끈 적이 있다.

　　3요인 가운데 마지막으로 환경 요인에 대해 더 깊이 들어가 보자. 환경 요인은 감염병을 일으키는 병원체의 생존에 영향을 준다. 코로나바이러스의 경우 자외선이 있는 옥외 환경보다는 실내 환경에서 더 오래 생존한다. 또 같은 실내 환경이라도 내부 공기를 자주 갈아주지 않거나 공간이 좁을 경우 감염 가능성이 높아진다. 코로나19는 쿠팡부천물류센터를 비롯해 환기를 자주 하지 않는 공간에서 다발했다. 감염병 병원체를 매개하는 곤충 등 매개체가 있는 경우에는 이들이 얼마나 서식하느냐가 관건이 되기도 한다. 사회적 경제적 요인도 환경 요인에 포함된다. 도시화로 얼마나 많은 사람들이 북적대며 살아가느냐, 주변에 공해 산업 시설이 얼마나 많은가, 전쟁이나 자연 재해 등과 같은 것들을 통해 병원체가 얼마나 쉽게 전파되는가와 직접적인 관련이 있다.

　　코로나19 대유행은 우리로 하여금 과학적 사고와 과학적 지식으로 무장한 인간형이 될 것을 촉구한다. 그런 유형의 인간은 코로나19와 같은 감염병에 상대적으로 잘 걸리지 않는다. 하지만 이는 절로 이루어지지는 않는다. 시간과 노력이 필요하다. 그리고 올바른 지식을 전해주는 책이나 뉴스를 가까이 하는 것이 중요하다.

코로나19라는 감염병을 일으키는 병
원체가 바이러스, 그 가운데 코로나바이러스라는 것은 코로나 펜데
믹 시대를 살고 있는 현대인의 기본 상식이 되었다. 지금은 바이러
스로 표기하고 있지만 내가 초등학교와 중학교를 다니던 50년 전
옛날에는 교과서에 비루스라는 이름으로 실려 있었다. 북한에서는
지금도 비루스라고 한다. 바이러스는 독 또는 독을 지닌 액체를 뜻
하는 라틴어 어원을 지니고 있다. 라틴어 'virulentus(poisonous)'에서
유래한 '독이 있는 또는 독성의'란 뜻을 지닌 'virulent'는 1400년경
부터 쓰였으며 1892년 드미트리 이바노프스키(Dmitri Ivanovsky)가
바이러스를 처음 발견하기 전인 1728년 이미 '감염성 질환을 일으
키는 요인'이란 뜻으로 쓰였다. 감염시킨 세포에서 방출돼 같은 유
형의 다른 세포를 감염시킬 수 있는 단일 바이러스 입자를 말하는
비리온(virion)이란 용어는 1959년 처음 사용됐다.

바이러스는 식물과 동물 그리고 미생물 모두에서 기생한다.
20세기 초 영국의 세균학자인 프레데릭 트워트(Frederick Twort)는 세
균을 감염시킬 수 있는 박테리오파지(bacteriophage, 흔히들 파지라고

함, 박테리아를 잡아먹는다는 뜻을 지닌 용어)라고 부르는 무리를 발견했다. 파지는 한때 장티푸스나 콜레라와 같은 세균 감염병의 치료제로 추진됐으나 페니실린이 개발되자 그 가치가 사라졌다. 하지만 최근 들어 항생제 내성 세균들이 증가하자 다시 박테리오파지를 치료용으로 사용하는 것이 새롭게 조명을 받고 있다.

바이러스는 매우 기이한 존재다. 완전한 생물도 아니고 그렇다고 결코 죽은 것이라고 할 수도 없기 때문이다. 『거의 모든 것의 역사 A Short History of Nearly Everything』란 저서로 유명한 빌 브라이슨(Bill Bryson)은 최신작 『몸 Body』에서 바이러스를 다음과 같이 설명한다.

"살아 있는 세포 바깥에서는 그냥 불활성 물질에 불과하다. 먹지도 호흡하지도 않고 아무것도 하지 않는다. 어떤 이동 수단도 없다. 스스로 움직이지 않고 무임승차한다. 우리는 돌아다니면서 문손잡이를 쥐거나 악수를 함으로써 아니면 호흡하는 공기를 통해서 바이러스를 몸 안에 들인다. 대체로 바이러스는 먼지 알갱이처럼 활기 없는 상태로 존재하지만 살아 있는 세포 안에 들어가면 갑자기 활기에 차서 여느 살아 있는 존재처럼 왕성하게 증식한다."

지구상에서 가장 오래된 생물체인 세균과 더불어 바이러스도 오랜 생존의 역사를 지니고 있으며 매우 놀랍도록 성공한 존재로 과학자들한테서 평가를 받는다. 예를 들어 우리 입술 주위 등에 물집을 만드는 헤르페스 바이러스는 수억 년 전부터 존재해왔으며 모든 동물들을 감염시킨다. 우리가 먹는 굴도 감염시킨다. 또한 이 바이러스는 사람의 몸에 들어와 평생을 같이 지내는 것으로 유명하다. 기생 생물 가운데 가장 기발하고 부러운 능력이 숙주를 죽이지 않고 함께 동거하는 것인데 이 바이러스가 그런 능력을 지니고 있다.

우리는 일상적으로 바이러스를 만나고 있다. 들이마시는 공기와 음식에는 바이러스가 늘 있다. 우리가 접촉하는 바이러스 가운데 인체에 아무런 해를 끼치지 않는 것도 많다. 사람 몸에 들어와 병을 일으키는 바이러스도 자주 만나고 있다. 가장 대표적인 것이 감기바이러스다. 감기를 일으키는 바이러스는 종류가 매우 많다. 감기는 상부 호흡기, 즉 상기도에 생기는 바이러스 감염이다.

감기와 가장 흔하게 관련된 바이러스는 99가지 혈청형(serotype)을 가진 피코나바이러스의 일종인 리노바이러스로 30~80%를 차지한다. 그 다음으로는 감기의 15% 안팎을 차지하는 사람코로나바이러스, 10~15%와 관련이 있는 인플루엔자바이러스, 감기의 5%가량을 일으키는 아데노바이러스, 그리고 사람호흡기세포융합바이러스, 장내바이러스, 파라인플루엔자바이러스, 사람메타뉴모바이러스 등이 관여한다. 감기는 한 종류의 바이러스에 감염돼 발병하는 것이 아니라 종종 둘 이상의 바이러스 유형에 의해 생긴다. 모두 2백 가지가 넘는 바이러스 유형이 감기와 관련이 있다. 이렇게 많은 종류의 바이러스가 감기에 관여하다 보니 감기를 달고 사는 사람도 있다. 겨울철에 주로 유행하는 인플루엔자 즉, 독감과 달리 사시사철 때를 가리지 않고 감기에 걸리는 것이다. "오뉴월에는 개도 감기에 안 걸린다"는 말은 이제 옛말이 됐다. 사람에 따라 몹시 피곤하고 몸 관리를 잘 하지 못하면 면역력이 떨어져 오뉴

월에도 몸이 으슬으슬해지고 콧물이 나오는 감기에 걸린다. 감기는 바이러스가 인간과 떼려야 뗄 수 없는 관계임을 증명해주는 증표이다.

감기는 그 원인 바이러스 종류가 워낙 많고 이들의 유전자가 매우 빠르게 변이되기 때문에 뛰어난 연구 능력을 지닌 과학자들과 내로라하는 제약 회사들도 백신 개발을 포기한 대표적 감염병이다. 영국은 월트셔(Wiltshire)의 솔즈베리(Salisbury) 부근에 감기연구단이라는 연구 조직을 일찍이 만들어 감기 연구와 백신, 치료제 개발을 하려 했으나 뜻을 이루지 못하고 개원한 지 43년만인 1989년에 문을 닫았다. 영국은 급성 호흡기 감염병의 3분의 1을 차지할 정도로 흔하게 발생하고 그로 인한 사회적 경제적 비용이 상당한 감기를 해결하기 위해 1946년 이 연구단을 조직했다. 연구단은 감기 연구를 위해 2주마다 실험에 참여할 30명의 자원봉사자를 신문과 잡지에 광고를 내 모집했다. 이 광고는 참여 희망자들에게 특별한 휴가 기회라고 선전했다. 지원자들은 감기바이러스에 인위적으로 감염됐으며 두세 명씩 소그룹으로 나뉘어 10일 동안 서로 엄격하게 분리

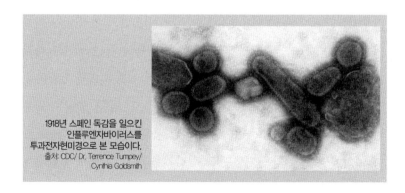

1918년 스페인 독감을 일으킨 인플루엔자바이러스를 투과전자현미경으로 본 모습이다.
출처: CDC/ Dr. Terrence Tumpey/ Cynthia Goldsmith

돼 생활했다.

빌 브라이슨은 감기연구단에서 이루어진 실험을 매우 흥미롭게 전하고 있다. "한 실험에서는 코감기에 걸렸을 때 흐르는 콧물과 같은 속도로 액체가 가늘게 흘러나오도록 한 장치를 자원자의 콧구멍에 붙였다. 그런 상태에서 자원자는 마치 칵테일 파티에 갔을 때처럼 다른 자원자들과 어울렸다. 그 액체에는 자외선을 쬐면 보이는 색소가 들어 있었지만 그들은 이를 알지 못했다. 사람들이 얼마간 어울린 뒤에 전깃불을 끈 상태에서 연구진이 자외선 등을 켜자 모두가 깜짝 놀랐다. 모든 자원자들의 손과 머리와 상체는 물론이고 안경, 문손잡이, 소파, 견과 그릇 등 모든 곳에 색소가 묻어 있었기 때문이다. 어른은 1시간당 평균 16번 얼굴을 만지며, 그렇게 만질 때마다 코에서 흘러나오는 바이러스를 대신하는 색소가 코에서 간식 그릇을 거쳐서 다른 사람들에게 전달되고 이어서 문손잡이를 통해서 또 다른 사람에게 전달되는 식으로 모든 사람에게 전달됐다."

감기연구단의 이런 연구 뒤에 비슷한 연구가 미국의 애리조나대학교 연구팀과 위스콘신대학 연구팀, 그리고 스위스 등에서 종종 이루어졌다. 코로나19 대유행을 맞아서도 비슷한 실험 연구가 이루어졌다. 코로나19는 감염자가 마스크 등 아무런 차단 장치를 하지 않고 기침, 재채기를 하거나 말을 할 때 주변 사람들에게 전파된다. 또 이와 함께 바이러스에 오염된 손으로 눈, 코, 입 등 얼굴 부위를 만질 때도 감염 위험성이 있다며 주의할 것을 전문가들은 강조해왔다. 이런 방역 수칙의 근거를 영국의 감기연구단이 오래전에 제공한 것이다.

이 연구단의 마지막 책임자가 사람에게서 감기를 일으키는 코로나바이러스를 1965년 처음 발견하고 전자현미경 사진을 찍었던 데이비드 티럴이었다. 백신 개발은 실패했지만 감기연구단의 업적이 없었던 것은 아니었던 셈이다. 영국 감기연구단의 설립과 해체는 바이러스 연구와 백신과 치료제 개발이 얼마나 어려운가를 보여주는 역사적 증거라고 할 수 있다.

바이러스 학자들은 바이러스가 지닌 유전자가 어떤 것이냐에 따라 DNA바이러스와 RNA바이러스로 나눈다. 코로나19바이러스는 RNA바이러스이다. 생명체 가운데 유전자로 RNA를 가지고 있는 것은 바이러스가 유일하다. RNA바이러스는 과학자들이 특히 관심을 가지는 대상이다. 인간에게 백혈병을 일으키는 것으로 확인된 인간T세포백혈병바이러스를 비롯한 각종 암바이러스와 후천성면역결핍증을 일으키는 인간면역결핍바이러스 등 최근 들어 인간을 괴롭히는 바이러스가 대부분 RNA바이러스이기 때문이다. 코로나19바이러스는 RNA가 두 가닥이 아닌 단일 가닥(single stranded)으로 되어 있다. 분류학적으로 보면 2002년 중국에서 시작해 중화권 국가를 중심으로 세계로 퍼져나갔던 사스의 원인 바이러스인 SARS-CoV의 계승자이다. 사스코로나바이러스의 주니어인 셈이다. 그래서 과학자들은 이 '놈'에게 SARS-CoV-2라는 이름을 붙여주었다. 과학자들은 '사스코로나바이러스 투(two)'라고 부르지만 일반 대중은 이보다는 코로나19바이러스 또는 코비드-19바이러스라고 부른다.

사람의 몸에 들어와 사는(바이러스의 입장에서) 코로나바이러스는 동물 기원성을 지니고 있다. 다시 말해 동물에서 살다가 인간의 몸으로 이주한 것이다. 인간을 새로운 숙주로 하는 코로나바이러스는 주로 박쥐에서 살다가 낙타, 사향고양이 등 다른 포유동물을 중간 정류장으로 삼아 잠시 쉬면서 적절한 기회를 포착해 사람의 몸속으로 점프해 들어온다. 사스, 메르스, 코로나19가 모두 이 과정을 거쳤다. 박쥐가 아니라 쥐 등 설치류가 최초 출발지인 코로나바이러스도 있다. 인간에게 감기를 일으키는 4종의 코로나바이러스 가운데 두 종은 박쥐에서 유래했지만 한 종은 설치류, 소, 인간으로 이어지는 감염 경로를 가진다. 또 다른 한 종은 설치류에서 시작했지만 중간 숙주는 아직 파악하지 못하고 있다.

코로나19바이러스가 박쥐코로나바이러스와 밀접한 유전적 유사성이 있다는 것은 과학자들이 유전자 염기서열 분석으로 알아낸 사실이다. 유력한 중간 숙주로 떠오르고 있는 동물은 비늘이 있는 개미핥기라고 할 수 있는 온순한 '귀요미' 천산갑이다. 이 동물에서 발견되는 코로나바이러스와 코로나19바이러스 유전자 염기서열이 매우 유사하나 이 동물에서 사람으로 전파됐다는 확실한 증거는 아직 없다.

이 바이러스는 유전적 다양성이 거의 없다. 다시 말해 변이가 아직 많지 않다. 따라서 오래전에 이 바이러스가 인간의 몸에 정착한 것은 아니고 현재로서는 2019년 말(11월 내지 12월)에 SARS-CoV-2가 인간에게로 흘러들어왔을 가능성이 높다. 현재 알려진 가장 초기 감염 사례는 2019년 11월 17일 또는 2019년 12월 1일로 거슬러 올라간다. 과거 후천성면역결핍증 최초 감염자 연구 등에서도 알 수 있듯이 새로운 감염병이 등장하면 최초 감염자 또는 환자는 예상보다 훨씬 더 일찍 발생한 사례가 많다. 따라서 2019년 11월 17일보다 더 일찍 생겼을 수도 있다.

　　최근까지의 연구 결과를 보면 이 바이러스에 노출되는 공동체의 구성원이 면역성이 없고 예방 조치를 하지 않을 경우 감염재생산수(R, Reproduction number)가 1.4~3.9 정도로 추정된다. 감염재생산수는 감염 확산과 직접적인 관련이 있다. 사스의 경우 2~4, 메르스의 경우 0.4~0.6이므로 코로나19는 메르스보다는 훨씬 잘 전파되고 사스 수준에 가깝다고 보면 된다. 아직 코로나19 유행이 끝나지 않았고 나라마다 감염 확산 정도가 다르기 때문에 앞으로 이 수치는 상당 부분 수정될 수 있다. 우리 방역당국이 밝힌 것을 보면 대구 신천지 교회를 중심으로 대구·경북 지역에서 코로나19가 확산되었을 당시인 3월 1~7일 감염재생산수는 1을 기록했고 3월 8~14일의 감염재생산수는 1.2를 기록했다. 또 수도권 지역에서 집단감염이 잇따라 일어나고 있던 시점인 5월 10~16일은 감염재생산수가 1.33으로 매우 높았고 6월 7~13일에는 1.08로 나타났다. 우리보다 코로나19가 짧은 시간에 크게 확산되고 있는 국가에서는 감염재생산수가 우리보다 훨씬 더 클 것으로 본다. 얼마나 방역이 잘 이루어고 있는가를 가늠하게 해주는 잣대가 바로 이 감염재생산수이다. 이 바이러스는 주로 바이러스 보유자와 비보유자와의 밀접한 접촉을 통해 그리고 감염자와 환자의 기침이나 재채기, 그리고 말을 할 때 나오는 아주 작은 침방울을 통해 퍼진다. 코로나19바이러스는 주로 점막 세포 등에 있는 안지오텐신전환효소 2(ACE2, angiotensin converting enzyme 2) 수용체에 결합해 인간 세포 속으로 들어와 증식한다.

이 바이러스의 최대 미스터리 가운데 하나가 사스코로나바이러스 등 다른 코로나바이러스와 달리 감염자가 증상이 나타나기 직전인 무증상기나 증상 초기에 왕성하게 바이러스를 퍼트릴 수 있다는 사실이다. 처음에는 중국 연구진의 이런 발표 내용에 대해 우리나라 질병관리본부와 세계보건기구 등도 회의적 반응을 보였으나 지금은 사실로 거의 굳어진 상태다. 현재까지 전파 양상과 확진자 역학조사 등을 통해 드러난 것은 감염자가 증상이 발현된 날을 기점으로 이틀 전까지는 타인에게 감염을 일으킬 가능성이 있다는 것이다. 다시 말해 코로나19는 증상 전 전파가 이루어질 수 있다는 것이다. 이 때문에 우리 방역당국도 확진자가 증상이 나타났다고 하는 날로부터 이틀 전까지 접촉했던 사람을 추적 조사하고 있다. 우리가 예상하지 못했던 이런 특이 양상을 코로나19바이러스가 보이고 있는 것에 대해 울산의대 미생물학교실 주철현 교수는 다음과 같이 설명하고 있다.

"역학적 특성만으로 코로나19의 높은 전염력을 전부 설명할 수는 없다. 모든 호흡기 바이러스는 점액 친화성이 있어야 하는데 점액에 흡착되지 못하면 호흡기 상피 세포에 접촉할 수 있는 확률이 떨어지기 때문이다. 이 점액 친화성은 코로나바이러스의 스파이크 부분에 의해 생기는데 이번 신종코로나바이러스는 기존 사스, 메르스와 달리 이 스파이크 부분에 변이가 생긴 것으로 보인다. 이 부위는 인체의 면역 세포가 인지하는 부분이기 때문에 변이가 없으면 금방 면역에 의해 제거가 되기 때문이다. 코로나19의 경우는 이 스파이크에 변이가 일어났을 뿐 아니라 점액 친화력이 이전 코로나바이러스들에 비해 50배 정도 높아졌다. 즉 점액 흡착도는 좋아지면서 면역도 회피할 수 있는, 인간에게는 최악의 변이가 생긴 것이다. 이런 분자생물학적 특성 때문에 소량의 바이러스가 점액과 접촉해도 호흡기 상피에 감염이 될 확률이 높아졌고 초기부터 증식이 활발하게 일어나는 특성을 가지게 되었다. 즉 증상이 나타날 정도로 어느 정도 임상 경과가 지나야 타인에게 감염이 가능한 바이러스 농도에 도달하던 이전 코로나바이러스들과 달리 비교적 감염 초기에 다른 사람에게 전파할 능력을 가지게 된 것이다."

이와 관련해서는 앞으로 더 많은 연구가 이루어져 우리가 궁금하게 여기는 부분을 해소해주지 않을까 싶다.

코로나19바이러스가 박쥐에서 어떤 동물을 거쳐 사람을 언제 처음 감염시켰고 사람 간 전파는 언제 이루어졌는지에 대해서는 아직 명확한 증명이 이루어지지 않았다. 20여 명의 중국과 홍콩 의사와 학자들이 공동으로 영국의 의학학술지 『랜싯』 2020년 2월호(온라인판 1월 24일)에 기고한 논문 「사람 간 전파를 보여주는 2019년 신종코로나바이러스와 관련된 가족 군 폐렴 : 가족 군에 대한 연구」에 따르면 최초의 인간 간 코로나19 전파는 독감 유행 시기인 2020년 1월 20일에 일어난 것으로 확인되었다. 하지만 우한시에서 이 감염병의 확산 속도와 확진자 수와 사망자 수 등을 역학적으로 종합해보면 실제로는 이보다 훨씬 더 일찍 일어났을 가능성이 높다.

바이러스의 전파는 주로 약 1.8미터 범위 내에서 감염자가 기침과 재채기를 하거나 말을 할 때 나오는 매우 작은 침방울(비말)이 다른 사람의 눈, 코, 입 등의 점막에 튀어 일어난다. 또 주 감염 경로는 아니지만 감염자가 바이러스를 오염시킨 각종 물체의 표면을 다른 사람이 손 등으로 만진 뒤 이를 자신의 입, 코, 눈 등을 만질 경우도 감염이 생길 수 있다. 누군가가 감염됐을 때 실제로는 정확한 감염 경로를 알 수 없는 경우가 많아 전체 감염 중 그리고 우리나라에서 일어난 감염 중 이러한 접촉 감염이 얼마나 되는지에 대해 조사한 연구 보고는 없다. 예비 연구에 따르면 이 바이러스는 폴리프로필렌 재질 등의 플라스틱 표면과 스테인리스 스틸에서 최대 3일 동안 생존할 수 있는 것으로 나타났다. 하지만 판지(板紙)에서는 하루 이상, 구리 표면에서는 4시간 이상 생존하지 못한다.

우리나라에서는 버튼을 눌러야 하는 승강기에 구리가 함유된 비닐 필름을 터치 버튼 위에 씌워놓은 곳을 많이 볼 수 있다. 이 구리 함유 필름을 손가락으로 눌렀다고 해서 접촉 감염을 100% 예방할 수 있는 것은 아니다. 만약에 감염자 누군가 코로나19바이러스가 잔뜩 묻은 손으로 숫자 등 버튼을 누르고 얼마 지나지 않아 비감염자가 다시 만져 자신의 손이 바이러스에 오염되고 이 오염된 손으로 눈, 코를 만지는 등 감염 위험 행위를 했을 경우 감염 위험이 상존한다. 따라서 손가락으로 이런 행위를 했을 때는 항바이러스 필름이라고 안심하지 말고 즉시 손을 잘 씻거나 손을 깨끗이 씻기 전까지는 눈, 입, 코 등을 만지지 않는 것이 좋다.

이 바이러스는 껍질이 지질막으로 되어 있다. 인간 숙주 세포를 침범한 뒤 유전자를 불려 나올 때 지질막을 만들어 나오기 때문이다. 지질은 비누와 상극이다. 지질은 비누 앞에서는 고양이 앞에 쥐 꼴이다. 알코올보다 더 무서워한다. 따라서 알코올 손소독제보다는 비누로 손을 꼼꼼하게 씻는 것이 가장 좋은 바이러스 제거법이다. 이 RNA바이러스는 감염된 사람의 대변 샘플과 정액에서도 발견되었다. 성관계를 통해서도 감염될 가능성이 있다는 것을 시사한다. 물론 성관계를 가질 정도로 밀접 접촉을 하면 정액을 통한 감염 이전에 이미 호흡기로 감염됐을 것이다.

코로나바이러스는 구형 모양을 한 입자 껍질에 74개 정도의 표면 스파이크를 지니고 있다. 바이러스 입자의 평균 직경은 약 125nm(나노미터, 0.125μm)이고 외피의 직경은 85nm이며 스파이크는 20nm 길이이다. 바이러스 외피는 지질 이중층으로 구성되며, 여기서 막(M), 외피(E) 및 스파이크(S) 구조 단백질이 고정되어 있다.

코로나바이러스의 유전자는 2만 6천 개 내지 3만 2천 개의 염기로 이루어져 있으며 RNA바이러스 중 가장 큰 편이다. 코로나란 이름은 스코틀랜드 바이러스 학자이자 바이러스 사진, 식별 및 진단의 선구자인 준 알메이다와 영국의 바이러스 학자이며 전자현미경 연구의 개척자인 데이비드 티럴이 처음으로 이 바이러스를 전자현미경으로 본 모습을 토대로 붙여졌다. 그리고 1968년『네이처 Nature』저널의 비공식 바이러스 학자 그룹이 새로운 바이러스 군을 지정하기 위해 처음으로 사용했다. 이 바이러스를 전자현미경으로 보면 가장자리가 왕관 혹은 태양의 표면인 코로나를 연상시킨다고 해서 붙여진 이름이다.

코로나바이러스 가운데 지금까지 인체에 질병을 일으키는 것으로는 4종의 감기 바이러스와 함께 치명적 독성을 지닌 사스, 메르스, 코로나19바이러스 등 모두 7개가 보고돼 있다. 과학자들은 코로나 가문은 계속해서 새로운 선수를 인간에게 선보일 것으로 보고 있다. 사스코로나바이러스 1, 2에 이어 3, 4가 나올 수도 있고 메르스코로나바이러스 2, 3이 나올 수도 있다. 사스코로나바이러스와 메르스코로나바이러스와는 상당히 다른 새로운 가문을 형성하는 코로나바이러스가 나올 수도 있다. 그러므로 코로나19바이러스는 끝이 아니다. 우리는 생각하기가 싫기는 하겠지만 코로나19보다 더 독한 놈이 등장할 수 있다는 생각을 늘 하고 이에 대비하는 자세가 필요하다.

"소독제를 살포하면 눈과 호흡기, 피부가 자극을 받으며 특히 포름알데히드나 염소계 표백제, 4급 암모늄 화합물과 같은 특정 화학 물질은 건강에 악영향을 미치기에 사용을 권장하지 않습니다. 소독제를 살포하는 것은 바이러스 제거에 효과적이지 않을 수 있고 건강에 더 나쁠 수 있습니다. 실내외 모두 소독제를 뿌리지 말아야 합니다."

세계보건기구는 2020년 5월 16일 세계 각 나라에 이런 내용의 권고를 했다. 한국을 비롯해 세계 곳곳에서 잘못된 엉터리 방역 소독이 판을 치고 있는 것을 보다 못해 이런 권고를 하기에 이르렀다. 국내 대부분의 언론이 이를 보도했다. 과학 전문 잡지인 『과학동아』는 5월 17일 다른 매체에 견줘 이를 좀 더 자세하게 다루었다.

"세계보건기구는 5월 16일 '코로나19 관점에서의 표면 환경 청소와 소독' 지침을 발표했다. 지침에는 코로나19를 예방하기 위해 권장하는 소독법과 소독제 성분, 공간에 따라 소독 시 주의해야 할 사항 등이 담겼다. 이 지침에 따르면 실내를 소독할 때는 소독제를 스프레이로 뿌리거나 에어로졸 형태로 분사하는 방식은 권장하지 않는다. 세계보건기구는 독일병원위생학회 연구를 인용해 '소독제를 분사하는 방식은 소독제가 바로 닿은 공간을 제외하고는 소독 효과가 낮다'며 '소독제를 분사하는 건 눈, 호흡기, 피부에 문제를 일으킬 수 있다'"고 밝혔다. 표면이 소독제로 적셔지게 한 후 이를 천이나 물수건으로 닦아내야만 효과가 있다고 강조했다.

세계보건기구는 거리나 시장 같은 실외 공간을 분사나 훈증 방식으로 소독하는 것도 코로나19바이러스나 다른 병원균을 막는데 적합하지 않다고 지적했다. 소독제가 먼지에 의해 불활성화되거나 표면의 유기 물질을 제거하지 못하기 때문이다. 비포장 보도와 같은 공간도 단단한 표면이 아닌 만큼 의미가 없다. 세계보건기구는 "거리나 보도는 코로나19바이러스에 오염되는 공간이 아닌 것으로 간주된다"며 "소독제를 뿌리는 것은 밖이라 하더라도 사람의 건강에 해롭다"고 밝혔다.

살균 터널이나 대인 1인 소독 시설 등 사람에게 소독제를 뿌리는 방식에 대해서는 "어떠한 상황에서도 권장되지 않는다"고 강조했다. 세계보건기구는 "이는 신체적 정신적으로도 해로울 뿐 아니라 사람이 바이러스를 전파하는 능력을 떨어트리지도 않는다"며 "게다가 독성 화학 물질을 사람에게 분사하는 것은 눈과 피부에 영향을 주고 기관지 경련을 일으킬 뿐 아니라 메스꺼움과 같은 위장 문제도 일으킨다"고 밝혔다.

세계보건기구는 과산화수소 훈증 소독과 자외선 소독 같은 접촉이 없는 소독 방식에 대해서도 사람이 직접 소독하는 방식을 보조하는 수단이라고 봤다. 세계보건기구는 "이 방식들은 의료 기관 등에서 쓰이지만 세심한 관리를 통해 특정 구역에 한정해 이루어져야 하며 사람이 없을 때만 활용해야 한다"며 "비접촉 소독을 활용할 때도 우선 먼지 등 유기물을 제거하는 청소를 진행한 후 실시해야 한다"고 밝혔다.

우리나라 언론은 일제히 세계보건기구의 이 코로나19 소독 지침을 보도한 미국의 CNN 방송 보도 내용을 인용해 마치 이것이 기존 상식과는 다른 새로운 사실인 것처럼 다루었다. 물론 이 내용은 새로운 사실도 아닐 뿐더러 이미 오래전부터 우리 방역당국도 강조해온 내용이다. 아마 세계보건기구가 밝힌 이 내용을 들으면서 그동안 거리 소독과 공중 소독 등 엉터리 방역에 힘을 쏟았던 우리 사회 많은 사람들과 지자체 관계자 등의 가슴이 뜨끔했을 것이다.

우리나라에서는 코로나19 유행 이후 4·15 총선 출마자, 광역 및 기초 지자체 단체장, 대한민국 육군, 대한적십자사 등이 합동으로 마치 새로운 소독 살포 유행병에 걸린 환자처럼 거리에 소독제를 마구 뿌렸다. 건물 옥상과 외벽, 건물 안 벽, 천장, 빈 공간 등 모든 곳에 눈앞이 자욱할 정도로 시도 때도 없이 소독제를 살포해댔다. 지금도 드론 방역 등과 같은 엉터리 소독이 사라지지 않고 일부 지역에서 종종 이루어지고 있다. 언론도 오랫동안 이러한 방역 방식이 당연하고 바람직한 것인 줄 알고 앞다퉈 줄곧 보도해왔다.

왜 우리 사회는 그동안 엄청나게 많은 인력을 동원하여 세계보건기구가 하지 말라고 했던 소독제 살포를 길거리와 공중에서 했을까? 여기에는 눈에 보이는 무언가를 해야 한다는 강박증과 보여주기식 전시 행정이라는 나쁜 악습이 똬리를 틀고 있다. 또 과거

1950년대부터 지금까지 파리, 모기 등 해충을 죽이기 위해 분무식 방역을 해왔는데, 그런 전통이 엉뚱하게 해충이 아닌 바이러스 퇴치에도 활용된 것이다.

방역당국은 코로나바이러스 퇴치에 길거리 소독이나 건물 소독 등 야외 소독이 아무런 효과가 없다는 것을 일찍부터 너무나 잘 알고 있었다. 물론 방역 전문가, 감염병 전문가들도 세계보건기구가 밝힌 내용을 이미 오래전부터 잘 알고 있었다. 하지만 일반 사람들은 너무나 많은 사람들 즉, 지자체와 공공기관이 나서서 방역 소독 노동자와 군인들을 시켜 소독약을 살포하는 모습을 많이 보았기에 길거리를 지나가기만 해도 코로나19에 감염될 위험성이 있는 것으로 알고 있었다. 그리고 이런 방역이 코로나19 확산을 막아줄 것이라고 생각했다. 그렇게 그동안 국민들은 속고 있었던 것이다.

군 방역 차량이 고속도로 톨게이트 인근에서 소독약을 뿌리고 있다.
출처: 포항시

정부가 만들어 배포한 방역 소독 지침을 잘 살펴보면, 건물 밖 거리, 도로, 야외에 소독제를 뿌리거나 건물 벽, 바닥, 천장에 소독제를 뿌려도 아무 소용이 없다는 것을 이미 알고 있었다는 사실이 드러난다. 국무총리실, 보건복지부, 환경부, 노동부, 식품의약품안전처 등 범정부 부처로 이루어진 중앙방역대책본부와 중앙사고수습본부는 해당 부처, 기관, 사업장 등이 숙지해 실천하도록 하는 「코로나바이러스감염증-19 대응 집단 시설, 다중 이용 시설 소독 안내(제3-2판)」 지침을 마련해 5월 11일 배포했다. 이 지침에서는 "초음파, 고강도 자외선 조사, LED 청색광 등을 사용한 소독은 효과가 검증되지 않았고, 잘못 사용할 경우에 피부나 호흡기를 자극하거나 눈 손상을 일으킬 수 있다"며 사용을 권장하지 않는다고 밝혔다. 또한 "야외에서의 무분별한 소독제 살포도 과학적 근거가 없으며 과다한 소독제 사용은 건강 문제나 환경오염을 일으킬 수 있다"고 했다. 또 5월 20일에는 세계보건기구의 권고를 반영해 제3-3판을 배포했다. 이 가운데 핵심 내용을 보면 다음과 같다.

코로나바이러스감염증-19 대응 집단 시설, 다중 이용 시설 소독 안내(제3-3판)

청소와 소독 효과

- 세제(또는 비누)와 물을 사용하여 청소하면 표면과 물체에 있는 감염성 병원체가 불활성화되지는 않으나 병원체 수가 감소하여 감염 노출(감염 확산 위험) 감소

- 소독은 청소 후 표면에 남아 있는 감염성 병원체를 사멸시켜 감염 노출(감염 확산 위험)을 더욱 감소시킴
☞ 「의료기관 사용 기구 및 물품 소독 지침」참조

- 환경부에 승인 및 신고된 소독제 중 차아염소산나트륨(일명 가정용 락스) 희석액 또는 70% 알코올 등으로 소독 실시
  • 차아염소산나트륨은 다른 소독제 등과 절대 섞지 말 것

○ (환경부 승인 방역용 소독제 사용 범위) 단단한 표면 및 물체를 대상으로 하는 표면 소독용으로 승인(분사형으로 승인되었더라도 닦아서 소독할 것을 권고)되었고, 그 외의 자연환경, 거리, 카펫, 옷에 대한 공기 소독, 연무 소독에 대한 소독 효과는 확인되지 않았음

이 지침을 보면 환경부가 제시한 방역용 소독제 사용 범위는 단단한 표면 및 물체를 대상으로 하는 표면 소독용으로 승인되었으며, 분무기로 살포하는 분사형으로 승인되었더라도 그냥 공중이나 벽과 바닥 등에 뿌리지 말고 표면을 닦아서 소독하려 할 때 미리 뿌리는 것을 권고하고 있다. 그밖에 자연환경, 거리, 카펫, 옷에 대한 공기 소독, 연무 소독은 코로나19바이러스에 대한 소독 효과가 확인되지 않았기 때문에 사실상 뿌리지 말 것을 권고했다.

그렇다면 왜 우리 사회에서는 그동안 언론은 물론이고 지방정부, 공공기관, 국방부, 민간단체, 정치인, 국회 등이 이를 무시하고 '소독제 무차별 살포 경연 대회'를 벌였던 걸까. 이를 제대로 알아야 두 번 다시 소독제 무차별 살포가 우리 사회에서 이루어지지 않을 것이다.

무차별 소독제 살포가 아무에게도 도움이 되지 않는다는 것을 인정하더라도 아무에게도 해를 끼치지 않는 것 아니냐고 반문하는 사람도 있다. 그런 판단은 잘못됐다. 모든 소독제는 해롭다. 유해성이 있음에도 우리가 소독제를 사용하는 것은 사용으로 인한 편익, 즉 병원체를 죽이는 것에서 오는 편익이 인체 유해 가능성보다 더 크기 때문이다. 유해성보다 편익이 더 크더라도 물론 주의를 기울이면서 소독제를 사용해야 한다.

소독제의 유해성은 소독을 무시로 해대는 청소 노동자의 건강과 안전을 위협한다. 소독제를 만들고 소독제를 사용해 뿌리거나 닦는 과정에서 노동자나 소비자 등이 위험에 빠진 사례는 매우 많다. 정부가 방역 소독 지침에서 소독제의 종류, 뿌리기 전과 후의 조치 사항과 주의 사항 등을 세세히 규정하고 있는 것은 바로 이 때문이다. 어린이 등이 잘 모르거나 실수로 소독제를 잘못 마셔 생긴 일종의 중독 사고의 경우뿐만 아니라 노동자가 지속적으로 유해 소독 성분에 노출돼 만성 중독에 걸려 두통, 천식, 기관지염, 피부염, 비염 등 피부 질환, 안과 질환, 호흡기 질환으로 고통을 겪은 사례가 국내외에서 매우 많이 보고돼 있다. 환경부가 운영하는 생활화학용품 안전 사이트인 '초록누리' 등에 들어가 보면 이를 알 수 있다.

코로나19 소독제로 쓰이는 성분은 에탄올에서부터 이소프로판올, 차아염소산나트륨, 과산화수소, 4급 암모늄(벤잘코늄염화물)에 이르기까지 매우 다양하다. 하지만 이들 성분 가운데 대다수는 인체에 유해하다. 예를 들어 4급 암모늄은 가습기 살균제에 사용돼 참사를 일으킨 성분 가운데 하나로 꼽는다. 이들 소독제 성분은 천식 등 호흡기 질환과 피부 자극을 일으킨다.

이런 사실을 안다면 누구든지 소독제가 꼭 필요한 경우에도 조심해서 최소한으로 사용해야겠다는 생각을 하게 될 것이다. 그렇지 않고 무분별하게 뿌려대면 뿌리는 사람이나 뿌린 곳에서 곧바로 생활해야 하는 사람의 건강과 안전을 위협하고, 유독성 소독제가 하천과 강 등으로 마구 흘러 들어가 생태계를 오염시키게 된다. 바이러스를 잡으려고 뿌린 소독제가 바이러스가 아닌 사람과 환경을 잡는 셈이다.

우리나라에서 소독제를 마구 뿌리기 시작한 것은 대구·경북 지역에서 갑자기 코로나19 확진자가 크게 증가하기 시작하면서부터다. 정부는 코로나19 방역에 군대를 참여시켰다. 재난 상황에서 우리는 민관군이 함께한 유구한 전통이 있다. 임진왜란이 대표적이다. 그 뒤부터 재난 상황이 생기면 민관군이 하나가 되었다. 문제는 코로나19 방역에 함께하기로 한 뒤 간호사 등을 대구·경북 지역까지 보낸 것까지는 좋았는데 무언가 국민들에게 눈에 띄는 것을 보여주어야 한다는 강박이 작용한 탓인지 길거리 소독에 군인들을 동원하기 시작했다는 점이다. 급기야는 화생방전에 사용하는 군 제독차량까지 동원해 길거리에서 소독제를 마구 뿌리는 장면을 연출했다. 처음 보는 장면에 신문과 방송은 앞다퉈 그 모습을 촬영해 크게 다루어주었다. 여기에 고무된 군당국은 대구, 서울, 광주 등 전국 곳곳에서 소독제 거리 살포 작전을 펼쳤다. 바이러스가 있지도 않은 거리에, 있다 하더라도 야외에서는 햇빛 자외선에 곧 바로 죽는데 왜 소독제를 살포하는지에 대한 의문을 대다수 시민과 언론은 제기하려는 생각조차 하지 않았다. 코로나19 앞에 모든 이성이 마비됐다.

▼ 경북 영천시의 한 방역 차량이 거리에 소독제를 마구 뿌리고 있다. 출처: 경북도청

▼ 경북 경산시가 가축 방역 차량을 동원해 텅 빈 도로 위에서 소독약을 뿌리고 있다. 출처: 경산시

나는 거리 방역을 하는 것을 다룬 뉴스를 보는 순간 '이건 아닌데' 하는 생각이 들었다. 그리고 얼마간 지켜보았다. 정부는 고치려는 생각이 없는 것 같았다. 오래전부터 알고 지내는 대한민국 최고의 감염병 전문가들한테 내 생각을 이야기했다. 대여섯 명의 내로라하는 전문가들 모두 의견이 일치했다. 그 가운데는 질병관리본부장을 가장 오랫동안 지낸 교수도 있었다. 그중 몇몇은 정부에 중단하도록 건의했는데도 말을 안 듣는다고 했다. 그리고 "안 기자가 글을 쓰시죠"라는 말을 덧붙였다. 그들이 부탁한 글은 프레시안에서 내가 연재하고 있던 '안종주의 안전사회' 칼럼에서 "방역 도움 안 되는 '거리 소독', 공포감만 부추길 뿐"(3월 2일자)이란 제목으로 올려졌다. 글 가운에 일부를 소개한다.

군부대, 지자체 거리 방역은 보여주기식 전시 행정의 전형

정부는 또 방역에 아무 도움이 안 되는 도로와 거리 소독을 계속 벌이는 등 엉터리 방역을 벌이고 있어 전문가들의 비판을 받고 있다. 거리와 건물 외벽, 확진자가 다녀가지 않은 곳까지 대대적인 소독을 하는 것은 대표적인 보여주기식 전시 행정이라는 지적이다.

군부대와 지자체 등 정부 기관과 민간 기관 할 것 없이 앞다퉈 코로나19 감염 예방이나 확산 저지와는 무관한 야외 소독을 계속 벌이고 있어 눈살을 찌푸리게 만든다. 전문가들은 당장 이런 방역을 중단해야 한다고 지적하고 있다. 그 대신 확진자가 다녀간 공간에 있는 문손잡이 등 확진자가 만졌을 가능성이 있는 곳을 일일이 소독제로 꼼꼼하게 닦아주거나 머물렀던 곳 등을 소독하는 것이 가장 중요하다고 강조한다.

지난달 27일 오전 육군 제50보병사단은 대구 대명로 일대 도로에서 코로나19 확산을 막기 위해 화생방 제독 차량 1대를 동원해 제독 작전을 실시하고 방진복을 착용한 40여 명의 장병들을 동성로 일대에 투입해 주변 건물 방역과 소독 작전을 펼쳤다. 지난달 11일에는 군 제독차량이 광주 광산구 도심 도로를 소독했다. 이와 관련한 사진이나 영상을 본 사람 그리고 현장에서 이를 지켜본 시민들은 군 제독 차량까지 나와 거리까지 소독해야 할 정도로 코로나19가 정말 무섭구나 하는 공포를 가졌을 것이다.

강동구청은 관내에 위치한 명성 교회의 부목사가 지난달 25일 코로나19 확진 판정을 받자 구청 직원들이 다음 날 오전 부랴부랴 이 목사의 동선과도 관계가 없는 강동구 명일 시장에 나가 도로 방역 소독을 벌였다. 어처구니없는 전시 행정이다. 그런데도 언론은 열심히 사진을 실어준다.

이런 쓸데없는 방역은 인력과 예산만 낭비하는 것이다. 최근 대구·경북 지역의 급속한 유행과 전국적 확산으로 인력과 물자를 아껴 쓰고 효율적으로 사용해야 할 때인데도 이를 무시하고 있는 것이다. 거리를 지나가는 것만으로 또는 확진자가 다녀간 건물을 나중에 방문한 것만으로 감염된 사례는 아직 없다.

거의 대부분의 언론은 이런 전시성 방역 행정에 대해 무비판적으로 확대 보도만 하고 있다. 이 때문에 언론 본연의 사명인 사회적 감시견 노릇을 전혀 하지 못하고 있다는 비판을 받고 있다. 보여주기식 엉터리 방역 소독이 혹 그럴듯한 사진이나 영상을 원하는 언론에 의해 이루어진 것은 아닌지 의심스럽다. 이는 과잉 대응이 아니라 공포만 부추길 뿐 아무런 실익이 없는 엉터리 대응이다.

하지만 이런 지적에도 정부와 지자체 어느 곳도 꿈쩍하지 않았다. 방역당국은 해명 보도 자료조차 내지 않았다. 우리 사회는 한술 더 떠 드론까지 동원해 공중 방역에 나섰다. 코로나바이러스가 모기나 파리 등 해충도 아닌데 말이다. 그래서 다시 정부를 질타

했다. 3월 5일자에 실린 "드론으로 코로나 방역? 황당 대책, 언론도
공범-엉터리 드론 방역 당장 중단시켜야"라는 제목의 칼럼 중 일부
를 간추려 싣는다.

코로나19 방역을 위해 방역 드론단을 꾸린 대한적십자사가 띄워 올린 드론의 모습이다.
출처: 대한적십자사

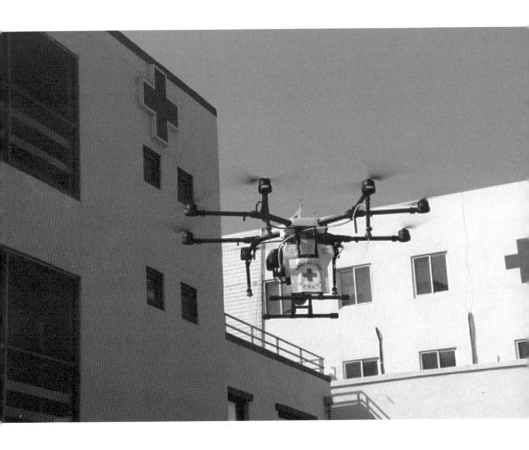

엉터리 방역 소독이 전국적으로 확산되고 있다. 코로나19 바이러스만큼이나 빨리 퍼져나가고 있다. 군 제독차량이 도로, 길거리 등 아무 효과가 없는 야외 소독을 하는 것도 모자라 이제는 지자체, 공공기관들 사이에서 드론을 활용한 항공 방역 소독이 유행병처럼 퍼지고 있다. 지난 3일부터 연인원 수천 명을 동원한 드론 방역이 전국 곳곳의 학교와 지역에서 일제히 이루어지고 있다.

드론 방역 소독, 비전문가들이 만들어 퍼트린 악성 바이러스

전문가들은 군 제독차량을 활용한 거리 소독과 드론 항공 소독의 실제 방역 효과는 제로라고 강조하고 이를 중단할 것을 지적해왔다. 하지만 비전문가 집단인 행정 관료, 군인, 지자체단체장, 공공기관장 등은 이에 아랑곳하지 않고 국민의 불안을 잠재우고 관심을 끈다는 이유로 거리 소독과 항공 소독을 멈추지 않고 있다.(중략)

코로나19 감염병의 지역 확산으로 전국 초중고 개학이 3주나 연기돼 일러도 3월 말에 학교가 문을 열 예정이다. 대학들도 최소 2주간 개강을 연기했다. 아무도 없는 이들 학교의 운동장, 학교 주변, 학교 건물 등에 대해 감염병 예방과 확산에 아무런 도움이 되지 않는 방역 소독을 지자체와 공공 기관이 일제히 벌이고 있다.

전국은 지금 드론 방역 열풍, 예산·인력 낭비 심각

4일 오전 경기도 안산시 단원구 신안산대학교에서 안산시 드론방역봉사단이 코로나19 예방을 한다며 드론 방역을 했다. 이날 경남 창원시 성산구 반송여중에서도 해양환경공단 직원들이 드론으로 학교 시설물에 대한 방역 작업을 벌였다.

대한적십자사도 대구 지역 코로나19 확산 방지를 한다는 명목으로 3일부터 대구 지역에 있는 공원 등 다중 이용 시설에 드론 방역 활동을 시작했다. 경기도 성남시도 코로나19 감염병을 효과적으로 차단한다며 드론 항공 방역을 실시했다. 전북 정읍시도 3일부터 13일까지 지역 내 초·중·고 학교와 23개 읍·면·동 등 공공 시설 161개소를 중심으로 드론 방역을 실시하기로 했다.

충북 충주시도 산척면 일원과 산척초등학교를 중심으로 산척중, 엄정초, 신명중, 충원고 등 5개 학교에 대해 긴급 드론 방역 활동을 펼쳤다. 강원 영월군은 개학을 앞둔 지역 내 초·중·고 34곳 학교 운동장 및 건물 외곽 등에 드론을 이용한 방역을 실시할 예정이라고 밝혔다.

이 칼럼이 실린 며칠 뒤 KBS 울산방송국 정민규 기자한테서 전화가 왔다. 자신도 드론 방역이 잘못된 것이라는 생각이 들었는데, 내 칼럼을 보면서 자신의 생각이 더 확고해졌다면서 인터뷰를 하자고 했다. 그리고 나서 3월 10일 거리 소독과 드론을 활용한 항공 소독은 전혀 방역 효과가 없다는 KBS의 비판 보도가 나갔다. 3월 12일에는 YTN 방송이 앵커 리포트로 총선 후보자들이 길거리에서 분무기로 소독약을 뿌려대는 것이 방역 효과가 없다며 비판 보도를 했다. 이 방송은 정은경 본부장이 3월 9일 한 발언을 중간에 삽입했다. "드론 방역에 대해서는 현재 저희가 볼 때는 그렇게 오픈된 공간에 소독제를 살포하는 방식보다는 사람들의 손이 많이 가는 이런 접촉 표면들을 락스나 알코올로 닦아주는 그런 소독이 가장 유효한 소독 방법이라고 생각합니다."

당시 정은경 중앙방역대책본부장이 야외 소독과 건물 내부 분무 소독은 효과가 낮으므로 사람의 손이 닿을 수 있는 물건과 물체를 일일이 소독제로 닦아주는 것이 좋다고 브리핑에서 말한 것을 일부 언론이 기사로 다루었지만 눈에 띄게 크게 다루지는 않았다. 그리고 다시 거리 소독, 드론 소독은 점점 언론의 감시 대상에서 멀어졌다. 정부도 소독 지침만 내려보낼 뿐 별다른 강력한 조치를 하지 않았다.

거리 소독은 그 뒤 주춤한 편이지만 완전히 사라지지 않고 언론 지면과 화면에 가끔 등장한다. 드론을 활용한 항공 방역은 학교 등을 중심으로 더욱 기승을 부리고 있다. 해경과 광역지자체는 적극 나서 드론 방역을 권장하거나 직접 활동을 벌인다. 언론은 하루가 멀다 하고 이를 홍보해준다. 인터넷 포털사이트에서 '드론 방역' 키워드를 넣으면 이를 한눈에 알 수 있다. "울진 해경, 바다의 날 기념 민관 합동 드론 활용 코로나 방역 활동 실시"(『대경일보』 6월 2일), "드론 띄워 학교 방역 나섰죠"(『경남매일』 5월 26일), "장흥 장평초, 드론을 이용한 방역 소독 실시"(『교육연합신문』 5월 28일) 등 다수의 기사가 검색 결과로 나왔다. 이 외에도 드론 방역 활동에 관한 홍보성 보도 기사를 엄청나게 많이 볼 수 있다. 경기도는 정부가 야외 방역을 사실상 하지 말라는 지침을 내려도 아랑곳하지 않고 오히려 가이드라인까지 만들어 드론 방역을 활성화한다고 한다.

언론 가운데 팩트 체크 전문 매체인 뉴스톱과 『과학동아』 등이 가장 줄기차게 코로나19 소독의 문제점을 파헤쳐왔다. 특히 뉴스톱은 그동안 몇 차례 관련 보도를 해오다 6월 22일부터 6월 25일까지는 "K-방역의 그늘, 시늉에 그친 코로나19 소독"이란 타이틀로 기획 연재를 통해 네 차례에 걸쳐 다음과 같은 내용으로 연속 보도했다. ① 전국 지자체, 코로나19 잡는다며 살충제 뿌렸다 ② 길거리 소독, 세금을 '길에 뿌린' 지자체 ③ '소독약 뿌리는 장면' 반복 보도, 언론도 공범 ④ 뿌리면 오히려 위험하다, 닦고 문 열고 손 씻기!

사람이든, 정부든, 공공 기관이든 실수는 할 수 있다. 하지만 잘못된 것을 알았을 때는 이를 즉각 고치는 것이 중요하다. 코로나19를 맞아 우리는 엉터리 소독에 목을 매달 이유가 없다. 이 문제는 결코 사소한 것이 아니다. 세계보건기구가 엉터리 거리 소독과 항공 소독에 대해 일침을 놓은 데는 다 이유가 있다.

사실 이런 문제는 질병관리본부장, 장관이나 총리 등이 기자들 앞에서 강한 어조로 한마디만 하면 쉽게 해결될 수 있는 성격의 일이다. 코로나19 범유행 시대에 우리가 관심을 가지고 해야 할 일은 차고 넘친다. 엉터리 소독으로 국민의 건강을 해치고 환경을 오염시키며 국력을 낭비하지 말자. 길거리 소독과 드론 소독은 K-방역의 오점이다. 나중에 '코로나19 백서'를 만들 때 반드시 이 부분을 성찰하는 내용이 들어가야 할 것이다.

코로나19가 유행을 하자 텔레비전에서는 감염병 재난 영화를 반복적으로 방영했다. 대표적인 것이 할리우드 영화 〈컨테이젼〉과 한국 영화 〈감기〉였다. 특히 코로나19 상황과 스토리가 매우 유사했던 〈컨테이젼〉은 여러 번 반복해서 방영되었다. 이들 영화를 포함해 거의 대부분의 감염병 재난 영화가 선보이는 서사는 엇비슷하다. 감염병의 갑작스러운 등장, 원인을 알 수 없는 치명적 질병, 수많은 죽음과 공포 그리고 대혼란, 온갖 인간 군상과 영웅 내지는 구세주와 같은 과학자의 등장이 내용의 주를 이룬다. 영웅이나 과학자는 대개 백신 내지는 치료제를 두 손에 들고 등장한다. 때론 백신이나 치료제를 확보한 제약 회사나 정치인이 이를 무기로 세계를 지배하거나 떼돈을 벌려고 하다 결국에는 파멸의 길로 가는 권선징악 스토리도 있다. 그리고 웬만한 재난 영화는 대부분 해피엔딩으로 끝난다. 인간이 백신과 치료제를 구하기 위해 전쟁을 벌이다 결국 이에 성공해 구원을 받는 내용인 것이다. 인류 멸망이 현실이 될 것 같이 스토리가 전개되다 마지막에는 '그래도 인류는 결코 사라지지 않는다'는 메시지와 함께 막을 내린다. 우리는 이런 재난 영화 서사에 매우 익숙하다. 영화는 허구이지만 우리 뇌에 각인된 줄거리는 감염병에 직면한 사람들에게 알게 모르게 상당한 영향을 끼친다.

이런 영화를 본 적이 없는 사람이라 할지라도 치명적 감염병이 유행하면 영화에서처럼 모두가 예방 백신과 치료제를 갈구한다. 신이 존재한다 하더라도 그 신은 지금까지 단 한 번도 감염병이 발생하는 것과 창궐하는 것을 막지 못했다. 중세 흑사병이 대유행을 했을 때 일부 기독교도들은 자신의 몸을 채찍으로 때리는 등 고행의 길을 걸으면서 신에게 속죄하는 것으로 흑사병에 걸리지 않기를 기도했지만 아무런 소용이 없었다. 감염병이 신이 내린 형벌이 아닌 것을 아는 현대에서는 현명한 사람들이라면 신에게 기도하는 대신 제약 회사나 과학자들이 예방 백신이나 치료제를 만들어줄 것을 기도한다. 감염병 창궐 앞에 목숨을 내맡긴 현대인들에게 백신은 구세주다. 지존이다. 희망이다. 특별하다. 개인에게는 병원체에 대한 저항력을, 공동체 구성원들에게는 집단면역을 만들어주기 때문이다.

감염병의 역사에서 백신과 치료제는 신을 대신할 만한 힘을 발휘한 적이 여러 번 있다. 가장 대표적인 것이 두창이다. 백신의 역사는 두창과 함께 시작했다. 우리가 오랫동안 일본식 이름인 천연두로 불러왔던 그 감염병이다. 두창은 오랜 세월 감염병의 제왕으로 군림하다 두창 백신이라는 강력한 천적을 만나 하루아침에 지구상에서 사라지고 말았다. 에드워드 제너(Edward Jenner)라는 영국 의사가 그 놀라운 일의 신호탄을 쏘아올렸다. 그는 우두(牛痘)법

에드워드 제너의 초상화이다. 출처: 위키피디아

의 창시자이다. 1792년, 스코틀랜드의 세인트앤드루스 대학에서 의학 박사 학위를 받은 그는 1773년 고향 마을에서 개업의가 되었다. 1775년 무렵부터 두창에 관심을 기울이게 되었는데 이 지방에서는 우유 짜는 소녀(또는 부인)가 소두창(우두)을 경험한 뒤에는 사람이 앓는 두창에 걸리지 않는다는 것이 알려져 있었다. 결정적 순간을 놓치지 않은 인물들이 위대한 업적을 낳은 서사가 우리에게 감동을 준 사례는 오랜 세월 동안 이어져 내려온다. 고대 그리스 때 목욕탕에서 몸을 담그는 순간 물이 넘치는 것을 보고 부력의 원리를 깨달은 아르키메데스(Archimedes)가 "유레카"를 외치며 뛰쳐 나왔다는 일화나 사과나무 밑에 누워 휴식을 취하던 영국의 아이작 뉴턴(Isaac Newton)이 만유인력의 법칙을 깨달았다는 이른바 '뉴턴의 사과' 등이 대표적인 보기이다. 젖 짜는 소녀와 우두법의 발견도 그 서사 대열에 합류했다.

암소는 라틴어로 바카(vacca)라고 하는데, 프랑스의 미생물학자 루이 파스퇴르(Luis Pasteur)가 거기에서 이름을 따와 백신(vaccine)이라고 부른 것이다. 제너가 우두법을 고안했을 때 두창이라는 무시무시한 감염병이 지구상에서 완전히 사라질 것으로는 생각하지 않았다. 하지만 인류는 제너가 숨진 뒤 150여 년이 지나 1977년 드디어 불멸로 보였던 두창바이러스를 물리쳤다. 그 과정을 자세하게 모른다 하더라도, 감염병에 깊은 관심을 가진 사람이 아니라 할지라도, 두창의 종식 자체는 모두 다 아는 역사적 사실이다. 세계는 여기에 힘입어 지금 세계보건기구를 중심으로 바이러스 감염병인 소아마비를 영구 퇴치하기 위해 힘을 쏟고 있다. 현재 9부 능선을 넘어 마지막 고지 점령만 남은 상태다. 극히 일부 후진국 등에서만 소아마비가 발생하고 있다. 이 때문에 현대인이라면 백신의 힘을 알고 있다. 모두들 어릴 때 여러 종류의 백신을 맞은 경험이 있고 지금도 자녀나 손주들이 태어나면 백신을 의무적으로 맞게 하고 있다.

제임스 길레이(James Gillray)가 1802년 제너가 우두 예방접종을 하는 모습을 풍자적으로 묘사한 캐리커처. 몸에서 소가 싹터 나올 것 같은 두려움을 지닌 사람들을 우스꽝스럽게 표현했다.
출처: 위키피디아

코로나19가 일반 감기와는 달리 많은 생명을 앗아가는 무서운 감염병임이 드러나자 각 나라들은 백신 개발에 힘을 쏟고 있다. 세계적 제약 회사들도 사활을 걸고 매달리고 있다. 과학자들도 자신의 명예와 업적을 쌓기 위해 밤낮으로 개발에 사력을 다하고 있다. 다국적 제약 회사는 그들대로, 생명 공학 기업들은 그들대로 최초의 코로나19 백신 개발 기업이라는 영광과 부(富)를 누리기 위해 최고의 연구 인력과 엄청난 개발 비용을 아끼지 않고 쏟아붓고 있다.

먼저 백신을 개발하려면 바이러스에 대해 잘 알아야 한다. 백신은 바이러스가 살아 있는 생백신이나 죽은 사백신, 그리고 항원만 모은 백신 등으로 나뉜다. 코로나19 바이러스는 29.8Kb(1Kb 즉, 1킬로베이스는 1천 개의 염기) 정도 되는 길이의 유전체를 가지고 있다. 이 정도의 유전체 길이는 사람에 견줘 1만 분의 1 정도에 지나지 않으며 이는 27개 단백질 정도를 만들어낼 수 있는 유전자이다. DNA는 아데닌, 티민, 구아닌, 시토신 등 4개의 염기의 조합이고 RNA는 이 가운데 티민 대신 우라실이 들어간다. 코로나19바이러스의 염기 순서는 이미 해독되어 유전자은행인 진뱅크(GenBank)에 공개됐다. 진뱅크는 미국 국립생물공학정보센터(NCBI)가 운영하는 세계적인 생물의 염기서열 공공 데이터베이스이다. 이 데이터베이스는 월터 고드와 국립로스앨러모스연구소가 1982년에 시작했다. 그 이후 약 3개월간 전 세계 과학자들이 이 바이러스의 정체를 밝히기 위해 1,300여 편의 논문을 발표했고, 130건이 넘는 임상 시험이 진행 중에 있다. 2019년 12월 8일 중국에서 코로나19 첫 증례가 보고된 뒤 2020년 1월 6일 바이러스가 처음 분리되어 동정됐다. 그 뒤 나흘 만인 1월 10일 바이러스 게놈을 해독하고 진뱅크에 처음 등록되었다. 그리고 전 세계 과학자들은 자국에 코로나19 발병 환자 사례가 나오면 검체를 확보해 게놈 해독과 분석을 통해 데이터를 진뱅크 또는 국제인플루엔자정보공유기구(GISAID)에 공개하고 있다.

바이러스 게놈 해독이 중요한 까닭은 바이러스가 변신의 귀재이기 때문이다. 특히 코로나19바이러스와 같은 RNA바이러스는 더욱 그렇다. 바이러스 게놈을 열심히 해독해 바이러스의 모습을 몽타주로 만들어 수배령을 내렸는데 순식간에 변장을 해 다른 모습으로 나타난다면 이를 알아볼 길이 없다. 변장을 하긴 했지만 살짝만 바뀌어 눈썰미가 좋은 사람이 구별할 수 있는 정도라면 다행이다. 코로나19바이러스의 경우에는 유럽과 미국, 중국과 동아시아 지역에서 유행하고 있는 종류가 약간 다르기는 하지만 영화에서처럼 악명 높은 범죄자가 자신의 얼굴을 완전히 뜯어고치는 '페이스 오프(face off, 원래는 아이스하키에서, 경기를 시작하거나 재개할 때에 양 팀의 센터가 마주 서서 심판이 떨어뜨려 주는 퍽을 스틱으로 빼앗는 동작을 말하지만 여기서는 영화 〈페이스 오프〉에서 따온 말임)' 정도의 완전 성형 수술을 한 것은 아니다. 현재로서는 사실상 같은 '놈'으로 보아도 좋다. 백신 개발에 청신호다. 물론 그렇다고 해서 백신을 뚝딱 만들어낼 수 있는 것은 아니다. 백신 개발이 그리 쉬운 일은 아니다. 그 이유는 나중에 다시 깊이 들여다보기로 하고 먼저 세계 각국의 과학자와 제약 회사들이 코로나19를 정복하게 해주는 '절대반지' 백신 개발이 어디까지 와 있나 살펴보자.

2020년 5월 18일은 5·18광주민주화운동 40주년을 맞이하는 날이었다. 이날 미국 증시에서 한 바이오벤처 주식이 무려 20%가량 급등했다. 모더나(Moderna)라는 회사였다. 모더나는 자신들이 개발 중인 코로나19 백신의 초기 임상 시험에서 참가자들 전원에게 항체가 생성됐다고 밝혔다. 모더나는 45명을 대상으로 15명씩 세 그룹으로 나눠 백신 후보 물질 'mRNA-1273'을 각각 25㎍(마이크로그램, 1천 분의 1그램), 100㎍, 250㎍씩, 약 28일의 간격을 두고 두 차례에 걸쳐 투여한 결과 약 2주 후 최소 8명(25㎍ 4명, 100㎍ 4명)의 시험 참가자에게서 바이러스를 무력화하는 중화항체(neutralizing antibodies)가 형성됐다고 발표했다. 이 회사는 100㎍ 그룹에서는 코로나19에 감염됐다가 회복된 사람을 능가하는 수준의 항체가 만들어졌고 25㎍ 그룹에서도 코로나19에 감염됐다가 회복된 사람과 비슷한 수준의 항체가 형성됐다고 덧붙였다.

이 시험 백신의 부작용이 전혀 없는 것은 아니었다. 1명에게서 백신 접종 부위가 붉게 달아오르는 증상이 보였고 중간 용량 집단 중 3명에게서 일시적으로 전신이 다소 붉어지는 증상이 있긴 했지만 심각한 백신 부작용에 시달린 사람도 없었다는 점도 매우 고무적이었다. 아무리 효과가 좋더라도 부작용이 심하면 백신으로서 효용 가치가 뚝 떨어지기 때문이다. 모더나는 7월 3차 임상 시험을 거쳐 2021년 초 백신 출시를 목표로 하고 있다고 전했다. 2020년 대선을 앞두고 백신과 치료제 개발에 목을 매고 있는 트럼프 대통령도 이 소식에 가만히 있을 리 없었다. 이 소식을 듣자마자 곧바로 "오늘은 치료제와 백신과 관련해 매우 중대한 날이었으며 엄청난 진전이 있었다. 이 덕분에 증시가 거의 1,000포인트 올랐다"는 기쁨의 트윗을 날렸다. 하지만 기쁨은 잠시뿐이었다. 이 발표로 모더나 사의 주가는 급격히 뛰었다. 한데 이 회사의 CEO와 다른 임원들은 자신들의 보유분을 대량으로 판매하기 시작했다. 백신 개발이 성공적으로 이루어진다면 주식이 대박을 칠 것이 분명하고 따라서 당장 가격이 올랐다고 팔아치울 하등의 이유가 없음에도 임원들이 대거 매각하자 대중은 의구심이 들었다. 주가 띄우기 전략으로 이런 발표를 한 게 아니냐는 것이다. 증시의 세계에서 사기 내지는 아직 익지 않은 감을 홍시처럼 여기게끔 만드는 조작은 늘 있어왔기 때문이다. 『월스트리트 저널』은 "백색의 모더나 주식을 주의해서 다루어야 한다"고 밝혔다. 미국 의료 전문지 『스태트 *STAT*』는 "백신 전문가들은 모더나가 코로나19 백신을 평가하는 데 중요한 데이터를 생산하지 않았다"고 말했다. 미국 언론과 전문가들은 백신의 효과에 대한 우려를 나타내는 보도를 하거나 문제점을 지적했다. 이 때문에 19일 뉴욕 증시는 사흘을 버티지 못하고 급락했다.

코로나19 백신의 선두 주자인 모더나의 백신이 마지막 관문까지 무사히 통과해 인류를 구해줄 구세주가 될 수 있을지 현재로서는 장담할 수 없다. 모더나 백신에 대한 회의적 시각 내지는 의구심이 있기는 했지만 모더나는 개발에 박차를 가하고 있다. 모더나 백신뿐만 아니라 현재 세계 각 나라들이 다양한 전략으로 백신 개발에 총력을 기울이고 있기 때문에 이르면 올 연말까지 늦어도 내년에는 백신이 대량 생산돼 실전에서 코로나19 대항 무기로 배치될 것이라는 조심스런 낙관론도 나오고 있다. 앤서니 파우치 미국 국립알레르기전염병연구소 소장도 유효한 백신이 곧 개발될 것이라는 낙관론에 방점을 찍었다. 국립알레르기전염병연구소와 **협력**해 백신을 개발하고 있는 모더나가 7월 3상 임상 시험에 들어갔다. 올 가을 아니면 늦어도 연내 실제 접종할 수 있을 것이라고 회사는 밝혔다. 개발의 마지막 임상 3단계에는 대규모 사람들을 대상으로 백신의 유효성을 검증하고 부작용을 살피게 된다. 모두 3만 명을 대상으로 미국뿐 아니라 미국 밖 지역에서도 임상 시험이 이루어진다.

백신 개발에 걸림돌로 작용하는 것이 부작용이다. 백신의 부작용과 관련해 유명한 사건이 있다. 감염병 역사 내지는 백신의 역사에서 결코 빼놓을 수 없는 이 사건은 1976년에 일어났다. 스튜어트 블룸(Stuart Blume)은 자신의 저서 『두 얼굴의 백신, *Immunization*』에서 이를 자세히 소개했다. 1976년은 당시까지 알려지지 않았던 레지오넬라증이 미국에서 집단 발병을 한 해이다. 이 감염병 유행 사건이 있기 몇 달 전인 그해 2월 뉴저지(New Jersey) 주 포트딕스(Fort Dix)에서 군에 입대한 신병 한 명이 1918년 대유행을 했던 스페인 독감과 비슷한 증상을 보였다. 방역당국은 그가 걸린 감염병을 일으킨 바이러스가 스페인 독감 바이러스와 매우 유사하다는 것을 확인했다. 비상이 걸렸다. 미국 정부는 20세기 초 전 세계를 초토화했던 무시무시한 스페인 독감이 다시 유행하는 것이 아닌가 하는 두려움에 빠졌다. 미국 정부 산하 백신접종자문위원회는 전국적으로 백신 접종 프로그램을 시행해 이 재출현 감염병에 맞서야 한다고 권고했다. 미국에서 감염병 대응 총사령부 구실을 하는 질병통제예방센터 소장도 연방 정부에 제약 회사와 백신 생산

계약을 맺어 모든 미국인들이 접종받을 수 있을 만큼 충분한 백신을 확보해야 한다고 조언했다. 당시는 대통령 선거가 코앞이었다. 백악관이 바삐 움직였다. 제럴드 포드(Gerald Ford) 당시 대통령은 고위급 회의를 열어 전문가들이 권고한 것을 따르기로 했다. 이에 따라 '전미 인플루엔자 백신 접종 프로그램'이 만들어져 가동됐다. 당시 1억 3천 7백만 달러가 이 프로그램에 투입됐다. 4천만 명이 넘는 미국인이 백신을 미리 맞았다. 하지만 미국 전체에 집단면역을 만들 수 있는 수준은 아니었다. 한데 그 신병을 제외한 어느 누구도 이 감염병에 걸리지 않았다. 외려 백신 접종을 한 사람 가운데 신경질환의 일종인 길랑바레증후군이 발생했다. 급성감염성다발신경염 또는 특발성다발신경근염으로도 불리는 이 질환은 말초 신경 계통의 손상으로 급격하게 근육이 힘을 쓰지 못하는 근 무력이 시작되는 병이다. 54명이 이 질환으로 진단받았다. 혹을 떼려다 혹을 하나 더 붙인 꼴이 되었다. 결국 이 백신 접종 프로그램은 중단될 수밖에 없었다. 그다음 대통령이 된 지미 카터(Jimmy Carter)는 질병통제예방센터 소장을 바꾸었다. 정부에 대한 미국 국민의 신뢰는 바닥에 떨어졌고 엄청난 혈세가 낭비됐다. 이 사건은 백신 개발을 할 때는 부작용에 대한 철저한 검증이 필요하다는 사실을 일깨워주었다.

실전에서 사용할 수 있는 백신을 개발하려면 몇 가지 난관을 통과해야 한다. 먼저 항체가 만들어져야 한다. 그것도 충분한 항체 양이 되어야 한다. 전문 용어로는 역가가 높아야 한다고 말한다. 만약 만들어지는 항체 양이 적다면 증폭하기 위해 한두 차례 더 백신을 접종받아야 한다. B형 간염 백신이 대표적이다. 첫 번째 난관을 돌파한다 하더라도 그다음 단계가 기다리고 있다. 항체가 충분한 기간 동안 지속되어야 한다. 적어도 6개월 이상 1년은 항체가 몸 안에서 유지되어야 한다. 1년 이상 더 오래 갈수록 좋다. 항체 지속성은 백신에서 매우 중요한 요소 가운데 하나이다. 금상첨화는 한 번 맞으면 평생을 사람 몸속에서 '해로'하는 것이다. 바이러스 감염병인 수두, 홍역, 풍진 등이 그러했다. 여기서 끝이 아니다. 부작용이 없어야 한다. 앞에서 소개한 것처럼 길랑바레증후군을 비롯해 생명과 건강을 위협하는 부작용이 있거나 부작용 사례가 많이 나온다면 불합격이다.

세계보건기구가 2020년 5월 22일 밝힌 것을 보면 전 세계에서 과학자들과 제약 회사 등이 124종의 코로나 백신을 개발 중이다. 시간이 지나면서 개발 중인 코로나 백신이 약간 더 증가할 수는 있겠지만 개발에 뛰어들 만한 곳은 대부분 참여하고 있기 때문에 그 수가 크게 증가하지는 않을 것으로 보인다. 이들이 벌이는 백신 개발 전략은 크게 4가지로 나뉜다. 미국 모더나와 이노비오(Inovio)처럼 유전 물질인 RNA나 DNA를 이용한 유전자 백신이 있고, 생명공학기술(biotechnology)인 유전자 재조합 기술(DNA recombinant technology)을 사용해 코로나바이러스의 유전자를 해가 없는 다른 바이러스에 집어넣은 유전자 재조합 백신, 바이러스 자체의 독성을 사람에게 감염을 일으키지 않을 정도로 약화시켜 만든 백신, 그리고 바이러스의 항원 구실을 하는 표면 단백질 조각을 이용한 백신 등이 있다.

세계적 제약 회사인 머크(Merck)는 이 가운데 유전자 재조합 백신 개발에 열을 올리고 있다. 사스코로나바이러스2 즉, 코로나19 바이러스가 인체 세포에 달라붙을 때 쓰는 스파이크(돌기) 단백질을 만드는 유전자를 인체에 해가 없는 다른 바이러스에 넣어 주사하는 방식이다. 이렇게 하면 인체에서는 아무런 증상이 나타나지 않은 채 실제 코로나19바이러스를 만났을 때처럼 면역 반응이 유도돼 몸에 항체가 만들어진다. 머크는 유전자 재조합 백신 전략 가운데 복제가 가능한 약독화된 전달체(벡터, vector)를 이용하는 방식을 택했다. 복제 가능한 바이러스를 전달체로 이용하면 몸 안에서 면역 반응을 유도하는 코로나바이러스의 돌기 단백질 생산을 촉발하는 유전자가 인체에 많이 만들어지며 그 결과 면역 반응이 더 강하게 유도돼 많은 항체가 만들어질 수 있는 장점이 있다. 우리 몸에 바이러스라는 적에 대항할 수 있는 강력한 군대가 생기는 셈이다.

머크가 선택한 유전자 전달체는 복제가 가능한 수포성구내염바이러스(VSV, Vesicular Stomatitis Virus)이다. 이 바이러스는 소, 돼지 등 가축에서만 구내염을 유발하고 인체에는 무해하다. 머크가 이런 개발 전략을 택한 이유는 이미 에볼라 백신 개발 때 수포성구내염바이러스를 이용한 유전자 재조합 백신을 성공시킨 바 있기 때문이다. 머크는 국제에이즈백신계획(IAVI)과 수포성구내염바이러스를 이용한 코로나 백신 개발을 진행하기로 했다. 국제에이즈백신계획은 이미 같은 방식으로 라싸열, 마버그열 등 여러 바이러스 감염병에 대한 백신 개발을 진행했다. 국제에이즈백신계획은 미국 보건복지부한테서 거액의 백신 연구비를 지원받았다.

베이비파우더 등 생활용품과 타이레놀 등 의약품을 만들어내 일반 시민들에게도 그 이름이 친숙한 미국의 존슨앤드존슨도 유전자 전달체를 사용한 백신 개발에 나섰다. 존슨앤드존슨의 자회사인 얀센은 감기를 일으키는 아데노바이러스에 코로나19바이러스의 유전자를 집어넣은 백신을 개발하고 있다. 이 바이러스는 사람 몸 안에서 복제되지 않도록 미리 손을 써놓았다. 프랑스 파스퇴르 연구소도 백신 개발을 벌이고 있다. 이 연구소는 유전자 전달체로 홍역 바이러스를 선택했다. 홍역 바이러스 역시 독성을 크게 줄여 인체에 해가 없다. 그 대신 머크처럼 복제가 가능한 바이러스를 택해 면역 반응을 크게 유도할 수 있는 전략을 구사하고 있다.

극히 일부를 제외하고 거의 모든 감염병에는 백신과 함께 치료제가 '마법의 탄환' 구실을 해줄 것으로 보고 과학자와 제약 회사 등은 '묘약' 개발에 나선다. 감염병의 판도를 바꾸어놓는 데 어찌 보면 백신보다는 치료약이 그동안 더 큰 구실을 한 것으로 볼 수 있다. 다름 아닌 항생제다. 항생제는 정말 우연의 산물로 세상에 등장했다. 페니실린의 발견의 역사를 아는 사람은 이를 잘 알고 있을 것이다. 항생제는 바이러스에게는 무용지물이지만 세균 감염병에는 기적의 물질이었다. 한때 감염병 세계에서 호령했던 많은 병원성 세균들이 지금은 페니실린, 암피실린, 에리트로마이신, 스트렙토마이신, 세팔로스포린, 반코마이신, 메티실린 등 1940년대 이후 계속 나오고 있는 다양한 항생제 앞에 무릎을 꿇고 있다. 특히 이들 항생제 가운데 어떤 것은 한두 종류의 병원균이 아니라 아주 많은 종류를 깡그리 죽일 수 있는 광범위 항생제여서 그 위력을 발휘한다. 물론 최근 들어서는 이런 항생제에 내성을 보이는 다제내성균,

일명 '슈퍼 박테리아' 때문에 인간이 새로운 골머리를 앓고 있어 항생제가 감염병 퇴치에 절대적이지는 않다.

하지만 이런 항생제도 바이러스에는 아무짝에도 쓸모없다. 아무리 많은 항생제를 투여해도, 여러 종류를 한꺼번에 투여해도, 항생제 가운데 가장 강력한 효과를 발휘하는 종류를 사용해도 바이러스에는 소용없다. 세균과 바이러스는 구조가 완전히 다르고 사람 몸에 들어온 뒤 자손을 불리는 장소도 전혀 다르기 때문이다. 세균이 세포 속이 아니라 세포와 세포 사이의 간질이나 혈액에서 서식하는 것과 달리 바이러스는 세포 안에서 자신을 닮은 '새끼'를 쳐서 세포 밖으로 나온다. 이때 사람 등 숙주 세포의 막을 훔쳐서 나온다. 이것으로 자신의 외투를 삼는다. 바이러스의 껍질이 인지질로 되어 있는 경우가 많은 까닭이 여기에 있다.

따라서 바이러스를 죽일 수 있는 약을 찾는 것은 쉬운 일이 아니다. 세포 속에 들어가 있는 바이러스를 죽이려면 약물이 세포 안으로 들어가야 하고 그렇게 되면 세포에도 치명상을 가할 수 있기 때문에 위험하다. 또 항바이러스제가 모든 바이러스 내지 아주 많은 종류의 바이러스를 무력화할 수 있으면 좋으련만 그런 만능약 내지는 항바이러스약은 사실상 없다. 그런 약의 탄생은 인류의 희망이기도 하고 '바이러스 버스터즈'들의 꿈이기도 하다. 하지만 항바이러스약은 한 종류 또는 몇몇 종류의 바이러스에 대해서만 효과를 발휘한다.

현재 코로나19 환자를 치료할 수 있는 약제로는 렘데시비르(Remdesivir)가 첫손가락에 꼽힌다. 지금까지 등장하지 않은 완전히 새로운 약을 개발해 코로나19에 사용하는 것은 너무나 시간이 오래 걸리는 더딘 작업이기 때문에 거의 모든 나라와 제약 회사들이 이미 개발돼 다른 용도나 다른 바이러스를 잡는 데 사용한 것들 가운데 쓸 만한 것을 찾고 있다.

렘데시비르는 미국 바이오 제약 회사인 길리어드 사이언스(Gilead Sciences)가 개발한 항바이러스제로 정맥 주사로 투여한다. 렘데시비르는 미국과 인도에서 응급 사용이 승인되었고 일본에서 심각한 증상이 있는 사람에게 사용할 수 있게 되었다. 우리나라에서도 2020년 6월 긴급 특례 수입을 허용해 7월 초 2명에게 이를 투여하는 등 중증·위중 환자 33명에게 우선 투약했다. 투약 대상은 폐렴을 앓으면서 산소 치료를 받고 있고, 증상이 발생한 뒤 10일이 지나지 않은 환자로 제한된다. 이런 결정은 우리나라 신종감염병 중앙임상위원회(위원장 오명돈 서울대 감염내과 교수)가 렘데시비르를 코로나19 치료제로 사용할 것을 권고했기 때문이다.

미국 국립보건원은 자신들이 한 임상 시험에서 렘데시비르가 코로나19 환자의 회복 기간을 15일에서 11일로 단축했다고 밝혔다. 이 결과는 2020년 5월 22일 세계적인 의과학학술지인 『뉴잉글랜드 의학저널 *NEJM*』에 실렸다. 전 세계 10개국, 73개 의료 기관에서 코로나19 폐렴 환자 1,063명을 대상으로 임상 시험을 벌여 자료 분석이 가능한 1,059명을 추린 결과였다. 서울대 의대도 여기에 참여했다. 미국은 렘데시비르 50만 명 분량을 구입하기로 길리어드 사이언스 쪽과 합의했다고 6월 30일 발표했다. 이는 7~9월까지 3개월간 생산되는 물량의 대부분이다. 미국이 많은 물량을 선점하고 나서자 유럽연합 쪽도 불안을 느껴 본격적으로 물량 확보에 나섰다. 백신 확보 전쟁에 이어 코로나19 치료제 확보를 둘러싸고도 국가 간 치열한 경쟁이 이루어질 것으로 보인다.

물량 확보도 문제지만 가격 또한 만만치 않다. 치명적 감염병의 백신이나 치료제는 생사와 관련된 문제이기 때문에 비싸다고 해서 포기할 수 없는 성격을 띠고 있다. 길리어드 사이언스는 한 병당 가격을 47만 원으로 책정했다. 열흘간 주사를 맞는다면 687만 원가량의 비용이 들어간다. 개인, 특히 서민들에게는 상당한 부담이 되는 돈이다.

이 약은 간 염증, 메스꺼움, 저혈압, 발한 등의 다양한 부작용을 일으킨다고 보고됐다. 원래 C형 간염을 치료하기 위해 개발된 이 약은 그 뒤 에볼라와 마버그열 치료를 위해 임상 시험이 이루어졌지만 모두 효과가 없었다. 또 사스코로나바이러스와 메르스코로나바이러스를 포함한 여러 RNA바이러스에 항바이러스 활성이 있는 것으로 나타났지만 이들 바이러스 감염병 치료제로는 승인되지 않았다.

렘데시비르는 우리가 개발하려는 코로나19 치료제 가운데 화합물에 기초한 치료제이다. 이 밖에 코로나19 치료에 혈장과 항체를 사용하는 방법이 있다. 우리나라는 이 3가지 전략을 모두 동원해 치료제 개발을 추진하고 있다.

우리 정부는 미국이 개발을 주도하고 있는 렘데시비르와는 다른 기존 약물을 코로나19 치료에 적용하려는 계획을 세워 추진하고 있다. 정부가 2020년 6월 발표한 코로나19 치료제 개발 로드

맵을 보면 화합물 치료제 후보로는 기존의 천식 치료제인 시클레소니드와 B형 간염 치료제로 개발된 클레부딘, 어지럼 개선 약물인 이펜프로딜이 올라와 있다. 특정 용도에 쓰이던 약을 다른 용도로 쓰는 것은 약리학이나 제약업계에서는 종종 볼 수 있는 일이다. 대표적인 것으로 1960년대 초 독일 등 유럽을 중심으로 전 세계에서 수만 명의 중증 기형아를 태어나게 만든 이른바 탈리도마이드 기형아 사건을 일으킨 탈리도마이드로, 수면제나 입덧 완화제 등으로 쓰이는 것은 국제적으로 완전 금지됐지만 그 뒤 몇몇 새로운 용도가 드러나 지금은 다발성골수종 등 일부 질환에 대해 제한적으로 쓰고 있다.

시클레소니드는 호흡기로 흡입하는 형태의 스테로이드 제제이다. 폐 등 호흡기에만 직접 작용해 다른 부위 부작용이 적은 것이 강점이다. 사람들은 이 약이 폐렴과 같은 코로나19의 주요 증상을 완화해줄 것을 기대하고 있다. 또 다른 치료제 후보인 클레부딘은 연내 임상을 끝내는 것을 목표로 잡고 있다. 역시 올해 안으로 임상을 마친다는 것을 목표로 하고 있는 이펜프로딜은 뇌경색 후유증, 뇌출혈 후유증에 따른 어지럼 개선 등에 쓰이는 약물이다. 일부 코로나19 환자에게 나타나는 면역 과잉 반응인 '사이토카인 폭풍' 등을 억제하는 효과가 있는 것으로 확인됐다.

기존 약물을 코로나19 치료 용도로 재활용하려는 노력은 외국에서도 활발하게 이루어지고 있다. 기존 약물은 이미 사용 경험이 있거나 개선 사례가 풍부하기 때문에 부작용 등을 걱정할 필요가 없다는 장점이 있다. 미국 생명 공학 회사 리제네론과 세계적인 제약 회사인 프랑스의 사노피가 개발해 2017년 미국 식품의약국 인증을 받은 류머티즘 관절염 치료제 '사릴루맙'과 로슈의 류머티즘 관절염 치료제 '토실리주맙'이 대표적이다.

화합물 치료제와 함께 항체 치료는 전통적으로 사용해온 바이러스 퇴치법이다. 우리 정부는 항체 치료제 개발에 힘을 쏟고 있다. 항체 치료는 코로나19 치료제 후보로 가장 일찍부터 연구되어 왔다. 이 치료는 코로나19 완치 환자의 혈액에 만들어져 있는 항체만 따로 분리해 이를 코로나19 환자에 적용하는 것이다. 바이러스의 특정 항원에만 결합하도록 분리해낸 항체를 '단일클론항체(또는 단클론항체, monoclonal antibody)'라고 부르는데 이를 쓰거나 여러 단일클론항체를 섞어 쓴다. 단일클론항체는 사람의 조직 세포에 침입해 증식하는 데 중요한 역할을 하는 바이러스 부위를 둘러싸 이 부위가 제 기능을 하지 못해 침입과 증식이 이루어지지 못하도록 한다. 클론(Clone)은 '유전적으로 동일한 세포군 또는 개체군'을 뜻하는 용어다.

항체 치료제가 주입되면 몸 안에 2주부터 3주까지 머물면서 바이러스를 퇴치하게 된다. 국내에서는 셀트리온이 항체 치료제 후보 물질을 찾아내 족제비의 일종인 페럿을 대상으로 실험해 6월 초 효능을 확인한 데 이어 영장류 실험을 거쳐 7월부터 사람을 대상으로 한 임상 시험을 하고 있다. 미국 리제네론사도 새 항체 치료제를 가지고 2020년 6월부터 임상 시험을 하고 있다.

혈장 치료제는 코로나19에 걸렸다가 회복된 완치자의 혈액에서 면역 세포인 적혈구와 백혈구를 빼고 혈소판을 제거한 성분을 치료제로 이용하는 방식이다. 혈액에 있는 중화항체가 바이러스를 억제해 치료 효과를 낸다. 국내에서는 GC녹십자가 임상 시험을 벌이고 있다. 혈장 치료제는 완치자가 혈액을 기증해야 하는데 대다수가 기증을 꺼리고 있는 현실이 걸림돌이 되고 있다. 다행히 집단 감염으로 코로나19에 걸렸다 완치된 신천지 교회 신도 4천 명이 혈장을 기증하기로 해 혈장 치료제 개발의 돌파구가 마련됐다.

　　지금까지 코로나19 백신과 치료제 개발에 대해 주마간산격으로 살펴보았다. 깊이 있게는 아니더라도 대략적인 얼개를 파악하는 데 도움이 되었으리라 본다. 인류는 감염병의 역사에서 지금까지 보지 못한 국제 연대와 협력을 벌이고 있다. 코로나19 백신과 치료제가 개발될 경우 특정 기업과 국가의 전유물이 되거나 그들이 공급을 좌지우지해서는 안 된다는 목소리가 나오고 있다. 하지만 자본주의 사회에서는 특정 감염병에 대한 백신과 치료제를 공공재로 보고 각 나라에 균등하게 공급한 적이 없다. 짧은 기간에 전 세계 인류에게 신속하게 백신과 치료제가 보급될 수 있으면 더할 나위가 없이 좋겠지만 현실에서는 심각한 갈등이 벌어질 가능성이 있다. 미국은 자국민들에게 우선적으로 개발된 코로나19 백신을 접종하기 위해 다국적 제약회사 아스트라제네카(Astra Zeneca)와 3억 명분의 백신을 입도선매로 계약해두었다. 영국과 독일, 프랑스, 이탈리아, 네덜란드 등도 이 회사가 백신의 상용화에 성공하면 자국민들에게 우선 공급하기 위한 협약을 독자적으로 또는 공동으로 맺었다. 코로나19 백신 국가주의가 현실로 다가오고 있다. 이런 문제를 해결하기 위해서는 세계보건기구, 유엔 등 국제기구를 활용하거나 국제 연대 회의체를 따로 만들어 대응할 필요가 있다.

　과학계에서는 코로나19와 관련한 논문들을 공공재로 보고 무료로 제공하는 등 실천을 하고 있다. 협력 연구도 국경을 넘어 그 어느 때보다도 활발하게 이루어지고 있다. 코로나19와 관련한 연구 자료와 임상 경험, 드라이브 스루와 도보 이동형 선별 검사 시스템 등 K-방역의 성과물도 즉각 공개해 전 세계가 이를 잘 활용하고 있다.

　코로나19는 어느 특정 국가 또는 몇몇 국가만 감염병 유행에 잘 대응한다고 해서 해결될 수 없다는 사실을 깨닫게 만들었다. 일부 국가에서 극히 일부 사람이나 정치인들이 잘못된 판단으로 크루즈선 입항 금지 등 국수주의적 행태를 보이거나 혐오와 차별적인 언행을 하기는 했지만 그럴수록 국제 연대를 외치는 목소리가 드높아 이를 눌러왔다. 만약 효과적인 백신과 치료제가 나온다면 방역 모범국인 대한민국이 앞장서서 새로운 국제 협력 모델을 만들어 온 인류가 공평하게 그 혜택을 받을 수 있도록 해야 한다.

신은 세균과 바이러스와 같은 병원체를 만들지 않았다. 만약 신이 이들 생명체를 만들어 인간 세상에 내려보냈다면, 그리고 그것이 '신의 벌'이라면, 감염병 유행 때 신에 대한 간절한 기도가 감염병의 유행을 막아 인류를 구원했을 것이다. 감염병 역사상 신에게 기도해 감염병에서 해방된 사람, 사회, 국가는 단 한 번도 없었다. 새로운 감염병은 결코 어느 날 하늘에서 내려오거나 온갖 불행을 담은 판도라의 상자에서 나온 것도 아니다. 감염병은 생태계 파괴에 대한 자연의 분노나 역습도 결코 아니다. 감염병은 우리 삶의 일부이며 감염병을 일으키는 병원체는 자연의 일부일 뿐이다. 태초에 생명이 태어나면서부터 벌어진 자연 현상에 불과하다. 원시인류가 나무에서 내려와 땅에 정착한 뒤 농경 생활을 시작하고, 모여서 부락을 형성하고 인구가 밀집한 도시에서 살면서 새로 등장하거나 재등장한 수많은 감염병들이 유행해 전쟁이나 기근보다 더 많은 사람을 죽였다.

과학저술가 아노 카렌은 자신의 역작 『전염병의 문화사』에서 새로운 감염병들과 그 최초 출현 시기를 표로 일목요연하게 정리해놓았다. 그가 이 책을 쓴 때가 1995년이어서 1951년부터 1993년까지 생긴 신종 감염병만 들어 있다. 1951년 한국전쟁 때 새로 나타났던 한국형출혈열부터 미국 인디언 부족 나바호인에게서 1993년 발생했던 한타바이러스폐증후군까지 42년 동안 생긴 28개의 신종 감염병이 정리돼 있다. 여기에는 우리에게도 낯익은 뎅기열, 에볼라, 레지오넬라증, 후천성면역결핍증, 장출혈성대장균감염증 등이 포함돼 있다. 1년 6개월마다 새로운 감염병이 인간을 괴롭힌 것이다. 그 뒤에도 많은 감염병이 인간을 두려움에 떨게 했다. 지카바이러스감염증과 사스, 메르스, 신종인플루엔자, 코로나19 등이 그들이다.

코로나19의 대유행은 인수 공통 전염병, 생태계 파괴, 기후변화를 감염병의 원인으로 보고 법정에 증인으로 세우게 했다. 감염병의 역사를 뜯어보면 인간에게 발생한 감염병의 대부분은 다른 동물 종에서 왔다. 과학자들은 두창은 개나 소에서, 각종 출혈열들은 설치류나 원숭이에서, 결핵은 소나 새에서, 감기는 말에서, 후천성면역결핍증은 원숭이와 침팬지에서 각각 온 것으로 보고 있다. 또 모기와 진드기는 이들에서 사람에게 병원체를 옮기는 대표적인 운반자들이다. 이들 병원체 보유 동물 가운데 일부와 운반자들은 환경에서 아주 작은 변화가 생겨도 민감하게 반응해 생존을 위한 행태를 바꾼다. 그들에게는 자그마한 변화이지만 인간에게는 감염이란 일대 사건으로 뺑튀기가 된다.

감염병은 사람 간 전파만 이루어지는 것과 사람과 동물이 동시에 감염되는 것으로 나뉜다. 우리는 후자를 인수 공통 감염병(zoonosis)이라고 한다. 인간에게서만 나타나는 감염병은 40%가량 된다. 나머지 60%는 인수 공통 감염병이다. 인간에게서만 나타나는 대표적 감염병은 감염병 역사 박물관에 유일하게 전시돼 있는 두창과 박물관 문을 두드리고 있는 소아마비, 그리고 홍역과 콜레라 따위가 있다. 이들 감염병은 인간이 다루기 쉽다. 사람 간 전파만 끊으면 되기 때문이다.

하지만 인수 공통 감염병은 다르다. 생태계에 병원체를 지닌 숙주가 있기 때문에 사람 간 전파의 고리를 끊는 것에다 자연의 숙주까지 제어해야만 한다. 코로나바이러스들이 21세기 들어와 계속해서 인간을 괴롭히고 있는 호흡기증후군이 여기에 해당한다. 코로나바이러스의 발원지는 박쥐다. 박쥐는 하늘을 나는 유일한 포유동물로 박쥐목 또는 익수목(翼手目, Chiroptera)으로 분류하고 있다. 우리가 알고 있는 것만 모두 9백여 종에 달한다. 포유동물의 25%나 된다. 박쥐는 독립생활을 하는 경우도 있지만 주로 동굴 등에서 많게는 1백만 마리 이상이 다닥다닥 모여 산다. 박쥐는 사회적 거리 두기 또는 물리적 거리 두기를 실천하지 않는다. 또한 서로 밀접하게 접촉하며 산다. 그리고 오래 산다. 비슷한 몸집의 다른 포유류보다 최고 3.5배나 오래 사는 장수 동물이다. 30년 넘게 사는 박쥐만 여섯 종류나 된다.

박쥐는 각종 바이러스가 사이좋게 공존하며 지낸다. 다닥다닥 모여 살면서 서로 바이러스를 공유한다. 감염병 학자와 바이러스 학자들이 가장 좋아하는 연구 대상인 야생동물이다. 인구의 빠른 증가와 개발로 인한 산림 파괴 등 환경의 파괴로 박쥐 등 야생동물의 서식지가 파괴되고 있다. 이 때문에 박쥐와 인간과의 접촉이 많아지면서 이들의 바이러스가 사람에게 넘어오고 있다. 박쥐는 최근 발생한 여러 신종 감염병 바이러스의 자연 숙주로 가장 주목을 받는 동물이다. 과학자들은 메르스, 사스, 에볼라, 니파 바이러스의 자연 숙주로 박쥐를 지목했다. 에볼라는 박쥐에서 바로 사람으로, 사스는 박쥐에서 사향고양이를 거쳐, 니파바이러스는 박쥐에서 돼지를 통해, 메르스는 박쥐에서 낙타를 통해 바이러스가 사람에게 옮겨진다는 연구 논문이 잇따라 나오고 있다. 1999년 말레이시아 한 돼지 농가에서 처음 발생한 니파바이러스감염증은 당시 266명이 걸려 뇌염 증세로 105명이 사망했다.

인류 역사에서 감염병의 창궐은 주로 전쟁과 기아 그리고 기후변화로 인한 생태계 변화, 그리고 교통 수단의 발달 등 때문에 일어났다. 콜레라, 매독, 발진티푸스, 페스트 등이 그러했다. 최근 들어서는 이런 원인보다는 생태계 교란과 기후변화에서 그 원인을 찾는 과학자들이 많다. 과학 저술가이자 의학자인 예병일 연세대 원주의대 교수는 자신의 저서 『세상을 바꾼 전염병』에서 "지구상의 생활환경이 변화하는 속도가 빨라지면서 병원체들이 쉽게 변이를 일으킬 수 있는 환경이 되었다. 멸종 위기에 처한 생명체는 살아남기 위해 다양한 변이를 일으키며 이 과정에서 인간에게 해가 되는 병원체의 수도 증가한다"고 설명했다. 그는 또 "개발에 의해 자연 환경이 파괴되면서 사람과 격리되어 있던 동물들이 사람과 접촉할 기회가 많아졌다. 밀림이 우거진 환경에서는 사람이 밀림의 동물들과 접촉할 기회가 거의 없었지만, 인간이 댐을 건설하고 우거진 숲을 베어내면서 살 터전을 잃은 동물들이 사람과 접촉할 기회가 늘어나게 됐다"며 환경 파괴로 인한 생태계 교란을 신종 감염병의 출현과 감염병 창궐의 주범으로 꼽았다.

인간이란 종에 속한 일원으로서 인간을 비난하기가 그렇기는 하지만 인간이 자연 생태계 파괴의 주범이라는 사실은 반박의 여지가 없다. 과거의 동식물의 대절멸과는 달리 현대에 들어와 많은 동식물들이 지구상에서 사라지고 있는 것은 거의 인간의 손에 의해 비롯됐다. 이러한 현상은 사람들이 동물의 서식지를 파괴하고, 동물들에 대한 마구잡이 포획과 살상 때문에 일어났다. 이러한 인간의 행동은 바다 생물, 담수 생물, 육지 동물과 곤충, 식물 등 종류를 가리지 않았다. 인간은 질병 예방과 같은 특별한 이유도 없이 살육을 벌여왔다. 도도새, 태즈매니아호랑이 등 많은 동물들이 우리 곁을 영원히 떠났다. 지구상에서 사라진 식물들도 많다.

생물 다양성의 감소와 신종 감염병의 출현 또는 재출현 감염병의 발생은 기후변화와도 연관돼 있다. 다시 말해 지구온난화는 더욱 자주 신종 감염병이 발생하게 만들었다. 그뿐만 아니라 그동안 자취를 감춘 것으로 여겼던 감염병이 화려한 귀환을 하도록 만들었다. 그리고 이들은 인류를 위험에 빠트리고 있다. 이는 감염병학자와 기후변화 전문가들이 한결같이 지적해온 것이다.

과학자들은 기후변화 즉 지구온난화로 앞으로 대표적인 병원체 운반자인 진드기와 모기가 활개를 칠 것이라고 지적하고 있다. 지구온난화로 인한 기후변화는 가뭄과 홍수를 더욱 자주 강하게 몰고 온다. 이런 극단적인 환경은 모두 바이러스와 박테리아가 창궐할 수 있는 좋은 조건이 된다. 아프리카 등 일부 지역에서 풍토병으로 머물던 감염병이 어느 날 갑자기 세계 곳곳에서 유행병이 될 수도 있다. 기후변화로 인한 잦은 폭우는 들쥐의 분변 등을 주변에 퍼트려 렙토스피라증(Leptospirosis)의 유행을 유발할 수 있다. 들쥐의 오줌과 똥에 들어 있는 나선균에 의해 온대, 아열대, 열대 지방에서 광범위하게 발생하는 이 감염병은 해마다 1백만 명이 걸려 6만 명가량이 숨지고 있다. 우리나라에서도 1970년대 '농촌 괴질'로 악명을 떨친 바 있으며 주로 가을철에 매년 문제가 되고 있다.

모기가 바이러스를 전파하는 황열, 지카바이러스감염증 등이 한국에서도 문제를 일으킬 수 있다. 이들 감염병은 아직까지는 열대 지방에서 유행하지만 우리나라 기온도 계속 상승하고 있어 제주도와 남해안 일대에서는 머지않아 이들 감염병을 옮기는 모기가 토착화할 수 있다. 한 나라에서 유행을 하던 감염병이 삽시간에 한국을 비롯해 전 세계 곳곳에 상륙해 엄청난 피해를 준다는 것은 익히 사스, 신종플루, 메르스 그리고 코로나19를 통해 너무나 잘 알려져 있다.

기후변화가 감염병 창궐로 이어진 사례는 역사 속에서 많이 나타났다. 감염병 역사학자들은 고대 로마 시절에 창궐했던 페스트를 기후변화로 인한 감염병 유행 사례로 꼽고 있다. 기원전 540년 대규모 화산 폭발로 동아프리카 지역에서 기상 이상 현상이 나타났다. 이때 설치류들이 번성하면서 페스트가 발생했다. 무역선들은 로마와 콘스탄티노플에 교역 물품과 함께 무시무시한 페스트를 날랐다. 당시 무려 4천만 명의 사망자를 낸 것으로 역사가들은 추산하고 있다. 또 인류 최악의 감염병 사건으로 꼽히는 14세기 중세 흑사병도 기후 요인으로 설치 동물이 크게 늘어나면서 아시아 초원 지역에서 기승을 부렸다. 이 죽음의 화신은 중앙아시아에서 크림반도를 거쳐 이탈리아 등 유럽 전역으로 진격했다. 이 병으로 1340년대 유럽에서만 2천만 명에서 3천만 명의 사람들이 한꺼번에 목숨을 잃었다. 유럽 인구가 급격하게 줄면서 중세 유럽을 지탱하던 봉건제도가 무너졌다. 이와 함께 경제 체제도 일대 변혁을 맞게 되었다. 오늘날 감염병은 코로나19 팬데믹 사태에서 너무나 또렷하게 보고 있듯이 인명 피해뿐만 아니라 경제에도 심각한 타격을 주고 있다. 이번 신종코로나바이러스로 인한 경제적 피해도 수십조 원, 아니 수백조 원을 넘어설 것으로 보인다. 물론 코로나19가 언제까지 지속되느냐와 더 큰 유행이 일어나느냐 등 여러 요인에 의해 피해 규모는 더 커질 수도 있다.

코로나19는 인간으로 하여금 보다 근원적인 성찰을 하게 만든다. 우리는 거시적인 측면에서 코로나19가 우리에게 주는 의미를 되새겨볼 필요가 있다. 환경을 바라보는, 다시 말해 환경을 대하는 태도를 확 바꾸어야 한다고 이화여대 최재천 석좌교수를 비롯한 생태학자들은 말한다. 감염병이 터질 때마다 예방 백신과 치료제 개발에만 몰두할 것이 아니라 환경 패러다임을 확 바꾸는 근본적인 해결책을 실행해야 한다고 강조한다. 생태계의 파괴를 멈추고 인간이 다른 동식물들과 공존하는 자세를 지닐 때만이 더욱 잦아지는 감염병의 진격을 막을 수 있다는 것이다. 그는 이를 생태 백신이라고 말한다.

환경 파괴가 감염병을 물러온다는 주장은 미국의 수의학자이자 언론학 교수인 마크 제롬 월터스(Mark Jerome Walters)가 일찍이 자신의 저서에서 펼친 바 있다. 그는 2003년 펴낸 『에코데믹, 끝나지 않는 감염병 *Six Modern Plagues : And How We are Causing Them*』에서 최근 유행하고 있는 감염병과 환경과의 관계를 세밀히 파헤쳤다. 그는 이 책에서 에코데믹(ecodemic), 즉 환경 전염병(감염병)이란 조어를 만들어냈다. 에코데믹은 환경과 생태를 뜻하는 '에코(eco)'에 전염병 또는 유행병을 뜻하는 영어 '에피데믹(epidemic)'을 합성한 말이다.

월터스는 이 책에서 최근 수십 년 동안 유행한 전염병을 살펴본 결과 "인류가 전염병의 네 번째 시기에 들어서고 있는 듯하다"고 분석했다. 그리고 최근의 유행 전염병의 특성을 '에코데믹'이란 새로운 개념으로 정리하면서 인류가 지구 환경과 자연의 순환 과정을 대규모로 파괴한 결과 생태 변화와 밀접하게 연관된 전염병들이 나타나고 있다고 밝혔다. 이 개념을 통해, 자연에 급격한 변화를 일으킨 주범은 인간 자신이며 이것이 새로운 질병의 출현과 확산을 불러왔다고 확신한다. 그리고 그 대표적 사례로 광우병, 후천성면역결핍증, 살모넬라 DT104, 라임병, 한타바이러스폐증후군, 웨스트나일열을 꼽았다. 그는 제목에서 시사한 것처럼 인간이 자신의 삶터인 자연계를 파괴해온 것이 재앙적 전염병이라는 부메랑이 되어 돌아온 것이란 결론을 냈다. 세계적 대유행 전염병 앞에서 떨고 있는 인간의 공포는 스스로 만들어낸 증후인 셈이다.

코로나19가 기승을 부리고 있던 시기인 2020년 4월에 영국왕립학회지에 발표된 연구에 따르면, 동물에서 인간으로 바이러스가 옮겨가는 것이 증가하는 것은 생물 다양성 손실과 환경 악화와 관련이 있을 수 있다. 인간은 정상적인 상태에서는 병원체에 노출될 가능성이 없는 야생지에서 농업, 사냥, 자원 개발을 하는 과정에서 병원체를 만나고 있다. 동물에서 사람으로 병원체가 넘어오는 이러한 유출 사건은 1980년 이후 10년마다 3번씩 발생한 것으로 나타났다고 밝혔다.

우리나라 노동 현장에서 해마다 2천 명에 가까운 많은 노동자들의 목숨을 앗아가고 있는 중대 재해가 끊이지 않고 있다. 이는 기업주가 자신의 이익에만 몰두해(그리고 정치인들이 그들에게 포획돼) 노동자의 생명과 안전을 제대로 돌보지 않은 데서 비롯한 것이다. 최근의 유행 감염병들도 궁극적으로는 인간이 생태를 파괴한 대가를 치르는 것이라고 할 수 있다. 감염병 유행에 대항할 수 있는 백신과 치료제 개발에 매달리기보다는 원인을 치료하는 것이 근본적인 해결책이다. 즉 새로운 감염병들의 생태학적 기원을 정확히 파악하고 그 고리를 끊어야 한다.

인간은 만물의 영장도 아니며 최고로 진화된 고등동물도 아니다. 지구상에 존재하는 모든 생명체들(심지어는 무기물까지)은 서로 얽히고설킨 운명 공동체이다. 우리가 한 그물 안에서 기생과 공존을 하는 수많은 종들 가운데 하나일 뿐이라는 사실을 확실히 인식하고 받아들여 행동하는 것이 해결의 열쇠다. 생태 백신은 생태계를 대하는 우리의 정신을 바꾸어놓는, 뛰어난 무기이다. 사스와 코로나19 등 코로나바이러스 감염병은 반(反)생태적 사고와 행태가 만들어낸 결과물이다. 코로나19 또한 실은 에코데믹이다.

아노 카렌은 "우리의 가장 무서운 약점은 자신의 이익에만 몰두한다는 것이다. 무지와 탐욕과 좁은 시야는 우리가 가지고 있는 유용한 도구들의 사용을 가로막는다"고 말한다. 이 말을 특히 귀담아들어야 할 사람들이 있다. 트럼프 미국 대통령과 시진핑 중국 주석, 아베 신조 일본 총리 그리고 환경 파괴자들과 야생동물 식도락가들이다.

코로나19가 인류에게 드리운 그림자는 매우 짙다. 신종 감염병이 할퀸 상처는 지금까지만 해도 너무나 깊어 어떻게 이를 치유할지 감당하기 어려울 정도다. 코로나19의 세계적 대유행은 우리 사회에 여러 문제를 노출시켰다. 또한 여러 화두를 새삼 일깨워주었다. 그 가운데 하나가 인권이다.

인권의 최상위 목표는 생명이다. 생명권은 인권 중의 인권이다. 이 때문에 우리는 메르스나 코로나19와 같은 치명적 감염병이 창궐할 때 이동 제한이나 격리, 도시 봉쇄 등의 인권 제한 조치를 큰 저항 없이 받아들인다. 격리 기간 동안 격리 시설이나 공간 밖을 나가 돌아다니면 외려 손가락질을 받고 범죄자에 준하는 처벌을 받는다. 생명과 안전이 최상위 가치이기 때문이다.

코로나19가 우리나라에 상륙해 유행하면서 우리 사회는 인권과 관련해 두 차례의 사건을 맞닥뜨렸다. 하나는 신천지 교회, 다른 하나는 이태원 클럽과 관련한 것이다. 이 두 사건은 집단감염과 관련이 있다. 전자는 우리 사회에 코로나19를 크게 확산시킨 계기가 됐다면 후자는 어느 정도 잠잠해져 가던 코로나19 유행을 다시 폭발시키는 역할을 했다. 전자는 이단 내지 소수 종교의 신앙을 가진 사람에 대한 인권 문제를 촉발했고, 후자는 동성애자 즉, 성소수자 인권 문제를 일깨웠다.

감염병의 역사에서 인류는 두창, 페스트, 결핵, 매독, 발진티푸스, 장티푸스, 말라리아, 후천성면역결핍증, 에볼라바이러스병, 스페인 독감 등 수많은 치명적 역병을 만났다. 감염병과 싸운 거의 대부분의 전투에서 인간은 많은 생명을 희생당해야만 했다. 동서고금을 가리지 않고 감염병은 공포와 두려움을 유발했다. 그리고 그 공포는 40일간 격리한다는 뜻을 지닌 콰란틴(quarantine, 검역 이동 제한)이란 방역 제도를 만들어냈다. 특정 공간에 감염자와 환자를 가두는 것을 당연하게 여기는 경우도 있었다. 지금은 한센병으로 부르는 나병 환자촌이 대표적이다. 대한민국 국민이라면 소록도를 기억할 것이다. 이곳에서는 감염병으로 숨진 사람에 대해 예우를 갖춘 장례를 치르는 것은 언감생심이었다. 미국에서는 대통령에서 물러난 직후 콜레라에 걸려 숨진 사례가 발생했다. 그는 제대로 된 장례식 없이 서둘러 공동묘지에 묻혔다. 미국 영토를 최대로 확장하는 공로를 세운 11대 대통령 제임스 포크(James Knox Polk) 이야기다. 코로나19 시대를 맞이해서도 세계 곳곳에서 공동묘지에 시신을 집단 매장하거나 쓸쓸한 장례식을 치르는 일들이 벌어지고 있다.

감염병의 역사에서 감염병에 걸려 인권 문제로 논란을 빚은 사건 가운데 한 개인의 이름이 기록된 대표적 사례는 '장티푸스 메리(Typhoid Mary)'로 더 잘 알려진 메리 맬론(Mary Mallon)을 꼽을 수 있다. 그녀는 무증상 감염과 전파, 슈퍼 전파 등과 관련한 이야기에 단골손님으로 등장한다. 코로나19 팬데믹에서도 무증상 감염과 전파, 슈퍼 전파가 화두가 됐다. 당연히 감염병 역사 박물관에 전시된 '장티푸스 메리'도 다시 소환됐다. 그녀만큼 극적인 삶을 산 사람을 찾기 어려울 뿐더러 이 사건은 감염병 사건에서 발생하는 여러 문제를 동시에 함축하고 있기 때문이다. 미국에서 코로나19가 본격적으로 창궐하기 시작할 무렵인 2020년 3월 18일 『내셔널 지오그래픽 *National Geographic*』은 "장티푸스 메리의 비극적 이야기, 슈퍼 전파자의 건강 영향을 드러내다"란 제목으로 메리 맬론의 삶을 보건과 인권 측면에서 재조명했다.

　　1906년 미국 뉴욕에는 장티푸스가 유행했다. 지금은 장티푸스 백신이 있고 치료하는 항생제도 있어 그리 심각한 감염병으로 받아들이지 않지만 항생제가 개발되기 훨씬 전인 1906년에는 이 감염병에 걸리면 자칫 목숨을 잃을 위험이 있었다. 부자들이 살던 롱아일랜드(Long Island) 몇몇 가정에서 가족들이 장티푸스에 집단적으로 걸렸다. 언제 누구로부터 이 감염병을 옮았는지 알 길이 없자 한 집 주인이 이를 밝혀줄 사람을 찾았다. 8월 하순 주민 11명 가운데 6명이 장티푸스에 걸린 뒤였다. 조지 소퍼(George Soper)는 질병에 걸린 사람은 여러 명이지만 한 명에 의해서도 일어날 수 있다고 생각했다. 그는 감염병의 원인을 파악해내는 '감염병계의 셜록 홈스'였다. 원래 토목 기술자였지만 교육 훈련을 받고 위생 전문가가 됐다. 그는 롱아일랜드에서 첫 환자가 나오기 전 3주 전에 이곳에 온 가정집 요리사 메리 맬런에 의심을 눈길을 보냈다. 그녀는 아일랜드 출신으로 파란 눈과 금발을 가지고 있었고, 당시 서른일곱 살이었다. 장티푸스는 살모넬라에 의해 오염된 음식과 물을 통해 전염되는 박테리아 감염병이다. 병에 걸린 환자는 고열과 설사 증상을 보이고, 항생제를 개발하기 전에는 심할 경우 섬망이 생기고 죽음에까지 이르게 된다. 뉴욕 보건당국 조사 결과 1900년에서 1907년 사이에 여름철 메리 맬런을 고용한 뉴욕 부잣집에서 모두 22명이 감염된 것으로 나타났다.

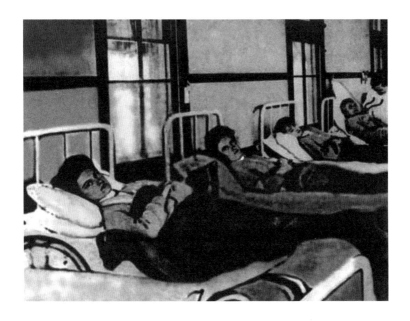

병원에 격리되어 병상에 누워 있는 메리 맬런(앞쪽)의 모습이다. 출처: 위키피디아

당시는 위생 규제가 없었다. 그래서 장티푸스는 뉴욕에서 여러 차례 유행을 했다. 조지 소퍼가 조사를 한 1906년에만 639명이 장티푸스로 숨졌다. 하지만 당시까지만 해도 무증상 보균자에 대한 보고가 없었고 그럴 가능성에 대한 조사도 이루어지지 않았다. 맬런은 일요일에 신선한 복숭아를 곁들인 아이스크림을 종종 만들어 제공했다. 이때 살모넬라균이 오염된 것으로 보인다.

메리 맬런 자신은 장티푸스 증상이 없었다. 이 때문에 자신이 장티푸스를 퍼뜨릴 수 있다고 생각하지 않았다. 자신이 증상을 보이지 않기 때문에 보균자라는 의미를 전혀 이해하지 못했을 것이다. 의사는 메리 맬런에게 유일한 치료법은 장티푸스균이 숨어 있는 담낭을 제거하는 것이라고 말했다. 그녀는 이를 거부했다. 미국인들은 그녀를 '장티푸스 메리'라고 부르기 시작했다. 그 뒤 장티푸스와 메리는 늘 붙어 다녔다.

1909년, 뉴욕 시 보건부는 그녀를 고소했다. 대법원까지 간 이 사건은 개인의 자율성과 공중보건 위기 시 국가의 책임 가운데 어떤 것이 더 중요한가 하는 논쟁을 불러일으켰다. 법정에서 그녀의 변호사는 메리 맬런이 정당한 절차 없이 투옥되었다고 주장했다. 법원은 그녀를 석방하는 것을 거부하면서 "병이 재발하는 것을 막기 위해 지역사회를 보호해야 한다"고 했다. 이듬해 초 뉴욕에 새로운 보건위원회가 구성됐고 이 위원회는 요리사로 일하는 것을 그만둔다는 조건을 달아 그녀를 풀어주었다.

메리 맬런은 밥벌이를 할 수 있는 다른 기술이 없었다. 자신의 상태가 다른 사람에게 위험할 수 있다는 생각도 하지 않았다.

뉴욕과 뉴저지를 오가며 가명을 사용해 호텔, 브로드웨이 식당, 스파 및 기숙사 등에서 요리사로 일했다. 그녀는 브라운 부인 행세를 했다. 그러다 1915년 슬로안여성병원에서 25명의 장티푸스 환자가 집단으로 생겼다. 조지 소퍼는 다시 조사 요청을 받았다.

장티푸스 메리 포스터이다. 출처: 위키피디아

메리 맬런은 영구적으로 뉴욕 브롱크스(Bronx)에 있는 노드 브라더(North Brother) 섬으로 다시 보내졌다. 그녀는 의료 검사를 준비하는 실험실에서 일하거나 독서하면서 지냈다. 그녀는 1938년 25년 동안의 격리 생활을 하다 뇌졸중으로 사망했다. 두 번의 격리 기간을 합치면 모두 25년의 세월이었다. 브롱크스에서 아홉 명이 참석한 가운데 메리의 장례식이 쓸쓸하게 치러졌다.

메리 맬런이 퍼트린 두 번의 장티푸스 발발로 최소 51명이 감염됐으며 이 가운데 3명이 숨졌다. 실제 감염 사례는 훨씬 많을 것이다. 조지 소퍼는 "장티푸스 메리 이야기는 감염된 사람들에게 다른 사람을 감염시키지 않도록 가르치는 것이 얼마나 어려운지를 보여준다"고 말했다. 이 말은 지금의 코로나19와 관련해 무증상 감염자가 많은 젊은 청년들이 코로나바이러스를 지역사회에 퍼트릴 수 있다는 사실을 인식해 더 이상 감염 위험 행위를 하지 않도록 하는 것이 얼마나 중요한 것인가를 깨닫게 해준다. 그 뒤 뉴욕 보건당국은 메리 맬런 사례와 유사한 위험에 대응하는 방식을 바꾸었다. 그래서 메리 맬런 사망 당시 뉴욕 당국은 400명 이상의 건강한 장티푸스 보균자를 발견해냈지만 아무도 가두지는 않았다.

2020년 2월 대구 신천지 교회를 시발로 대구·경북 지역에 순식간에 퍼진 코로나19 사태로 우리 사회는 혼란과 위기에 빠졌다. 그 진원지가 신천지 대구 교회에서 이루어진 예배 집회였다는 사실이 드러나면서 신천지 교회에 대한 비난과 혐오가 사회 관계망 서비스와 인터넷 공간은 물론이고 일부 대중매체에서도 들끓었다. 이런 사회적 분위기에 편승해 일부 지자체는 확진자에 대한 상세 정보를 공개했다. 차별과 낙인이 생길 위험이 있는 사회적 환경에서 이런 정보는 당사자에게 치명적일 수 있다. 직장을 잃을 수도 있고 코로나19에서 회복된 뒤에도 정상적인 사회생활을 꾸려나가기가 어려운 처지에 놓일 수도 있다.

경북 구미 시에서 실제로 이런 일이 벌어졌다. 확진자의 성 (姓), 나이, 성별, 이성 친구, 종교까지 공개했다. 확진자의 이름은 밝히지 않았지만 그와 친한 사람이라면 공개된 감염자가 누구인지 어렵지 않게 알 수 있었다. 당사자는 사회 관계망 서비스를 통해 "의도해서 걸린 것이 아닌데 불편하게 해 죄송하다. 제발 신상 정보를 퍼뜨리지 말아달라"고 호소했다. 신천지 교회도 신도들은 피해자라며 과도한 비난과 혐오는 자제해달라는 대국민 호소문을 발표했다.

코로나19든 다른 감염병이든 사실 모든 감염자들은 피해자다. 감염병이 좋아 일부러 걸린 뒤 이를 퍼뜨리는 사람은 없을 것이다. 하지만 자신의 감염 사실을 알고서도 이를 숨기며 전파 행위를 하는 사람은 타인의 생명을 위협하는 범죄자이다. 아무리 일각에서 '이단', '사이비' 등의 낙인을 찍고 혐오하는 신흥 종교를 믿는 신도라 할지라도 그 또한 분명 대한민국 국민 가운데 한 사람이지 않은가. 일본의 옴진리교처럼 종교의 탈을 쓰고 시민에 대해 살상을 목적으로 한 테러를 저지르는 종교가 아닌 한 그 신도에 대해서 인권을 존중하는 언행을 하는 것이 맞다. 구미 시처럼 개인 신상 까발리기를 통해 겁주기 내지는 모욕 주기는 국민의 알 권리를 빙자한 현대판 마녀사냥이나 다를 바 없다.

신천지 교회 신도에 대한 비난과 혐오는 대구·경북 지역에서 코로나가 잠잠해지자 지금은 자취를 거의 감추었다. 하지만 다시 5월 초 확진자가 마스크도 쓰지 않은 채 서울 이태원 클럽 몇 곳을 차례로 방문해 코로나19가 퍼진 것으로 드러나자 방역당국은 물론이고 국민들은 긴장을 하게 되었다. 이들 클럽이 남성 동성애자 즉, 게이들이 즐겨 찾는 곳이란 사실이 일부 언론 등을 통해 까발려지면서 이번에는 성소수자에 대한 비난과 혐오가 과거 신천지 교회 신도에게 가해진 것처럼 사회 관계망 서비스와 인터넷에서 마구 쏟아졌다. 그러자 곧바로 '친구사이' 등 성소수자 인권 옹호 단체를 비롯해 여러 인권 단체가 합동으로 기자회견을 열어 우리 사회에서 벌어지고 있는 일부 비이성적인 동성애 비난 행위를 멈추어줄 것을 촉구했다. 방역당국도 성소수자에 대한 비난은 외려 그들을 움츠러들게 만들어 클럽을 방문한 사람들의 자발적 검사를 방해한다며 하지 말 것을 부탁했다. 방역당국은 이전 대구 신천지 교회 사태 때도 비슷한 입장을 밝힌 바 있다.

서울시는 이태원 클럽 사태로 인해 성소수자의 인권이 심각하게 위협받을 수 있고 이는 방역 측면에서도 바람직하지 않은 결과를 촉발할 수 있다고 판단했다. 박원순 시장은 즉각 실명이나 이태원 방문 사실을 말하지 않고도 검사를 받을 수 있도록 하는 익명 검사를 실시한다고 밝혔다. 이는 인권을 보호하면서도 감염 확산을 막을 수 있는 적절한 조치라는 평가를 받았다. 그리고 이를 신속하게 결정해 실행에 옮긴 것에 박수를 보내는 이들이 많았다. 중앙 정부는 물론이고 다른 지역에서도 이를 계기로 익명 검사 제도를 도입했다. 익명 검사는 감염자와 환자에 대해 사회적 낙인 현상이 심각한 대표적 감염병인 후천성면역결핍증 검사에 30여 년 전부터 적용되어왔다. 코로나19 익명 검사는 후천성면역결핍증 익명 검사를 본떠 도입한 것이다. 한마디로 성소수자 등의 인권도 챙기고 검사를 통한 확산도 막는 일석이조의 효과를 거둘 수 있는 것이다. 꼭 그 덕분은 아닐 수도 있지만 어쨌든 그 뒤 감염자 수가 우려했던 것보다 많이 나오지는 않았다. 우리 사회는 이태원 클럽발 위기를 그런대로 잘 넘길 수 있었다.

대구 신천지 교회와 이태원 클럽 사태 등을 계기로 우리 사회는 감염병 유행 시대에 어떻게 해야 인권도 보호하고 동시에 감염병 확산도 막을 수 있느냐는 화두에 대해 더 명쾌한 답을 찾는 노력을 해야 한다. 2015년 메르스 유행 때는 메르스 전파의 진원지가 된 병원을 제때 공개하지 않아 감염이 확산됐고 이로 인한 사회적 비난이 거셌다. 이를 계기로 감염병 예방법을 고쳐 감염자 신상과 동선 등을 투명하게 공개하도록 했다. 하지만 이는 사생활 공개 등 인권 보호 측면에서 문제를 일으킬 수 있다는 지적이 국내외에서 나오고 있다.

감염자 신상과 동선 공개는 단순히 국민의 알 권리를 충족시키기 위해 하는 것은 결코 아니다. 그와 접촉한 사람이 역학조사 등을 통해 모두 드러나거나 전파 가능성이 제로인 공간 등에 대해서까지 세세히 공개하는 것은 '우리가 이렇게 열심히 파악했다'는 것을 알리는 것 말고는 아무런 의미가 없다. 따라서 감염자 정보와 동선 공개는 그가 퍼트렸을 것으로 의심되는 상황에서 불특정 다수가 함께 있었고 그들이 감염되었음에도 만약 이를 모르고 지낼 경우 2차, 3차 전파로 이어질 가능성이 있는 경우에 한해서 이루어져야 한다. 그리하여 불필요한 감염자 낙인과 건물 이용 기피 등이 일어나지 않도록 하는 것이 중요하다. 코로나19 사회를 맞이해 우리의 언행과 제도를 다시금 돌아볼 때가 됐다.

전 세계가 코로나19의 소용돌이 속에서 여전히 헤어나지 못하고 있을 때인 2020년 5월 15일 한국과 일본의 공익 변호사들은 서로 머리를 맞대고 코로나19 시대의 인권을 보호하기 위해 토론하는 자리를 만들었다. 코로나19의 확산으로 선진국, 개발도상국, 후진국 할 것 없이 국경 봉쇄, 자택 격리, 이동 제한 등 엄청난 사회적 경제적 영향이 일어났다. 그들은 그 와중에 인권 침해 문제가 심하게 불거진 것을 성찰하기 위해서 모였다. 감염병 확산을 막기 위해 이루어진 각종 강제 조치가 남용된 것은 인권 침해적인 요소가 있다는 목소리가 나왔다. 개인의 신상에 대한 정보 공개와 언론 보도가 야기하는 혐오와 낙인의 문제도 중요하게 다루어졌다. 특히 감염병 시대에는 감염병과 건강에 대한 정보 취득 측면에서 집단 간 상대적 격차가 벌어져 노인과 저소득층, 저학력층 등이 더 차별받고 있는 문제도 중요하게 언급됐다. 코로나19로 일자리를 잃거나 잠시 일을 하지 못하는 사람들은 대부분 저소득층이다. 국가나 지방자치단체가 주는 긴급 재난 지원금에서 노숙인들이 제외되는 것도 문제다. 정부가 시행하고 있는 요일별 공적 마스크 판매에서도 이주민들은 배제된다. 학교 밖 청소년 즉, 고등학교 교육을 받지 못하는 청소년은 교육 지원금 대상에서 제외되는 문제가 있다. 장애인의 경우 감염병 예방 등과 관련한 정보 접근에 비장애인에 견줘 상대적으로 어려움을 겪거나 그동안 제공받아오던 돌봄 등 각종 서비스가 중단되거나 제때 받을 수 없어 사실상 독립적인 생활을 꾸리기 어려운 상황에 놓이는 등 다양한 영역에서 차별을 받고 있다.

코로나19 팬데믹을 계기로 앞으로 각 영역에서 인권 침해 소지가 있는 부분을 가려내 이를 바로잡는 작업을 국가가 나서서 해야 한다. 특히 이 부분은 국가인권위원회가 발로 뛰어 문제를 찾아내고 개선하는 데 앞장서야 한다.

+ 마치며 : K-소통으로 코로나19 위기 극복하자

6월 들어 수도권을 중심으로 계속 감염자가 나오던 것이 7월부터는 광주 등 그동안 '코로나19 청정 지대'로 꼽히던 지역으로까지 이어지고 있어 방역당국은 물론이고 일반 국민도 긴장의 끈을 놓지 못하고 있다. 미국 등 일부 국가에서는 오히려 이전보다 하루 확진자 수가 더 늘고 있다. 전 세계에서 하루에 확진되는 숫자가 10만 명을 넘는다고 한다. 이 때문에 우리나라는 국내 지역사회 감염의 고리를 끊고 외국에서 들어오는 사람들에 대한 검진을 통한 확진자 걸러내기 등 두 마리의 토끼를 동시에 잡기 위한 방역이 이루어지고 있다.

국내 산발적 지역 확산은 사회적 거리 두기에서 생활 속 거리두기로 바꾸면서 빚어지고 있다. 지하철과 버스 등 대중교통에서는 의무적으로 마스크를 쓰도록 방역 지침을 정해 실행하고 있으나 일부 사람은 여전히 버스 안에서 마스크를 벗고 옆 지인과 불과 50~60센티미터 정도 떨어져 대화를 한다. 코로나19 이후 대중교통이나 거리, 공원, 실내 등에서 사람들이 하는 행태를 유심히 관찰하고 기억하는 것이 나에게는 습관처럼 돼 있다. 당시 상황을 촬영하듯이 기억해 이를 다시 글로 옮기기 위해서다. 어떤 사람은 기침을 하면서 일부러 마스크를 벗고 오므린 손 위에다 콜록거린다. 마스크를 쓴 채 기침을 하면 될 터인데 왜 그런 행동을 하는 걸까 곰곰이 생각해보았다. 그리고 아마 그가 코로나19 유행 이전 생활할 때 평소 기침을 할 때면 으레 손을 오므리고 그 위에다 기침을 해온 버릇 때문일 것이란 추측을 해보았다. 기침을 할 때면 윗옷 안쪽 소매에다 하라고 방역당국이 강조해온 것은 불과 얼마 되지 않는다. 코로나19 사태를 맞아서 정부는 이 방역 수칙으로 줄곧 홍보해왔다. 그 이전에는 주로 손수건이나 휴지를 사용해 기침과 재채기를 하라고 국민에게 알려왔다. 윗옷 소매에다 기침 등을 하라는 홍보는 지난 2015년 메르스 유행 때부터 일부 이루어졌다. 이 때문에 무의식적으로 기침을 할 경우 윗옷 소매 안쪽에다 기침을 하지 않는 사람들이 아직 많은 것이다. 지식이나 홍보가 습관을 뛰어넘지 못하고 있는 것이다. 이런 사람이 많으면 많을수록 조용한 지역 전파를 막기 쉽지 않다. 최근 이탈리아에서 한 연구에 따르면 지역사회 전파의 40% 정도가 자신의 감염 사실을 인식하지 못한 무증상 감염자에 의해 일어났다고 한다. 증상이 나타난 환자이면서도 가벼운 증상 때문에 대수롭지 않게 생각하거나 자신의 감염 사실을 잘 모르는 무증상 감염자가 전파 가능 행동을 종종 하게 되면 이 가운데 일부 사례는 실제 전파로 이어질 것이 분명하다.

습관을 바꾸어야 한다. 상대방과 이야기할 때, 특히 가족이나 친구, 직장 동료 등 잘 알고 자주 보는 사이끼리 대화할 때도 2미터

가량 떨어지거나 마주보지 않고 서로 대각선으로 앉거나 서로 앞을 보면서 이야기하면 될 터인데 가까이 붙어 마주보고 이야기한다. 얼마 전 냉장고 구매를 위해 가전제품 판매장에서 상담한 적이 있다. 먼저 상담을 받는 사람이 있었다. 그는 마스크를 끼고 있었다. 하지만 상담사는 마스크를 착용한 채로 말하기가 답답했던지 마스크를 턱 아래로 내리고 이야기를 하고 있었다. 그뿐 아니라 손 두 뼘 정도 거리를 두고 구매자의 눈을 쳐다보며 설명을 했다. 물건을 하나라도 더 팔려고 친숙함을 보이기 위해 눈을 마주치며 이야기하는지는 몰라도 코로나19 유행 시대에 매우 위험한 행위이다. 그렇게 하지 않아도 충분히 설명할 수 있을 것이라는 생각이 들었다. 만약에 하나 판매 상담사가 감염자였더라면 고객은 십중팔구 감염됐을 것이다.

일반적인 상황에서 대화를 하려면 상대방의 눈을 쳐다보고 하라고 한다. 맞는 말이다. 하지만 달리는 자동차 안이나 감염병 창궐 상황에서는 그렇게 하면 안 된다. 매우 위험한 행동이다. 세상에는 두 부류의 인간 유형이 있다. 시속 100킬로미터로 달리는 자동차 안에서 운전자가 옆 사람이나 뒷좌석에 있는 사람과 대화를 하면서 앞을 주시하지 않고 옆 사람과 뒷사람을 쳐다보다 다시 앞을 보기를 반복하는 유형이 있는가 하면 상대방의 얼굴을 쳐다보지 않고 목소리로만 대화하는 유형이 있다. 전자는 위험 인간형이며 후자는 안전 인간형이다. 우리 사회가 안전 사회로 가기 위해서는 어릴 때부터 안전 인간형을 많이 만들어내는 교육을 해야 한다. 감염병 유행 시대를 맞아 상대방과 대화할 때는 반드시 마스크를 착용하고 마스크를 착용한 상태라도 너무 가까이서 대화하지 않는 안전 인간형을 어릴 때부터 길러내야 한다. 초중고뿐만 아니라 성인과 노인에 이르기까지 사회 전 구성원들이 안전을 생활화하도록 해야 한다.

감염병 예방과 확산 방지에는 조기 진단, 조기 격리, 조기 치료와 함께 밀접 접촉자와 감염 의심자를 끝까지 추적하는 것이 중요하다. K-방역의 요체이기도 하다. 이것만 가지고는 안 된다. 최근 교회를 중심으로 수도권 지역에서 계속 감염이 확산되고 있는 것과 콜센터, 물류센터, 복지 시설, 방문판매업체 등에서 집단 감염이 꾸준히 이어지고 있는 것을 성찰한다면 하드웨어 측면의 K-방역과 함께 소프트웨어 측면의 K-방역에 대한 전략을 동시에 세워 실행해야 한다. 여기서 말하는 소프트웨어 측면의 K-방역이란 위험(위기) 소통을 말한다. 코로나19 대유행을 맞이해 위험이란 결국 감염병이기 때문에 위험 소통은 곧 감염병 소통이 된다. 나는 이를 K-감염병 소통, 줄여서 K-소통으로 부르고 싶다. K-소통의 특징은 기존의 위험(위기) 소통 원칙과 기본적인 것은 같지만 세세한 것, 즉 디테일에 더 방점을 두는 것이다.

위기 소통은 위기 상황에서 이루어지는 소통이다. 소통은 쌍방향이 강조된다. 소통의 핵심 열쇠말(키워드)은 눈높이, 공감, 역지사지, 관심, 열정 등이다. 상대방과 원활하게 소통하기 위해서는 상대방이 이해할 수 있는 수준에서 상대방을 처지를 고려하여 공감할 수 있는 내용을 반복적으로 말하고 상대방의 이야기를 들어주는 것이 중요하다.

위기 소통은 위기를 불러온 위험에 대해 대중이 어떤 인식을 하는가를 이해하는 것에서 출발해야 한다. 위험 인식에 영향을 끼치는 요인으로는 학력, 인종, 성별 등 여러 요소가 있다. 전문가들이 생각하는 위험과 일반인들이 생각하는 위험은 매우 큰 차이를 보인다. 전문가들은 위험을 서로 비교해 이해하거나 상대성을 고려한다. 반면 일반인들은 제로 위험을 추구하고 자신에 영향을 주지 않을 것 같은 위험에 대해서는 관심을 잘 기울이지 않으며 별로 위험하지 않게 생각한다. 위험의 성격에 따라 대중은 실제보다 위험을 더 크게 받아들이는 경향이 있다. 예를 들어 위험, 즉 코로나19 감염병을 관장하는 주체의 신뢰도가 낮을수록 위험을 더 크게 받아들이는 경향이 있다. 하지만 우리나라에서는 정은경 중앙방역대책본부장에 대한 국민 신뢰가 매우 높은 편이기 때문에 이것은 해당하지 않을 것 같다. 위험 인식에 관여하는 요인은 자발성, 참사적 성격, 친숙성, 미래 세대 위협, 통제 가능성, 불확실성, 나와의 관련성 등 20가지 가까이 된다. 코로나19는 위험을 크게 느끼도록 하는 많은 요인과 관련이 있다.

코로나19 위험 또는 위기 상황과 관련해 대중과 소통할 때는 일반인들의 위험 인식과 위험 인식에 영향을 끼치는 요인에 대한 방역당국 내지 언론의 이해가 매우 중요하다. 위험 소통은 위험 관리, 즉 코로나19 관리의 요체이다. 어떻게 보면 신속 검사나 추적 검사보다 위험 소통이 몇 배, 몇십 배 더 중요할 수 있다. 신속 검사나 추적 검사는 검사를 통해 감염자나 환자를 조기에 찾아내겠다는 생각에서 이루어지는 관리 전략인 반면 위험(위기) 소통은 위험의 성격과 위험의 결과, 위험의 확산 방법 등에 대해 대중과 충분히 대화하는 것이기 때문에 진짜 소통이 이루어졌다면 대중은 자신이 감염될 위험성이 있는 행위를 하거나 자신이 감염자일 경우 타인에게 전파할 가능성이 있는 행위를 하지 않는다. 위험 소통은 수백, 수천 번의 거리 방역이나 항공 방역에 견줘 비교가 안 될 정도로 훨씬 더 방역 면에서 큰 위력을 발휘한다.

앞서 말한 디테일이 위험 소통에서 중요하다고 한 것은 그동안 위기와 재난 상황에서 디테일을 고려하지 않아 사달이 난 사례가 적지 않았기 때문이다. 코로나19 유행 사태를 맞이해서도 그런 일들이 벌어졌다. 대구·경북 지역에서 신천지 교회로 말미암은 대형 지진이 일어났고 여전히 강한 여진이 계속되고 있을 무렵인 2월 26일 홍익표 민주당 수석 대변인이 자리에서 물러나야만 했던 일이 벌어졌다. 그는 전날 코로나19 관련 당·정·청 협의회 회의 뒤 그 결과를 국회 담당 기자들에게 전달하면서 '대구·경북 봉쇄'란 표현을 사용했다. 이를 이상하게 여긴 기자들이 봉쇄의 의미를 물었다. 하지만 그는 이를 제대로 해명하지 못했다. 일반인들과 국회 출입 기자 등은 방역에서 말하는 이른바 '봉쇄 전략'에 대해 잘 모를 가능성이 컸다. 봉쇄라고 하면 너무나 오랫동안 '우한 봉쇄'를 귀에 못이 박히도록 들어왔기 때문에 '대구 봉쇄'는 곧 바로 '우한 봉쇄'를 연상시키기에 알맞았다. 홍 대변인은 역학·예방의학에서 말하는 봉쇄 전략, 완화 전략을 당시 잘 몰랐을 것으로 본다. 대한예방의학회가 한국역학회와 함께 최근 펴낸 『예방의학·역학·공중보건학 용어집』을 보면 '봉쇄'는 'containment'로 돼 있다. 다시 말해 바이러스가 특정 공간이나 지역을 빠져나가지 못하도록 차단하는 전략이 봉쇄 전략이다. 전문가들이나 보건·방역 담당 관료들이 말하는 '봉쇄'라는 말을 이해하지 못한 상태에서 홍 의원이 그냥 옮기고 언론 브리핑 자리에서 잘못된 해석을 덧붙이는 바람에 문제가 커진 것이다.

여의도 정가에서는 "악마는 디테일에 있다"는 말을 모르면 정치 물을 먹지 않은 것으로 낮추어본다. 소소한 규칙과 자구 하나가 선거 판도를 바꿀 수 있다는 뜻에서 이런 말이 나왔다. 그날 당·정·청 협의회에서 날로 확산되어 가고 있는 대구·경북 지역의 코로나19에 대처하기 위해 새로운 전략으로 이른바 '봉쇄 전략'이 언급된 것으로 보인다. 하지만 홍 의원은 이에 대한 이해를 제대로 하지 않은 상태에서 기자 브리핑을 한 것이다. 당시 국회 출입 기자 등은 방역에서 말하는 이른바 '봉쇄 전략'에 대해 잘 몰랐을 것이다. 대변인은 기자들에게 말을 전달할 때 단어 하나도 세심하게 살펴야 하는 자린데 이를 충실히 해내지 못한 것이다. 홍 수석 대변인은 26일 문자 메시지를 통해 "단어 하나도 세심하게 살펴야 함에도 대구·경북 주민들께 상처를 드리고 국민의 불안감도 덜어드리지 못했다"는 말을 남겼다. 뒤늦게 디테일의 중요성을 알아차린 것이다.

2015년 메르스 유행 때에는 메르스가 국내에서 확산이 급속하게 이루어지기 시작했는데도 질병관리본부가 홈페이지에서 메르스 예방을 위해 '낙타고기와 낙타유 섭취를 주의하라'며 국내 상황과 전혀 맞지 않는, 자다가 봉창을 두드리는 내용을 그대로 두어 혼쭐이 나기도 했다.

위기 관리와 위기 소통에서 디테일은 매우 중요하다. 세월호 참사를 단순 교통사고에 비교한다거나 사람의 생명을 돈으로만 보는 언행은 심각한 뒤탈을 남긴다. 고위 관료가 세월호 참사 현장의 사고 상황실 앞에서 기념 촬영을 한다며 유족들에게 잠시 비켜달라고 하는 것은 그들에게 비수를 꽂는 행위다. 세심함의 결핍은 울부짖는 유족들이 있는 공간에서 라면 먹기에 바쁜 '무개념' 장관에게서도 나타났다. 코로나19로 사망자가 속출하고 누가 언제 어디서 감염될지 몰라 모두들 전전긍긍하는 상황에서 상대방을 배려하지 않고 무심코 내뱉는 말은 흉기가 될 수 있다. 특히 방역 책임자나 정치인, 고위 관료, 언론 등은 늘 "악마는 디테일에 있다"는 말을 머릿속에 담아두어야 한다.

영화 〈기생충〉으로 한국이 낳은 세계적인 감독의 반열에 오른 봉준호는 디테일을 누구보다 잘 이해하고 영화 제작 때 이를 잘 실천하는 대표적 인물로 꼽힌다. 봉준호와 디테일을 합쳐서 만들어진 그의 별명 '봉테일'에서 디테일의 대가 모습을 짐작할 수 있다. '봉테일'은 그가 영화를 만들 때 그만큼 꼼꼼하게 준비한다는 의미를 내포한다. 그의 디테일의 원천은 스토리보드에 있다. 봉 감독은 대학 시절 학보에 만평을 연재한 경력이 있을 정도로 '만화광'이다. 그래서 영화 스토리보드를 만화 형태로 직접 그린다. 스토리보드에는 캐릭터와 집 구조, 매 장면의 분위기, 카메라 동선까지 빼곡히 표현되어 있다. 〈기생충〉의 스토리보드는 공식 책자로도 출간됐을 정도다. "악마는 디테일에 있다"는 말을 봉 감독에 대입하면 "성공은 디테일에 있다"가 될 것이다. 봉 감독처럼 코로나19의 방역 전략에도 세심함이 스며들어 있어야 한다. 코로나19바이러스는 디테일에 무신경한 이들을 호시탐탐 노리고 있다. 바이러스가 언어 능력이 있다면 분명 이렇게 말할 것이다. "바보야! 문제는 디테일이야."

진정한 위기 소통은 쌍방향으로 위험이나 위기와 관련한 정보, 즉 코로나19 위기 상황에서 코로나19 감염병과 관련한 정보를 서로 주고받는 것에 그치지 않고, 정보를 받은 쪽에서 그 정보를 바탕으로 행동을 바꾸게 하는 것이 목표다. 열 번, 백 번 이야기해도 지자체가 차량과 드론 등으로 길거리에 소독제를 뿌리고 있다면 그것은 소통의 완전한 실패다. 코로나 대유행 상황에서도 악수를 하려는 사람이 많다면 그것 또한 소통의 실패다.

7월 1일자 신문에는 앙겔라 메르켈(Angela Dorothea Merkel) 독일 총리가 에마뉘엘 마크롱(Emmanuel Jean-Michel Frédéric Macron) 프랑스 대통령과 만나면서 2미터가량 떨어진 채 합장하거나 두 손을 모은 채 고개를 살짝 숙여 인사하는 모습의 사진이 일제히 실렸다. 사진 설명 제목은 "볼 맞대던 독·프 정상, 이젠 거리 두고 인사"로 달려 있었다. 주변에서는 아직도 악수를 청하는 사람이 종종 있다. 주먹을 쥐고 서로 맞대는 사람도 있다. 악수를 하고 두 주먹을 대는 그 자체가 사회적 거리 두기를 하지 않는 것이다. 내가 방역당국 책임자라면 코로나 유행 기간만이라도 신체를 접촉하는 일체의 인사를 하지 말고 사회적 거리 두기를 지키면서 목례나 가벼운 눈인사를 하라고 전 국민이 이를 습관화할 때까지 매일 강조할 것이다.

우리 방역당국은 정말 사소한 것 같아 보이지만 그것이 모이고 모여 나중에 문제를 일으킬 수 있는 것들에 대해 소홀히 하고 있는 것 같다. 언론이 무증상 환자라고 보도하면 그런 말 자체가 잘못된 것이며 무증상 감염자, 즉 병원체 보유자로 보도해줄 것을 강력 요청해야 한다. 이를 그냥 내버려두면 사람들은 감염자와 환자의 정의를 헷갈리게 된다. 먼저 정부는 아무런 증상이 없는 건강한 감염자까지 확진 환자로 분류해 발표하는 것부터 바로잡아야 한다. 감염병 예방법 제2조 정의에는 '감염병 환자', '병원체 보유자', '감염병 의사환자'를 명확하게 구분해 정의하고 있으면서, 코로나19 전용 홈페이지(ncov.mohw.go.kr)에서는 이를 구분하지 않고 병원체 보유자도 감염병 환자에 포함시켜 '확진 환자'로 발표하고 있다. 정부 스스로 법을 어기고 있는 것이다. 정의(定意, definition)는 소통의 기본이다. 기본이 흔들리면 안 된다. '그게 뭐 대수냐'식의 사고방식은 소통과 방역의 걸림돌이다.

고쳐야 할 사소한 예는 많다. 그 가운데 감염병 이름도 있다. 예를 들면 대부분의 언론은 물론이고 심지어 전문가조차 두창이란 용어 대신 천연두라고 이야기한다. 감염병 예방법에는 눈 씻고 보아도 천연두는 보이지 않고 분명 두창으로 돼 있다. 이런 잘못된 용어를 언론이 사용하면 보도 자료를 내어서까지 바로잡는 노력이 필요한데 감염병 예방법을 무시하는 행태에 대해 질병관리본부는 '꿀 먹은 벙어리'처럼 가만히 있다. 별것 아닌 것 같고 트집 잡는다는 생각을 한다면 연세대 원주의대 예병일 교수가 자신의 저서 『전쟁의 판도를 바꾼 전염병』에서 한 말을 귀담아듣기를 권고한다.

"천연두는 예로부터 두창 또는 마마로 알려진 질병이다.' 천연두를 소개하는 자료에서 위와 같은 표현을 쉽게 볼 수 있지만, 이 표현은 잘못되었다. '예로부터 두창 또는 마마로 알려진 질병'이라면 지금도 천연두 대신 두창 또는 마마로 불러야 한다. 그러나 천연두는 일본식 표기이므로 당연히 두창이나 마마로 불러야 한다."

전문가들은 한결같이 말한다. 2차 대유행 내지 올 가을과 겨울에 더 큰 시련이 우리 앞에 닥칠 수 있다고 말이다. 이에 대비한 묘책은 없다. 앞서 말한 효과적인 위기 소통과 함께 지금까지 드러난 코로나19바이러스의 특성을 잘 살펴서 방역 전략을 다듬고 우리가 지금까지 잘 해온 강점을 살리는 것이 묘수 아닌 묘수다. 코로나19바이러스가 가장 좋아하는 것은 밀집·밀접·밀폐 등 3밀(密) 환경이다. 그리고 가장 싫어하는 것은 K-방역의 핵심 병기, 즉 3T 시스템이다. 검사·확진, 역학·추적, 격리·치료로 이어지는 이른바 3T(Test-Trace-Treat) 체계를 강화하는 것이야말로 코로나19에 효과적으로 대항할 수 있는 가장 확실한 백신이자 치료제이다.

참고문헌

제1부

1장

『X 이벤트』 존 L. 캐스티 지음, 이현주 옮김, 반비, 2013.

『대혼란』 앤드루 니키포룩 지음, 이희수 옮김, 알마, 2010.

Bidokhti MR, Traven M, Krishna NK, Munir M, Belak S, Alenius S, Cortey M(September 2013). "Evolutionary dynamics of bovine coronaviruses: natural selection pattern of the spike gene implies adaptive evolution of the strains". The Journal of General Virology. 94 (Pt 9): 2036–2049. doi:10.1099/vir.0.054940–0. PMID 23804565.

Corman VM, Muth D, Niemeyer D, Drosten C(2018). "Hosts and Sources of Endemic Human Coronaviruses". Advances in Virus Research. 100: 163–188. doi:10.1016/bs.aivir.2018.01.001. ISBN 9780128152010. PMC 7112090. PMID 29551135.

Crossley BM, Mock RE, Callison SA, Hietala SK(December 2012). "Identification and characterization of a novel alpaca respiratory coronavirus most closely related to the human coronavirus 229E". Viruses. 4 (12): 3689–700. doi:10.3390/v4123689. PMC 3528286. PMID 23235471.

Cui J, Han N, Streicker D, Li G, Tang X, Shi Z, et al.(October 2007). "Evolutionary relationships between bat coronaviruses and their hosts". Emerging Infectious Diseases. 13 (10): 1526–32. doi:10.3201/eid1310.070448. PMC 2851503. PMID 18258002.

Forni D, Cagliani R, Clerici M, Sironi M(January 2017). "Molecular Evolution of

Human Coronavirus Genomes". Trends in Microbiology. 25 (1): 35–48. doi:10.1016/ j.tim.2016.09.001. PMC 7111218. PMID 27743750.

Gouilh MA, Puechmaille SJ, Gonzalez JP, Teeling E, Kittayapong P, Manuguerra JC(October 2011). "SARS–Coronavirus ancestor's foot–prints in South–East Asian bat colonies and the refuge theory". Infection, Genetics and Evolution. 11 (7): 1690–702. doi:10.1016/ j.meegid.2011.06.021. PMC 7106191. PMID 21763784.

Huynh J, Li S, Yount B, Smith A, Sturges L, Olsen JC, et al.(December 2012). "Evidence supporting a zoonotic origin of human coronavirus strain NL63". Journal of Virology. 86 (23): 12816–25. doi:10.1128/JVI.00906–12. PMC 3497669. PMID 22993147.

Jiang S, Shi ZL. "The First Disease X is Caused by a Highly Transmissible Acute Respiratory Syndrome Coronavirus". Virol Sin. 2020 Feb 14:1–3. doi: 10.1007/s12250– 020–00206–5. Online ahead of print. PMID: 32060789

Lau SK, Lee P, Tsang AK, Yip CC, Tse H, Lee RA, et al.(November 2011). "Molecular epidemiology of human coronavirus OC43 reveals evolution of different genotypes over time and recent emergence of a novel genotype due to natural recombination". Journal of Virology. 85 (21): 11325–37. doi:10.1128/JVI.05512–11. PMC 3194943. PMID 21849456.

Lau SK, Li KS, Tsang AK, Lam CS, Ahmed S, Chen H, et al.(August 2013). "Genetic characterization of Betacoronavirus lineage C viruses in bats reveals marked sequence divergence in the spike protein of pipistrellus bat coronavirus HKU5 in Japanese pipistrelle: implications for the origin of the novel Middle East respiratory syndrome coronavirus". Journal of Virology. 87 (15): 8638–50. doi:10.1128/JVI.01055–13. PMC 3719811. PMID 23720729.

Lau SK, Woo PC, Li KS, Tsang AK, Fan RY, Luk HK, et al.(March 2015). "Discovery of a novel coronavirus, China Rattus coronavirus HKU24, from Norway rats supports the murine origin of Betacoronavirus 1 and has implications for the ancestor of Betacoronavirus lineage A". Journal of Virology. 89 (6): 3076–92. doi:10.1128/JVI.02420–14. PMC 4337523. PMID 25552712.

McCarthy S, Chen S "Bat virus? Bioweapon? What the science says about Covid–19 origins". South China Morning Post. 11 April 2020.

McIntosh K, Dees JH, Becker WB, Kapikian AZ, Chanock RM(April 1967). "Recovery in tracheal organ cultures of novel viruses from patients with respiratory disease". Proceedings of the National Academy of Sciences of the United States of America. 57 (4): 933–40. Bibcode:1967PNAS...57..933M. doi:10.1073/pnas.57.4.933. PMC 224637. PMID 5231356.

Pfefferle S, Oppong S, Drexler JF, Gloza–Rausch F, Ipsen A, Seebens A, et al.(September 2009). "Distant relatives of severe acute respiratory syndrome coronavirus and close relatives of human coronavirus 229E in bats, Ghana". Emerging Infectious Diseases. 15 (9): 1377–84. doi:10.3201/eid1509.090224. PMC 2819850. PMID 19788804.

Vijaykrishna D, Smith GJ, Zhang JX, Peiris JS, Chen H, Guan Y(April 2007). "Evolutionary insights into the ecology of coronaviruses". Journal of Virology. 81 (8): 4012–20. doi:10.1128/jvi.02605–06. PMC 1866124. PMID 17267506.

Wertheim JO, Chu DK, Peiris JS, Kosakovsky Pond SL, Poon LL(June 2013). "A case for the ancient origin of coronaviruses". Journal of Virology. 87 (12): 7039–45. doi:10.1128/JVI.03273–12. PMC 3676139. PMID 23596293.

Woo PC, Lau SK, Lam CS, Lau CC, Tsang AK, Lau JH, et al.(April 2012). "Discovery of seven novel mammalian and avian coronaviruses in the genus deltacoronavirus supports bat coronaviruses as the gene source of alphacoronavirus and betacoronavirus and avian coronaviruses as the gene source of gammacoronavirus and deltacoronavirus". Journal of Virology. 86 (7): 3995–4008. doi:10.1128/JVI.06540–11. PMC 3302495. PMID 22278237.

2장

"Dr Li Wenliang: who was he and how did he become a coronavirus 'hero'?", South China Morning Post, 7 February 2020.

Mayer, Johanna "The Origin Of The Word 'Quarantine'", 4 September 2018.

"Etymologia: Quarantine". Emerging Infectious Diseases. 19 (2): 263. 2013. doi:10.3201/eid1902.ET1902.

3장

『우리는 왜 공포에 빠지는가?』 프랭크 푸레디 지음, 박형신 · 박형진 옮김, 이학사, 2011.

『흑사병』 필립 지글러 지음, 한은경 옮김, 한길사, 2003.

『코스모스』 칼 세이건 지음, 서광운 옮김, 학원사, 1981.

『달걀 껍질 속의 과학』 로빈 베이커 지음, 문혜원 · 유은실 옮김, 몸과 마음, 2003.

『의료종사자를 위한 감염병 예방』 정은경 등 5명 지음, 군자출판사, 2018.

『AIDS X 화일』 안종주 지음, 학민사, 1996.

『Laws of Fear』 Cass R. Sunstein, Cambridge University Press, 2005.

"James Lovelock, The Earth is about to catch a morbid fever that may last as long as 100,000 years", 『Independent』, 2006. 1. 16.

4장

Cohen J "Wuhan seafood market may not be source of novel virus spreading globally". Science. January 2020. doi:10.1126/science.abb0611.

Ma J. "China's first confirmed Covid-19 case traced back to November 17". South China Morning Post, 13 March 2020.

"The birth of a pandemic: How COVID-19 went from Wuhan to Toronto" National Post, 8 April 2020.

5장

『전염병의 문화사』 아노 카렌 지음, 권복규 옮김, 사이언스북스, 2001.

『AIDS X 화일』 안종주 지음, 학민사, 1996.

『촘스키, 누가 무엇으로 세상을 지배하는가』 (2판) 놈 촘스키 지음, 강주헌 옮김, 시대의창, 2013.

"9.11 테러는 배후는 美 정부··· 세계 10대 '음모론'" 『연합뉴스』, 2008. 2.20.

『The River—a journey, to the source of HIV and AIDS』 Edward Hooper, Back Bay Books, 1999.

"Covid-19 result of crazy experiments at Wuhan: Russian scientist" Daijiworld Fri, Apr 24 2020. https://www.daijiworld.com/news/newsDisplay.aspx?newsID=700591 2020. 7. 2.

"Experts debunk fringe theory linking China's coronavirus to weapons research". The Washington Post. 29 January 2020.

Dodds L "China floods Facebook with undeclared coronavirus propaganda ads blaming Trump." The Telegraph. 5 April 2020.

Kao J, Li MS "How China Built a Twitter Propaganda Machine Then Let It Loose on Coronavirus". ProPublica. 26 March 2020.

"US urged to release health info of military athletes who came to Wuhan in October 2019" Global Times. 25 March 2020.

"WHO: More evidence of civet cat—SARs link." CNN. January 17, 2004.

https://en.wikipedia.org/wiki/SARS_conspiracy_theory

제2부

1장

『열린사회와 그 적들. 1』 칼 포퍼 지음, 이한구 옮김, 민음사, 2006.

2장

"[단독] 질본, 코로나 검사 대상 축소 추진 의혹" 『신동아』 2020년 4월호

미국 의회 코로나19 진단키트 언급 보도 관련 보도자료, 중앙사고수습본부, 『한국일

보』2020. 3. 15.

김경집, '「김경집의 통찰력 강의」 가짜뉴스, 악마의 속셈' 『한국일보』, 2020. 3. 16.

3장

『석면, 침묵의 살인자』 안종주 지음, 한울, 2008.

Chu DK, Akl EA, Duda S, Solo K, Yaacoub S, Schunemann HJ, "Physical distancing, face masks, and eye protection to prevent person-to-person transmission of SARS-CoV-2 and COVID-19: a systematic review and meta-analysis"(2020 Jun) Lancet.   1:S0140-6736(20)31142-9. doi: 10.1016/S0140-6736(20)31142-9. PMID: 32497510

https://en.wikipedia.org/wiki/Respirator

4장

https://ko.wikipedia.org/wiki/나병

https://en.wikipedia.org/wiki/Coronavirus

https://en.wikipedia.org/wiki/Bovine_spongiform_encephalopathy

https://ko.wikipedia.org/wiki/소해면상뇌병증

5장

『AIDS X 화일』 안종주 지음, 학민사, 1996.

Brzozowski A, Michalopoulos S "Catholics take measures against coronavirus while Greek Orthodox Church 'prays'". euractiv.com. 9 March 2020.

"Controls to manage fake news in Africa are affecting freedom of expression". The Conversation. 11 May 2020.

"Coronavirus: Why Ghana has gone into mourning after mass funeral ban". BBC. 26

March 2020.

Hujale, Moulid "Ramadan in Somalia: fears coronavirus cases will climb as gatherings continue". The Guardian. 22 April 2020.

Khatouki, Christopher. "Clandestine Cults and Cynical Politics: How South Korea Became the New Coronavirus Epicenter". The Diplomat. 13 March 2020. thediplomat.com.

Nicholas Bariyo and Joe Parkinson "Tanzania's Leader Urges People to Worship in Throngs Against Coronavirus", The Wall Street Journal, 8 April 2020

O'Sullivan, Donie "Exclusive: She's been falsely accused of starting the pandemic. Her life has been turned upside down". CNN Business. 27 April 2020.

https://www.who.int/emergencies/diseases/novel-coronavirus-2019/advice-for-public/myth-busters

제3부

2장

Baccam P, Willauer D, Krometis J, Ma Y, Sen A, Boechler M. "Mass prophylaxis dispensing concerns: traffic and public access to PODs". Biosecur Bioterror. 2011;9(2):139-151

Kim SI, Lee JY. "Walk-Through screening center for COVID-19: an accessible and efficient screening system in a pandemic situation". J Korean Med Sci. 2020;35(15):e154.

Kwon KT, Ko JH, Shin H, Sung M, Kim JY. "Drive-Through Screening Center for COVID-19: a Safe and Efficient Screening System against Massive Community Outbreak." J Korean Med Sci. 2020 Mar 23;35(11):e123. doi: 10.3346/jkms.2020.35.e123. PMID: 32193904

Sungmin Kym, "Fast Screening Systems for COVID-19", J Korean Med Sci. 2020 Apr 20; 35(15): e153. Published online 2020 Apr 14. doi: 10.3346/jkms.2020.35.e153 PMCID:

PMC7167403 PMID: 32301299

Weiss EA, Ngo J, Gilbert GH, Quinn JV. "Drive-through medicine: a novel proposal for rapid evaluation of patients during an influenza pandemic". Ann Emerg Med. 2010;55(3):268–273.

3장

『메르스의 영웅들』 전상일 · 지근화 지음, 둘다북스, 2016.

『메르스 일성록』 수원시메르스비상대책본부, 2015.

『2015 메르스 백서』 보건복지부, 2016.

김은성, "메르스 관련 정부 위험소통의 한계에 대한 사회적 원인 분석", 위기관리 이론과 실천(Crisisonomy) 제11권 제10호 2015. 91~109

김지영, "메르스 환자 간호에 대한 간호사의 경험", Journal of the Korea Academia-Industrial cooperation Society Vol. 18, No. 10 pp. 185–196, 2017 https://doi.org/10.5762/KAIS.2017.18.10.185 ISSN 1975–4701 / eISSN 2288–4688

박치성, 백두산, "재난 상황 초기 대응 실패에 대한 정책 행위자의 비난 회피 행태 분석: 메르스 사태를 중심으로" 『행정논총』 제5권 제1호(2017. 3): 41~76

안종주 "'메르스'를 '케르스'로 만든 박근혜, 불안하다", 프레시안, 2015. 6. 1.

안종주 "정부가 모르는 메르스 '초동대응 실패'의 내막-[주장] 경험 풍부한 감염병 전문가가 역학조사 지휘해야", 오마이뉴스, 2015. 6. 8.

Myoung-don Oh, Wan Beom Park, Sang-Won Park, Pyoeng Gyun Choe, Ji Hwan Bang, Kyoung-Ho Song, Eu Suk Kim, Hong Bin Kim, and Nam Joong Kim, Middle East respiratory syndrome: what we learned from the 2015 outbreak in the Republic of Korea, Korean J Intern Med. 2018 Mar; 33(2): 233–246. Published online 2018 Feb 27. doi: 10.3904/kjim.2018.031 PMCID: PMC5840604 PMID: 29506344

"Virus Testing Blitz Appears to Keep Korea Death Rate Low". Bloomberg.com. 4 March 2020.

4장

"팬데믹 그 후, 정은경이 말하는 코로나19", 『열린정책』, 대통령직속 정책기획위원회, 2020년 6월호

"コロナ対策の「真の英雄」、韓国に登場… WHO事務局長に推す声も", 読売新聞, 2020. 5. 11.

Sam Walker, "Thank God for Calm, Competent Deputies", The Wall Street Journal, 4 April, 2020

제4부

1장

『세상을 바꾼 전염병』 예병일 지음, 다른, 2015.

『전염병의 세계사』 윌리엄 맥닐 지음, 김우영 옮김, 이산, 2005.

『전염병과 역사』 셀던 와츠 지음, 태경섭 · 한창호 공역, 모티브북, 2009.

『전염병의 문화사』 아노 카렌 지음, 권복규 옮김, 사이언스북스, 2001.

『질병이 바꾼 세계의 역사』 로날트 D. 게르슈테 지음, 강희진 옮김, 미래의 창, 2020.

『총, 균, 쇠』 재레드 다이아몬드 지음, 김진준 옮김, 문학사상사, 1998.

「기후 위기 극복―탄소 제로 시대를 위한 그린 뉴딜 토론회 자료집」 더불어민주당 코로나19 극복 위원회 한국형 뉴딜 TF 등, 2020. 6. 10.

「문재인정부 3주년 국정토론회 자료집」 대통령직속 정책기획위원회, 경제인문사회연구회, 2020. 5. 17.

「Economic Effects of the 1918 Influenza Pandemic: Implications for a Modern―day Pandemic」 Garret TA, 2007.

2장

Hernandez, Javier C.; Horton, Chris. "Taiwan's Weapon Against Coronavirus: An Epidemiologist as Vice President" New York Times, 9 May 2020.

https://www.worldometers.info/coronavirus

https://en.wikipedia.org/wiki/Herd_immunity

https://en.wikipedia.org/wiki/Chen_Chien-jen

3장

『역학 원론』 김정순 지음, 신광출판사, 1987.

『역학의 기초』 장창곡 · 박병주 공저, 계축문화사, 1999.

「원진레이온과 이황화탄소 중독」 대한의사협회, 1996. 3.

『위험 증폭 사회』 안종주 지음, 궁리, 2012.

『질병이 바꾼 세계의 역사』 로날트 D. 게르슈테 지음, 강희진 옮김, 미래의 창, 2020.

https://en.wikipedia.org/wiki/James_Lind

https://en.wikipedia.org/wiki/Smallpox

4장

『몸』 빌 브라이슨 지음, 이한음 옮김, 까치, 2020.

Chen N, Zhou M, Dong X, Qu J, Gong F, Han Y, et al.(February 2020). "Epidemiological and clinical characteristics of 99 cases of 2019 novel coronavirus pneumonia in Wuhan, China: a descriptive study". Lancet. 395 (10223): 507–513. doi:10.1016/S0140-6736(20)30211-7. PMC 7135076. PMID 32007143

Woo PC, Huang Y, Lau SK, Yuen KY(August 2010). "Coronavirus genomics and bioinformatics analysis". Viruses. 2 (8): 1804–20. doi:10.3390/v2081803. PMC 3185738.

PMID 21994708.

https://en.wikipedia.org/wiki/Common_cold

https://en.wikipedia.org/wiki/Common_Cold_Unit

https://en.wikipedia.org/wiki/Coronavirus

https://en.wikipedia.org/wiki/Coronavirus_disease_2019

https://en.wikipedia.org/wiki/Virus

5장

「코로나바이러스감염증-19」 집단시설·다중이용시설 대응 지침(제2판) 코로나바이러스감염증-19 중앙방역대책본부·중앙사고수습본부, 2020. 2. 28.

「코로나바이러스감염증-19」 대응 집단시설·다중이용시설 소독 안내(제3-3판), 중앙방역대책본부·중앙사고수습본부, 2020. 5. 20.

S Quirce, P Barranco, "Cleaning Agents and Asthma" J. Investig. Allegol Clin Immunol, 2010; Vol. 20(7):542-550

WHO "분사 방식의 소독 효과 낮고 인체 유해, 방대본도 '권장하지 않아'" 『과학동아』 2020. 5. 17. http://dongascience.donga.com/news.php?idx=36759

6장

『두 얼굴의 백신』 스튜어트 블룸 지음, 추신영 옮김, 박하, 2018.

「코로나19 완전 극복을 위한 치료제·백신 등 개발 지원 대책」 코로나19 치료제 백신·개발 범정부지원단, 2020. 6. 3.

https://en.wikipedia.org/wiki/COVID-19_drug_repurposing_research

https://en.wikipedia.org/wiki/COVID-19_vaccine

https://en.wikipedia.org/wiki/Edward_Jenner

https://en.wikipedia.org/wiki/Remdesivir

7장

『세상을 바꾼 전염병』 예병일 지음, 다른, 2015.

『자연의 역습, 환경전염병』 마크 제롬 월터스 지음, 이한음 옮김, 책세상, 2008.

『전염병의 문화사』 아노 카렌 지음, 권복규 옮김, 사이언스북스, 2001.

Karpagam KB, Ganesh B(January 2020). "Leptospirosis: a neglected tropical zoonotic infection of public health importance—an updated review". European Journal of Clinical Microbiology & Infectious Diseases. doi:10.1007/s10096-019-03797-4. PMID 31898795.

Shield, Charli "Coronavirus Pandemic Linked to Destruction of Wildlife and World's Ecosystems". Deutsche Welle. 16 April 2020.

8장

『질병이 바꾼 세계의 역사』 로날트 D. 게르슈테 지음, 강희진 옮김, 미래의 창, 2020.

"Typhoid Mary's tragic tale exposed the health impacts of 'super-spreaders'". National Geographic. March 18, 2020.

https://en.wikipedia.org/wiki/Mary_Mallon#CITEREFSoper1939

마치며

『리스크 커뮤니케이션』 식품의약품안전처, 2011.

『전쟁의 판도를 바꾼 전염병』 예병일 지음, 살림출판사, 2007.

* 국내 언론은 같은 사안을 두고 다수 언론이 다룬 것이 대부분이어서 특별한 경우를 제외하고는 참고문헌에 포함하지 않았음

코로나 전쟁, 인간과 인간의 싸움

초판 1쇄 발행 2020년 9월 1일

글쓴이 안종주

편집장 류지상
편집 이용혁 정은미
디자인 문지현 강선희
마케팅 이주은

펴낸이 이경민
펴낸곳 ㈜동아엠앤비
출판등록 2014년 3월 28일(제25100-2014-000025호)
주소 (03737) 서울특별시 서대문구 충정로 35-17 인촌빌딩 1층
전화 (편집) 02-392-6903   (마케팅) 02-392-6900
팩스 02-392-6902
전자우편 damnb0401@naver.com
SNS 🇫 ⓘ 🅱

ISBN 979-11-6363-228-3 03300